KB264608

임동석중국사상100

십팔사략

十八史略

曾先之 編 / 林東錫 譯註

《十八史略》
元, 曾先之 編次
陳殷 音釋. 王逢 點校. 何景春 捐俸刊

"상아, 물소 뿔, 진주, 옥. 진괴한 이런 물건들은 사람의 이목은 즐겁게 하지만 쓰임에는 적절하지 않다. 그런가 하면 금석이나 초목, 실, 삼베, 오곡, 육재는 쓰임에는 적절하나 이를 사용하면 닳아지고 취하면 고갈된다. 그렇다면 사람의 이목을 즐겁게 하면서 이를 사용하기에도 적절하며, 써도 닳지 아니하고 취하여도 고갈되지 않고, 똑똑한 자나 불초한 자라도 그를 통해 얻는 바가 각기 그 자신의 재능에 따라주고, 어진 사람이나 지혜로운 사람이나 그를 통해 보는 바가 각기 그 자신의 분수에 따라주되 무엇이든지 구하여 얻지 못할 것이 없는 것은 오직 책뿐이로다!"

《소동파전집》(34) 〈이씨산방장서기〉에서 구당(丘堂) 여원구(呂元九) 선생의 글씨

〈朱雀燈〉(서한) 山西 출토

본권의 역사적 개관(6)

오대五代→북송北宋 신종神宗까지

✿ 본 《십팔사략》 제6권은 당唐의 멸망과 오대五代의 시작(907)에서부터 북송北宋 조광윤趙匡胤의 건국(960)을 거쳐 신종神宗의 끝(1085)까지 싣고 있다.

그러나 여기서는 편의상 북송北宋이 멸망하기까지(1126) 전체와 당시 북방의 새로운 조대로 활약하였던 거란契丹의 요(遼: 916~1125) 및 서쪽 서하(西夏: 1038~1227)의 일부를 함께 설명하기로 한다.

오대(907~960)는 당을 이어 양梁(後梁), 당唐(後唐), 진晉(後晉), 한漢(後漢), 주周(後周)의 불과 55년 동안 다섯 왕조가 들어섰던 시기를 말하며, 그 외에 내지內地 전체에는 무려 10개의 나라가 난립하여 명멸했던 시기(902~979)로 흔히 이를 묶어 '오대십국五代十國'이라 한다.

이를 통일한 것이 송宋이지만 이미 북방에 세력을 키우고 있던 거란의 요遼나라와 송은 끊임없는 대립과 전쟁, 복속服屬으로 치욕의 역사를 엮어 나가게 된다. 송은 뒤에 다시 일어선 여진女眞의 금金의 힘을 빌려 요나라에 대한 치욕을 씻고자 하였으나, 도리어 그들 금金에게 마침내 흠종趙桓에 이르러 두 황제가 포로로 잡혀가 나라가 망하는 정강지치靖康之恥라는 더 큰 치욕을 뒤집어쓰고 망하게 된다.

앞서 밝힌 대로 이 《십팔사략》 제6권은 분량상 이유 때문에 북송 신종까지 싣고 있다. 따라서 전체 구성이 오대五代의 양(梁, 後梁, 2제), 당(唐, 後唐, 4 임금), 진(晉, 後晉, 2제), 한(漢, 後漢, 2제), 주(周, 後周, 3제)를 이어 송대宋代의 1.太祖 2.太宗 3.眞宗 4.仁宗 5.英宗 6.神宗으로 기紀를 삼아 그 사이에 요遼, 금金, 서하西夏 등과의 관계를 삽입하여 기술하고 있다.

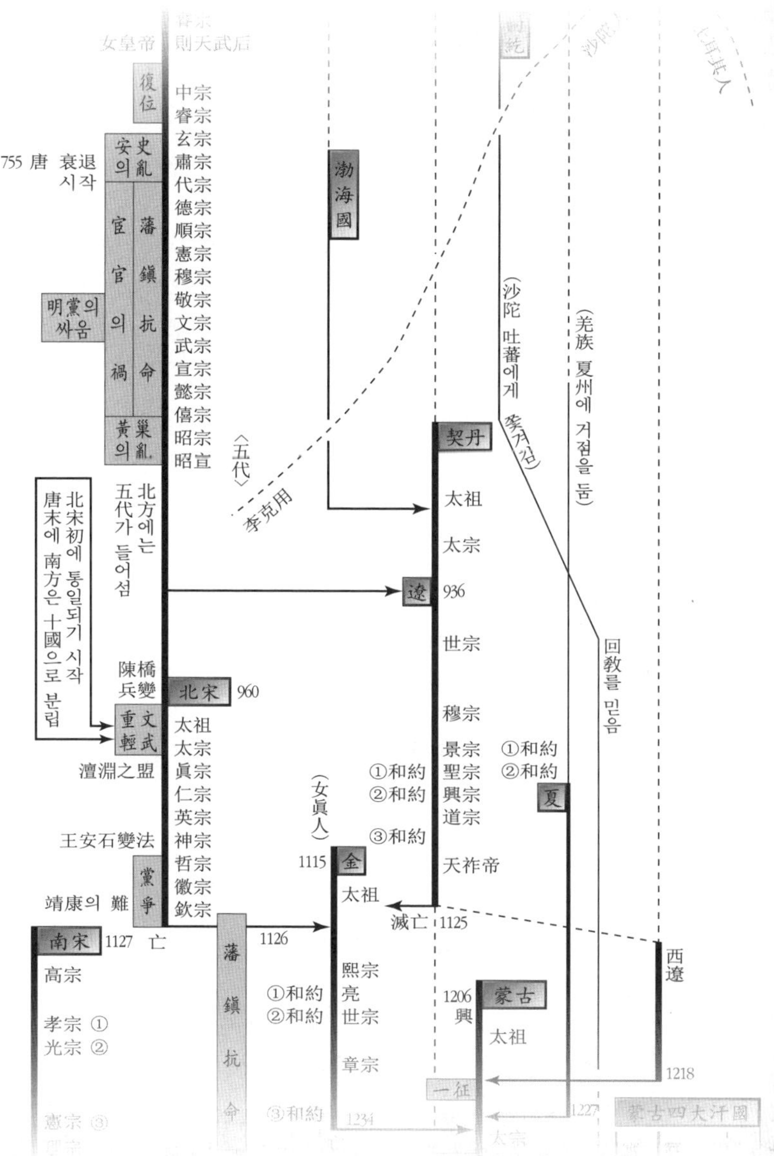

女皇帝 則天武后
復位
中宗
睿宗
玄宗
肅宗
代宗
德宗
順宗
憲宗
穆宗
敬宗
文宗
武宗
宣宗
懿宗
僖宗
昭宗
昭宣
渤海國
契丹
遼 936
太祖
太宗
世宗
穆宗
景宗
聖宗
興宗
道宗
天祚帝
（沙陀 吐蕃에게 쫓겨감）
（羌族 夏州에 거점을 둠）
回教를 믿음
夏
西遼
史의亂
安의亂
宦官의禍
藩鎭抗命
黨의싸움
明
巢의
黃의
755 唐 衰退 시작
〈五代〉
北方에는 五代가 들어섬
李克用
北宋初에 통일되기 시작 唐末에 南方은 十國으로 분립
陳橋兵變
北宋 960
重文輕武
澶淵之盟
太祖
太宗
眞宗
仁宗
英宗
神宗
哲宗
徽宗
欽宗
王安石變法
黨爭
靖康의 難
南宋 1127 亡
高宗
孝宗 ①
光宗 ②
憲宗 ③
藩鎭抗命
（女眞人）
1115 金
太祖
1126
熙宗
亮
世宗
章宗
①和約
②和約
③和約
①和約
②和約
①和約
②和約
③和約
滅亡 1125
1206 興
蒙古
太祖
一征
1218
1227
1234
太宗
蒙古四大汗國

Ⅰ. 오대십국五代十國

1. 오대십국의 교체

당唐이 멸망하고 그 뒤 50여 년 간은 중국 북방은 양梁, 後梁, 당唐, 後唐, 진晉, 後晉, 한漢, 後漢, 주周, 後周의 다섯 왕조가 명멸하였으며, 남방과 서쪽은 차례로 오吳, 남당南唐, 오월吳越, 초楚, 민閩, 남한南漢, 전촉前蜀, 후촉後蜀, 형남(荊南, 南平이라고도 함), 북한北漢 등 10개의 나라가 출현하였다가 사라졌다. 이를 역사적으로 '오대십국五代十國'이라 한다.

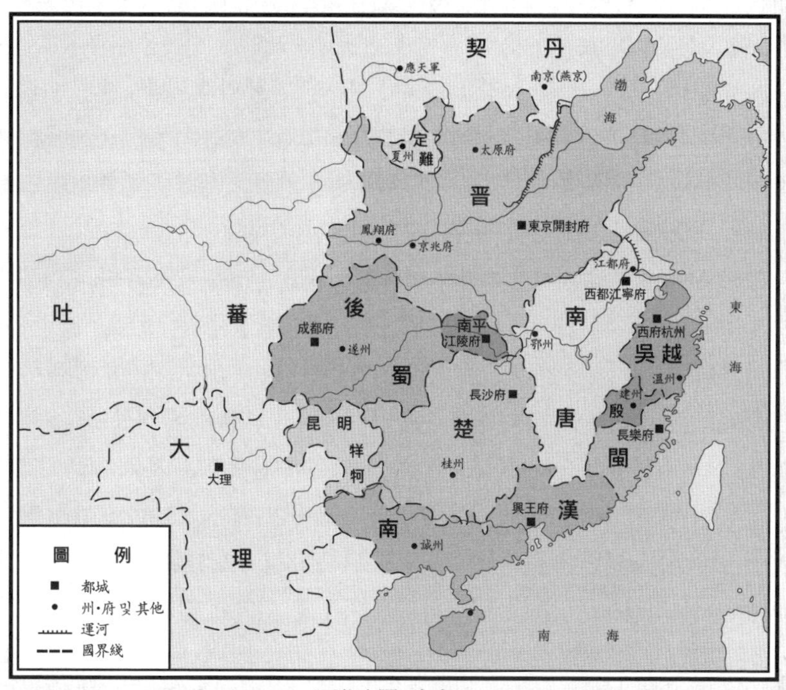

〈五代十國 형세도〉

이 '오대십국'은 매우 짧은 기간(55년)으로 정권도 심히 불안정하였으며, 북방은 해마다 혼전을 거듭하여 결국 거란의 끊임없는 남침에 시달려 황폐해지고 말았다. 그런가 하면 남방은 그런대로 일시적 안정을 얻어 한족漢族 문화와 경제의 중심이 되는 형세를 낳았다.

2. 후주後周의 개혁

오대의 각 나라들은 그들 군주들이 모두가 원래 절도사節度使로서 군권을 쥐고 있다가 제위를 찬탈하고 다시 그들 절도사에 의해 찬탈당하는 동일한 유형을 반복한 나라들이었다. 즉 당唐을 찬탈한 주온朱溫, 朱全忠의 후량後梁은 하동절도사河東節度使 이존욱李存勗에게 찬탈당하였으며, 이존욱의 후당後唐은 역시 하동절도사河東節度使 석경당石敬瑭이 거란의 힘을 빌려 멸망시켰다. 이렇게 세워진 석경당의 후진後晉은 요遼에게 망하였다. 그런가 하면 하동절도사河東節度使 유지원劉知遠은 진양晉陽에서 칭제하여 후한後漢을 세웠고, 후한은 천웅절도사天雄節度使 곽위郭威가 찬탈하여 후주後周가 건국된 것이다.

그 중 후주後周의 정치가 그나마 약간의 안정을 얻었을 뿐 모두가 미약하기 그지없었다. 후주 태조太祖는 세금을 면제하고 생명을 경시하는 풍토를 일신하였으며, 농업과 수리에 힘을 기울여 북방의 기강을 세워나갔다. 이러한 기초 아래 세종世宗은 중국을 통일하겠다는 포부를 가지고 직접 남정南征에 나섰으나 불행이 병으로 죽고 말았다. 그 아들 공제恭帝가 제위에 올랐으나 겨우 7세의 어린 나이로 전전도점검殿前都點檢이라는 벼슬의 조광윤(趙匡胤, 宋 太祖)이 군권을 장악하여 소위 '진교역병변陳橋驛兵變'에 의해 나라를 잃고 말았다. 조광윤은 이에 후주後周의 정권을 탈취하여 송宋나라를 세우게 되면서 결말을 맞게 된다.

3. 할거割據의 결말

　송나라가 건립된 초기에는 중국 남방과 북방에는 아직도 북한北漢, 남당南唐, 오월吳越, 후촉後蜀, 남한南漢, 남평南平 등 6개의 독립된 정권이 남아 있었다. 이에 조광윤은 남방의 경제력을 차지하기 위하여 '선남후북先南後北'의 정책을 세워 13년 간의 전투를 벌여 끝내 남방 여러 나라를 굴복시켰다. 태조가 죽고 태종太宗이 뒤를 잇자 친정하여 마지막으로 북한北漢을 멸함으로써 명실공히 천하를 통일하는 제국을 건설하게 된 것이다.

〈前蜀 王建의 무덤〉

五代世系圖
(A.D. 907~960)

梁(後梁) (A.D.907~923年)

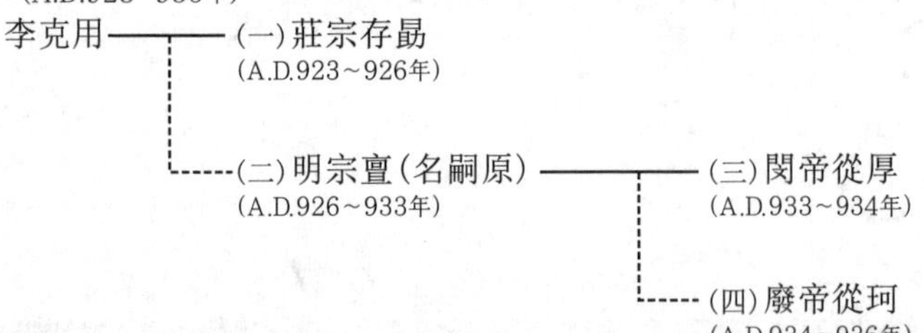

* ┈┈┈ 表示는 養子임을 뜻함.

구분	나라	개국자	도읍	연대	기간	멸망
五代	梁(後梁)	朱溫(朱全忠)	汴(開封)	907~923	17년	後唐에게
	唐(後唐)	李存勗	洛陽	923~936	14년	後晉에게
	晉(後晉)	石敬瑭	汴	936~946	11년	契丹에게
	漢(後漢)	劉知遠	汴	947~950	4년	後周에게
	周(後周)	郭威	汴	951~960	10년	北宋에게
十國	吳	楊行密	揚州	902~937	36년	南唐에게
	南唐	李昇(徐知誥)	金陵(南京)	937~975	39년	北宋에게
	吳越	錢鏐	杭州	907~978	72년	北宋에게
	楚	馬殷	長沙	907~951	45년	南唐에게
	閩	王審知	長樂(福州)	907~945	37년	南唐에게
	南漢	劉巖(劉龑)	廣州	917~971	55년	北宋에게
	前蜀	王建	成都	903~925	23년	後唐에게
	後蜀	孟知祥	成都	933~965	33년	北宋에게
	南平(荊南)	高季興	荊州(江陵)	924~963	40년	北宋에게
	北漢1	劉崇	河東(太原)	951~979	29년	北宋에게

Ⅱ. 송(북송)

1. 중앙집권의 강화

송 태조는 건국 후 당말唐末 오대五代 절도사節度使 번진蕃鎭의 할거로 천하가 어지러워졌던 점을 감안하여 지방권력의 성장을 근본적으로 막고 아울러 무신이 세력을 키우지 못하도록 적극적인 숭문억무崇文抑武 정책을 펴나갔다. 그리고 정치적으로는 이를 구현하여 여러 가지 중앙집권제도를 마련하게 된다.

이리하여 중신重臣과 숙장宿將의 병권을 해제하고 자신이 직접 '금군禁軍'을 통솔하였다. '금군'이란 각 주현州縣에서 뽑아온 병력으로서 경기京畿를 수비하되 윤번제로 변방을 담당하며 전시에는 황제가 임시로 총사령관이 되어 직접 작전을 수행하는 제도였다.

그 외에 지방군의 할거를 막기 위해 성진城鎭에 '상병廂兵'이라는 제도를 두었다. 이들은 훈련은 받지 아니하고 잡역에만 종사하도록 하는 제도로써, 결국 재정의 낭비와 전투력 약화라는 이중의 폐해를 낳는 결과를 초래하고 말았다. 그 때문에 "병사는 정해진 장수가 없으며 장수는 거느리는 병사가 없고"(兵無常帥, 帥無常師), "병사는 장군을 알지 못하며 장군은 병사를 알지 못하는"(兵不識將, 將不識兵) 묘한 제도를 만들어 경무숭문輕武崇文의 나약한 국가로 체제가 바뀌어버린 것이다. 이 풍조는 송나라 전 기간을 통하여 외적外敵의 침입에 연전연패하여 결국 요遼, 금金, 원元 등 이민족에게 조공朝貢과 칭신稱臣으로 일관하다가 멸망에 이르는 불행을 낳고 말았다.

遼
西夏
吐蕃
大理
大越
北宋
上京
(臨潢府)
黃龍府
中京(大定府)
東京
(遼陽府)
西京
(大同府)
南京
(析津府)
渤海
定州
瀛州
太原
興慶府
夏州
遼州
南京
(應天府)
西京
(河南府)
東京
(開封府)
〔汴京〕
成都
江寧
潤州
蘇州
杭州
越州
明州
景德鎮
東海
泉州
流求
廣州
南海
圖　例
都城
要地
政權部族界
北宋疆域界

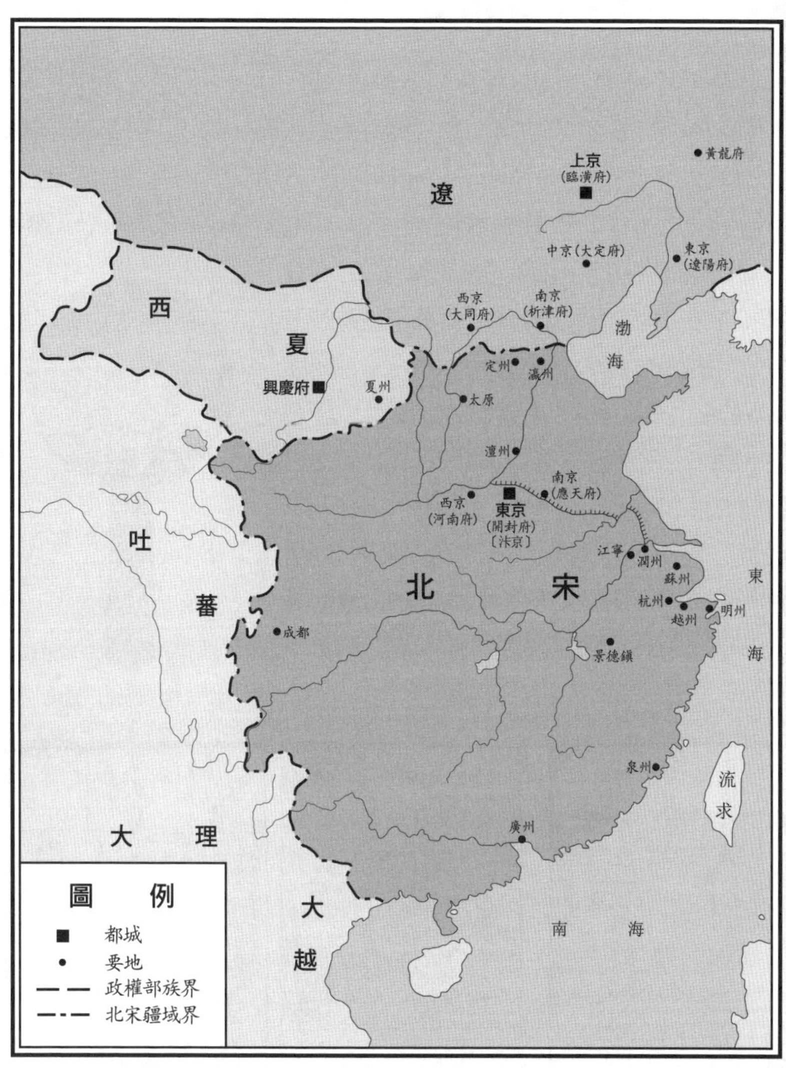

〈北宋 강역도〉

2. 정치 권력의 집중

태조는 과거 재상이 조정의 대권을 장악하던 제도를 바꾸어 중앙에 중서성中書省
을 설치하여 행정을 관장하도록 하고, 추밀원樞密院은 군사軍事 업무만을 관리하며,
삼사사三司使에서는 재정을 주관하여 처리하도록 하였다. 이리하여 재상의 권한은
대폭 축소되었으며 그로 인해 재상들이 쉽게 전횡을 부릴 수 없도록 만들었다.

그리고 지방 행정은 여전히 주州, 현縣 제도를 답습
하되 그 행정책임자는 중앙에서 직접 파견하였다.
그리고 '통판通判'이라는 제도를 두어 이들을 중앙에
서 파견하여 지방 주현의 부장관으로 삼았다. 그들은
황제에게 그 현황을 직접 보고할 수 있는 권한이
주어졌으며 지주知州의 권한을 견제하는 임무를 맡고
있었다. 그리고 원래 지방에서 군사 업무를 관장하던
관리들도 점차 문관으로 바꾸어 배치함으로써 문약
文弱에만 흐르는 체제로 전환시켜 버렸다.

송, 「燕山五桂」 銅鏡

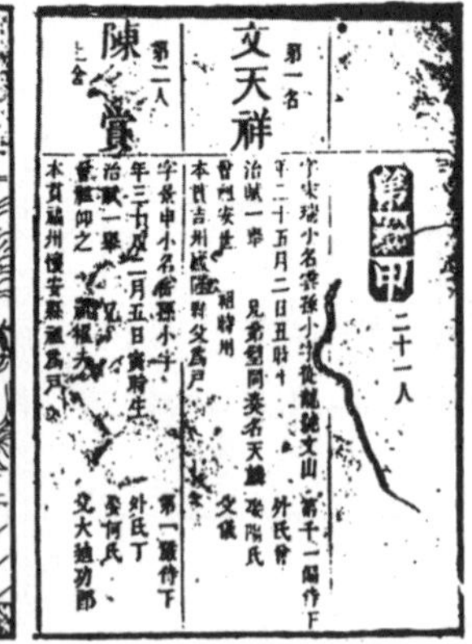

송대의 과거
(1) 장원을 꿈꾸는 모습 (2) 과거 시험장의 모습 (3) 등과록(문천상)

3. 재정과 사법제도

송대에는 각 주에 '전운사轉運使'를 두어 각지의 재정을 담당하도록 하였다. 이들의 주된 임무는 지방에서 거두는 세금의 일부를 그곳 재정에 충당하고 그 나머지는 일률적으로 중앙으로 귀속시키는 일을 맡았다.

그런가 하면 각 지방의 사형에 해당하는 판결은 반드시 중앙으로 보고하여 재심을 받도록 함으로써 사법권조차 중앙에서 관장하였다. 이렇게 정政, 군軍, 재財의 권한을 중앙에 집중시킴으로써 소위 '강간약지强幹弱枝'의 정책을 펴 통제는 쉬워졌으나 지방의 자율권과 건설 등이 제약을 받아 전시戰時에는 지방이 전혀 도움을 주지 못하는 결과를 초래하고 말았다.

Ⅲ. 송과 요遼 및 서하西夏의 관계

송나라는 비록 건국 후 20여 년은 안정된 통일국가의 면모를 과시하였으나
장성 밖의 거란족契丹族의 요
遼나라와 대치하면서 끊임없는
시달림으로 일관하게 된다.
그런가 하면 서북쪽의 서하西夏
역시 복속과 반란을 거듭하였
고 서쪽의 토번吐蕃 또한 위협
적인 존재로 늘 우환이 되었다.

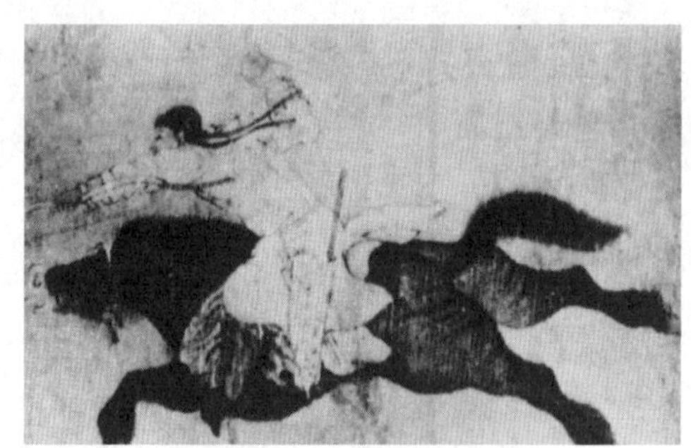

거란인 〈狩獵圖〉

1. 요遼나라의 건립

거란契丹은 원래 중국 북방의 소수민족이었으나 10세기 초에 나라를 세워
한漢나라 문물제도를 그대로 모방하여 한인漢人을 등용하였으며 문자를 사용하는
등 강력한 국가로 발전하게 된다. 뒤에 이들은 발해渤海 연안의 연주(燕州, 지금의
北京)로부터 서쪽 운주雲州에 이르는 소위 '연운십륙주燕雲十六州'를 점령하고는
국호를 '요遼'라 하고 송宋과 정식으로 맞서는 힘을 갖게 된다.

송 태조와 태종의 시기에 이 '연운십륙주'를 수복하고자 세 차례의 정벌에
나섰으나 결국 아무런 성과를 거두지 못하고 도리어 크게 붕괴하고 퇴각하는
비운을 맛보았으며, 이로써 요와는 완전 적대관계로 변하여 송은 그들의 침략
대상이 되는 존재로 전락하고 말았다.

遼
宋
大定
北安州
建州
漢城
燕子城
儒州
武州
檀州
媯州
雲州
新州
順州
景州
營州
蔚州
燕州
薊州
平州
應州
寰州
灤州
朔州
涿州
代州
易州
莫州
渤　海
瀛州
晉陽
滄州
定州
黃
祁州
河
鎮州
圖　例
雲州　十六州

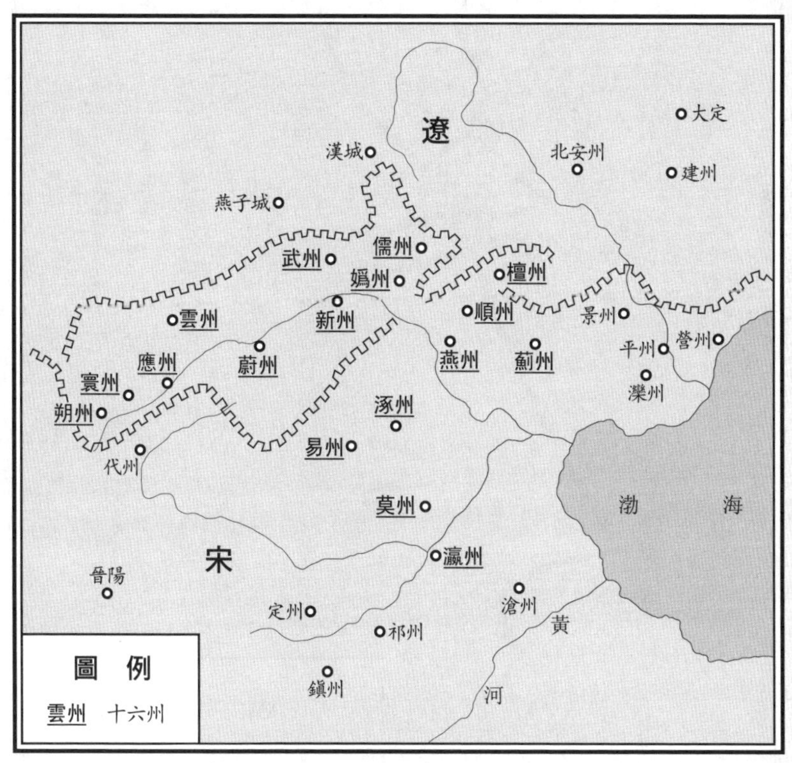

〈燕雲十六州〉

南京
析津府
遼
安肅軍
威虜軍
保州
順安軍
定州
鎮州
瀛州
黃
河
濟
水
宋
洺州
大名府
德淸軍
通利軍
澶州
渤
海
東京
開封府
圖　　例
都城
京府
府·州 및 其他
遼軍南侵路線
宋軍北上抗遼路線
宋·遼分界線

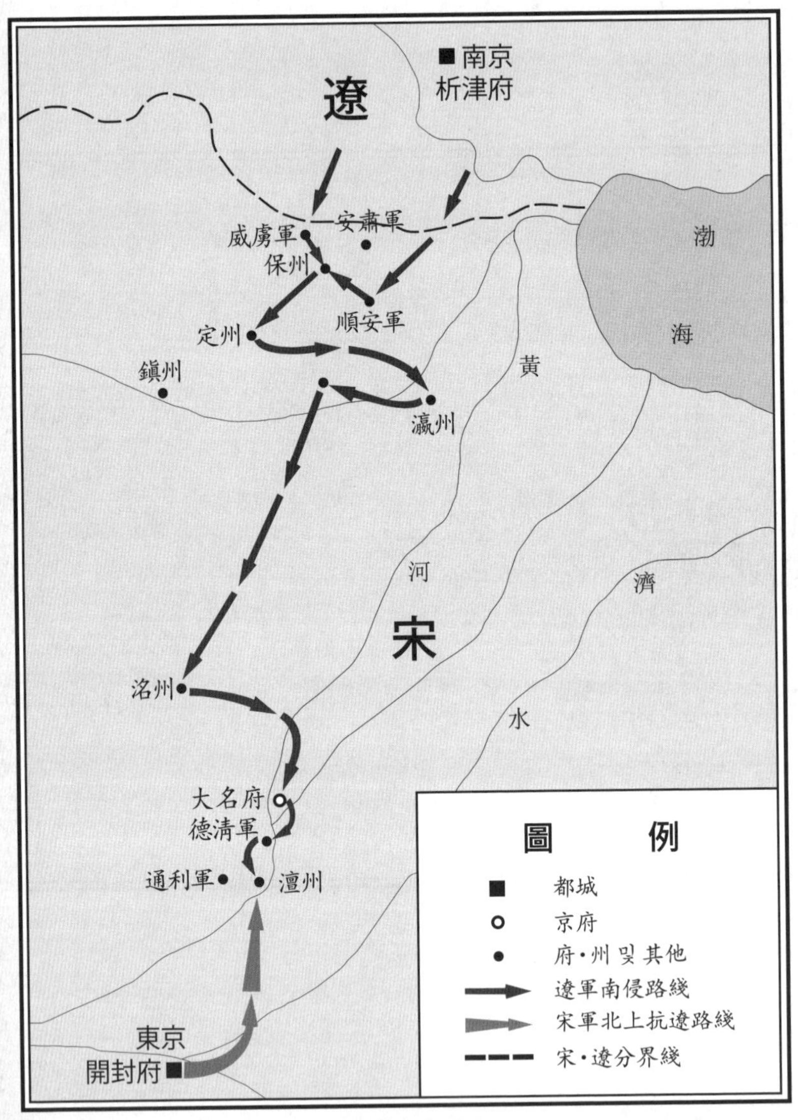

〈宋과 遼의 전투〉

2. 단연지맹澶淵之盟

서기 1004년(景德 원년), 요나라가 대거 남침하자 송나라 조정은 남천할 것을 주장하는 의논이 속출하였다. 그 때 재상 구준寇準 등 몇몇은 진종眞宗이 직접 나서서 위기를 타파할 것을 간하여 진종은 마지못해 구준과 함께 단주(澶州, 지금의 하남 濮陽)로 나가 응전하였다. 그런데 단주를 포위한 요군이 열세에 몰리자 송군은 승세를 타고 공격하고자 하였으나 나약한 진종은 오히려 요군이 즉시 퇴각하기를 원한다는 조건을 달아 화의를 맺고 말았다. 더구나 그 강화 내용은 매년 요나라에 은과 비단을 바치겠다는 것으로 이것이 중국 역사상 처음으로 이민족에게 굴욕적인 세폐歲幣라는 선례를 남기게 되었으며 이를 역사적으로는 '난연지맹澶淵之盟'이라 한다.

그 뒤로 송과 요는 어느 정도의 평화를 유지하게 되었으며 국경에 호시互市를 열어 물자와 상품을 교환하는 등 교역은 있었으나 불평등한 채로의 평온은 당분간 지속되었다.

거란 사신 〈朝聘圖〉

3. 송과 서하西夏의 강화講和

서하西夏는 강족羌族의 후예가 세운 나라로 송 인종仁宗 때 '대하大夏'라는 나라를 건립하였으며 송나라는 이들이 서쪽에 있다하여 '서하'라 불렀다.

서하는 건국하고 나서 대외 확장을 꾀하며 여러 차례 송과의 전쟁을 치렀다. 이때마다 송군은 참패하여 많은 영토를 잃게 되었다. 그러나 전쟁으로 무역이 중단되자 도리어 서하의 민중은 식량과 물자의 결핍을 견디지 못하여 서로의 필요에 따라 화의를 맺게 되었다. 이에 서하는 '제帝'의 칭호를 포기하여 송에게 신하를 칭하기로 하고 '하국왕夏國王'이라 명의상 강등되었다. 그러나 이 조건으로 송나라는 매년 서하에게 은, 비단, 차 등을 공급하기로 약속하였다. 이리하여 두 나라는 평화를 유지하였지만 송나라의 부담은 날로 가중되어 백성의 고통이 늘어나고 말았다.

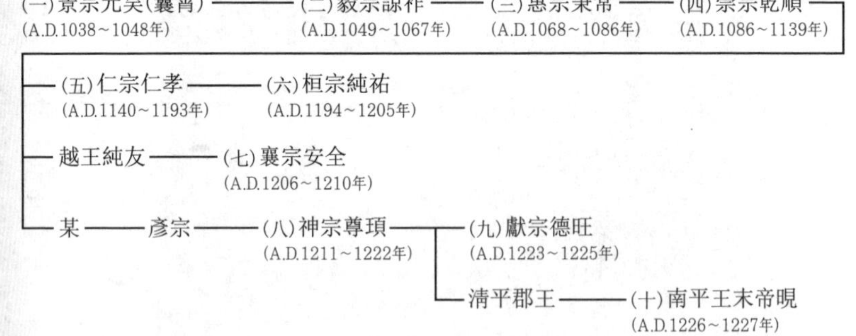

Ⅳ. 북송의 신법과 당쟁

1. 혼란의 가중

북송은 중기에 이르러 이름뿐인 군인과 관리의 수적 증가로 인하여 재정이 고갈되어 국고가 바닥났으며 그에 따라 민심이 이반하는 등 위기를 맞게 된다.

즉 당시 군인들은 생산에 종사하지 아니하고 국가에서 전적으로 봉록을 책임지는 제도였다. 게다가 요와 서하와의 연이은 전쟁으로 인종仁宗 때는 무려 120만이라는 엄청난 숫자로 군사가 늘어났다. 이리하여 매년 이들을 위한 비용이 국가 수입의 7-8할을 차지할 정도였다.

그런가 하면 인재를 중시한다는 정책으로 과거제도를 통한 관리 선발은 역시 인종 때 13번의 시험에 무려 1만여 명을 넘어서고 말았다. 이들에게도 역시 관례대로 관직을 수여하다 보니 행정효율에 미치지 못하는 방대한 관료계층을 형성하였으며, 그들에게 주는 봉록은 감당낼 수 없는 지경이 되고 말았다. 이에 당연히 백성의 세금은 늘어났고 그 세금 명목을 개발하는 것이 곧 행정의 전부인 시대로 변하고 만 것이다.

2. 경력신정慶曆新政

정부는 내우외환의 겹친 상태에서 빈약한 국고로 허덕이게 되자 많은 이들이 부국강병의 개혁을 부르짖게 되었다. 이에 인종 때 범중엄范仲淹이 재상이 되자 소위 '경력신정慶曆新政'이라고 하여 관리 정리, 부민강병富民强兵, 행정효율의 극대화 등 10대개혁안을 내놓았으나 일 년도 되지 못하여 보수파의 반대로 폐지되고 말았다.

3. 왕안석王安石의 신법

　범중엄의 개혁이 실패로 끝나자 왕안석王安石이 소위 '만언서萬言書'라는 건의서를 통해 구제舊制를 개혁하기를 요구하였다. 인종은 이를 수용하지 않았으나 뒤를 이은 신종神宗은 자신의 정치적 입지를 강화하기 위하여 왕안석을 재상으로 삼아 이 신법新法을 강력하게 추진하여 실시하게 된다.

　그 주된 내용은 수확기 이전에 농민에게 자금이나 식량을 대여하여 가을에 회수하되 그 이자는 2푼으로 하는 것靑苗法과 요역의 복역은 빈부에 따라 부자의 경우 돈을 내어 그 돈으로 가난한 자를 고용하는 면역전免役錢의 도입, 농민과 공장工匠을 정부의 수리 개간 사업에 적극 참여시키도록 하는 법, 전국 토지를 다시 측량하여 그 비옥한 정도에 따라 세금을 차등 부과하는 새로운 세법, 장정이 둘 이상인 가구에서는 하나를 '보정保丁'으로 지정하여 농한기에 훈련을 받아 전투에 참여시키는 제도 등이었다. 그 외에 전쟁에 쓸 말을 민간에서 대신 길러 국가가 이를 이용하는 보마법保馬法과 고대 장수를 두어 병사를 통솔하던 제도 (置將統兵)의 부활 등도 있었다.

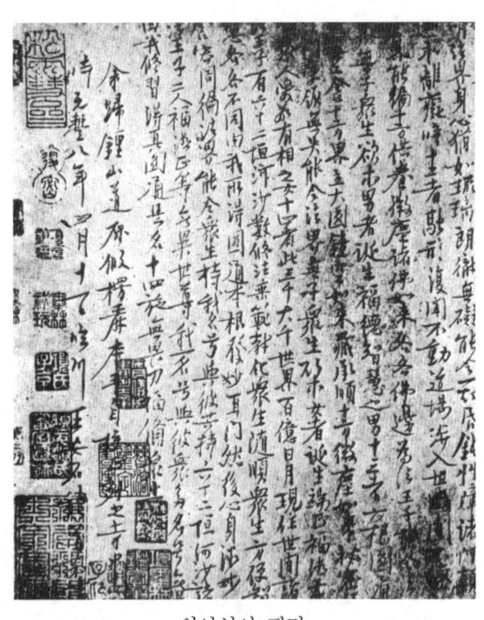

왕안석의 필적

4. 신법의 실패와 당쟁

　왕안석의 이 신법은 15년간 지속되어 정부의 수입이 증대되고 군사력도 강화되었지만 사마광司馬光 등 수구파 관료의 대대적인 저항에 부딪쳐 결국 엄청난 차질을 빚게 되었다.

　그러자 왕안석은 자신이 새로 뽑은 관리들을 자신의 지지세력으로 삼아 신법 실시를 강행하였고, 이미 관직에 있던 관료들은 이를 반대하여 결국 신당新黨과 구당舊黨이 대립하는 형세가 되었다. 신종神宗은 그래도 왕안석의 신법을 지지하여 구당을 배척함으로써 개혁 신당이 우세함을 보였다. 그러나 신당의 일부 관료는 형세를 이용하여 사익을 노리는 소인배가 들끓어 민원이 끊이지 않았으며, 그로 인해 비난을 받기 일쑤였다. 그에 비해 구당은 주로 학견이 높은 학자나 명망을 가진 자들이 포진하고 있어 정서상 일반인의 지지를 받고 있었다. 이리하여 신종이 죽고 나자 신당이 크게 배척을 받아 신법은 유야무야 폐지되고 말았다. 그러나 이때의 대립으로 송나라는 당쟁이라는 또 다른 풍토가 조성되어 50여 년을 정치적 혼란을 겪게 되었으며 결국 송나라를 쇠락의 구렁텅이로 빠뜨리는 결과를 낳고 말았다.

〈元祐黨籍碑〉

V. 금金의 남침과 북송의 멸망

1. 송금宋金의 연합과 송의 패배

송나라가 요나라에게 고통을 당하고 있는 사이, 동북쪽에 새로운 민족 여진女眞이 흥기하였다. 이 여진족은 원래 중국 동북지역에 거주하던 소수민족으로 처음에는 거란의 요나라에게 지배를 받아왔으나 거란의 학정을 견디다 못해 반기를 들고 일어나고 말았다. 그들은 국력이 어느 정도 갖추어지자 '금金'나라를 세워 여러 차례 요와 전투를 거쳐 그 영토 대부분을 차지하게 된다.

송末 휘종徽宗은 금이 요를 연달아 격파하는 것을 보고 이제까지 요에게 얽매였던 고통을 벗을 기회라 여겨 금과 연합하여 요를 멸할 계획을 세우고는 결국 비밀리에 협정을 서둘렀다.

즉 금은 요의 중경(中京, 지금의 내몽고 寧城縣)을 공격하고, 송은 연경(燕京, 지금의 북경)을 공략하며, 요를 멸한 뒤에는 연운燕雲 지역을 송에게 돌려주되 송은 매년 요에게 바치던 세폐歲幣의 은과 비단을 대신 금에게 바친다는 조건이었다.

그러나 약속대로 금은 요의 중경과 서경(西京, 지금의 大同)을 함락하였으나 송은 요군에게 대패하여 연경 공략에 실패하고 말았다. 이에 금은 다시 나서서 연경을 대신 함락하고는 그 책임을 송에게 물었다. 이리하여 송나라는 약속한 세폐 외에 다시 1백만 관의 배상금을 주기로 하였지만 금군은 연경을 돌려주면서 전체를 약탈하여 빈 성을 얻는 굴욕을 당하기도 하였다. 이어 금은 요를 완전히 멸망(1125)시키고 북방의 대국으로 군림하게 된다.

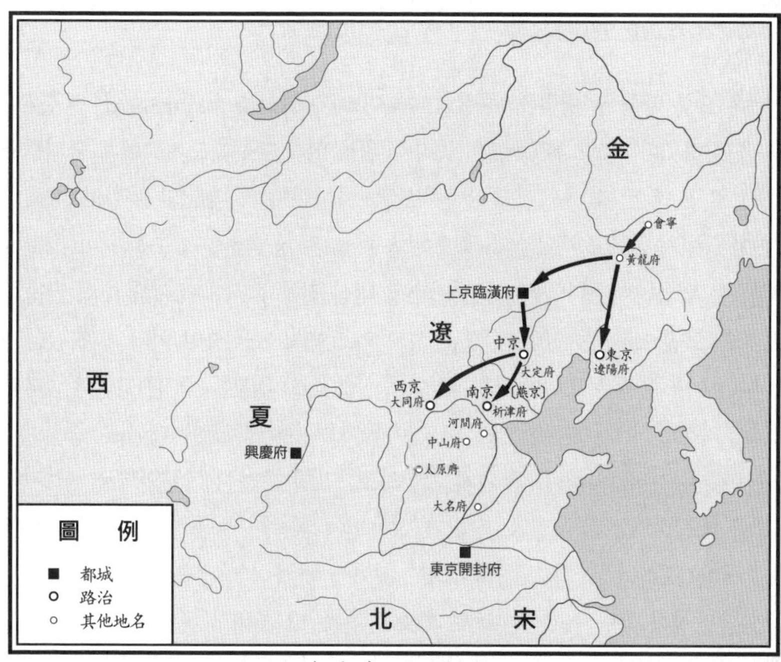

〈금이 요나라를 멸한 경로〉

金世系圖
(A.D. 1115~1234)

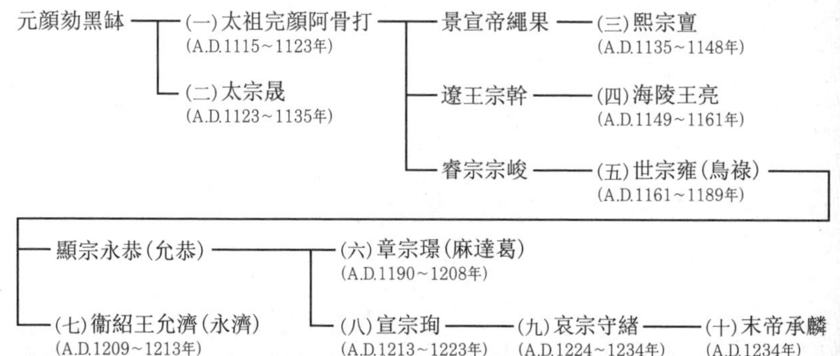

2. 정강지치靖康之恥와 북송의 멸망

　금은 요를 멸한 후 병력을 두 길로 나누어 대거 남침을 시도하여 우선 동경東京, 開封을 향하였다. 송宋 휘종徽宗은 놀라 제위를 아들 조환趙桓, 欽宗에게 물려주고 남방으로 도망 길에 나서고 말았다. 조정에서는 주전파主戰派와 투항파投降派의 쟁론이 끊이지 않았고 새로 제위에 오른 흠종欽宗은 형세에 쫓겨 주전파 이강李綱을 재상으로 임용하여 서울 방어를 맡기면서 대신 전국 각지에 조서를 내려 근왕병勤王兵을 모집하도록 하였다. 이강은 성 안의 군민을 조직하여 여러 차례 금군을 막아내었으나 흠종은 도리어 투항파들의 주장을 듣고 전투를 중지시키면서 금과의 강화에 나섰다. 이때 가혹한 조건을 모두 들어줄 수밖에 없었는데 바로 중산中山, 태원太原, 하간河間의 땅을 금에게 할양하고, 그에 더하여 대량의 금은과 우마, 물품을 배상한다는 것이었다. 강화가 성사되어 휘종이 서울 변경汴京으로 돌아오자 금은 도리어 그 약속을 저버리고 재차 남하하여 변경을 함락한 다음, 성 안을 남김없이 약탈하고는 이듬해 휘종과 흠종 및 후비와 종실 등 3천여 명을 포로로 하여 북으로 돌아가 버렸다.

　이를 당시의 연호에 따라 '정강지치靖康之恥', 혹은 '정강지화靖康之禍'라 하며 이로써 북송은 멸망하고 말았다. (1126)

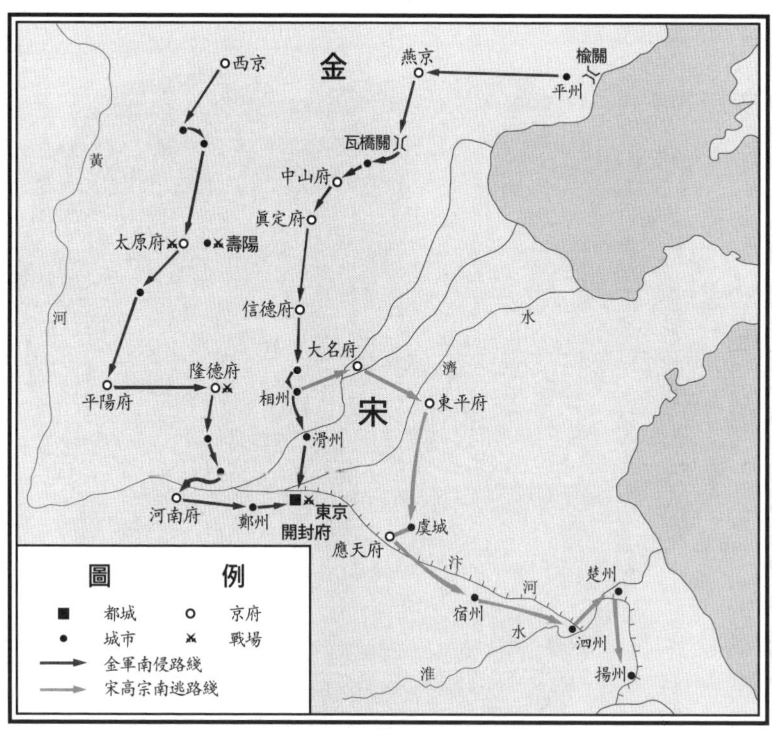

〈遼가 송을 멸망시킨 전투로〉

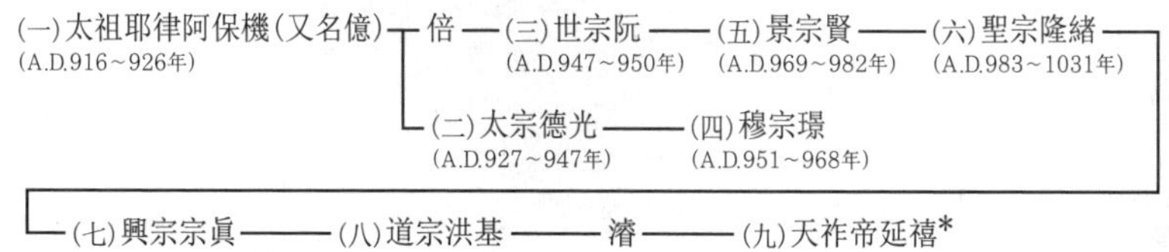

遼世系圖
(A.D. 916~1125)

1122년 天祚帝 耶律延禧는 金나라 병사들이 中京의 요나라를 함락시킬 때 몰래 빠져나와 居庸關을 거쳐 夾山으로 도망하였다. 이에 燕京을 지키던 귀족들이 耶律淳을 옹립하여 天賜皇帝로 세웠으나 3개월 만에 병으로 죽고 말았다. 1124년 천조제는 武州로 남하하였다가 1125년 정월 포로가 되고 말았다.

〈西夏 문자〉

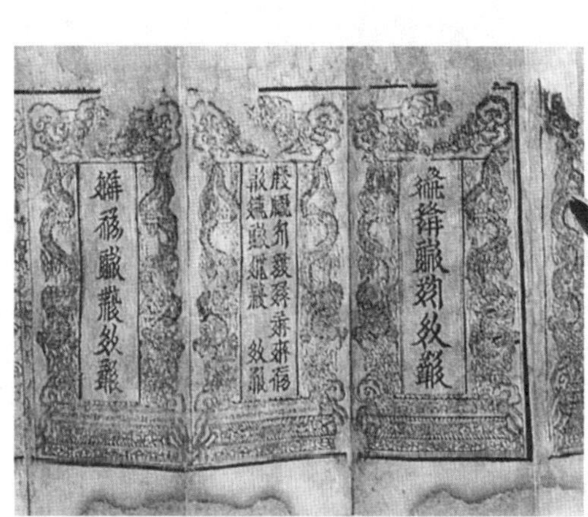

〈西夏의 문서〉

송대 자기 〈蓮花瓣碗〉

송대 자기 〈小孩持荷葉磁枕〉

송대 〈男女伎樂〉 壁畵

북송 때 건립된 開封 鐵塔

송대 건축된 〈岳陽樓〉

여진 비석

〈金나라 元帥의 職印과 문자〉

거란 귀족의 宴樂圖〈卓歇圖〉

요나라 벽화(河北 宣化)「散樂圖」

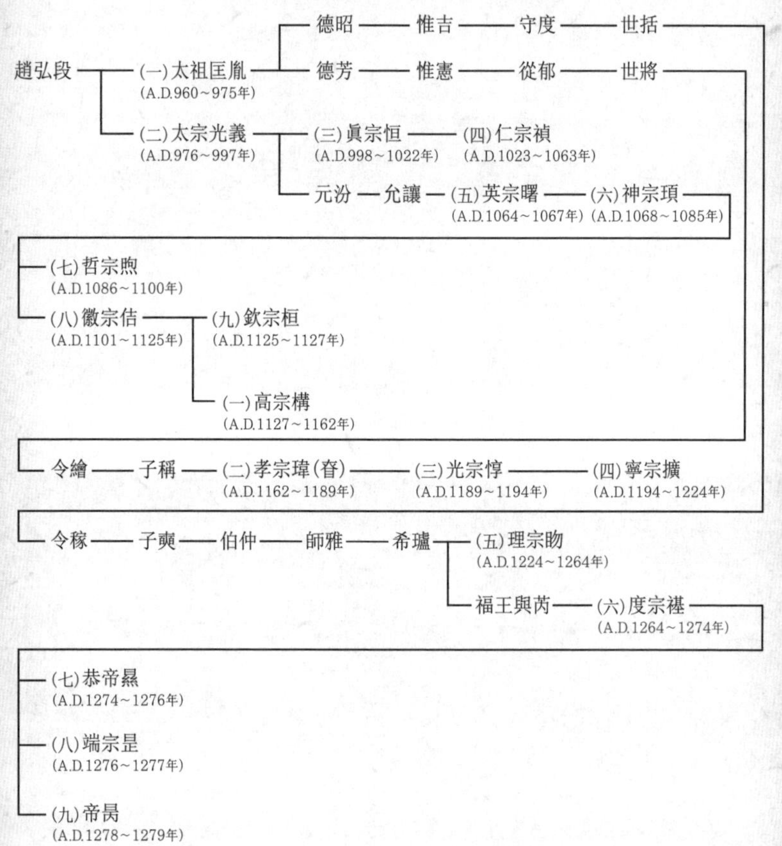

❀ 이상 《십팔사략》 제6권은 주로 《구오대사舊五代史》(薛居正, 宋. 총 150권)와 《신오대사新五代史》(歐陽脩, 宋. 총 74권), 그리고 《송사宋史》(托克托, 元. 총 196권)와 《요사遼史》(托克托, 원. 총 115권) 및 《금사金史》(托克托, 원. 총 135권)의 일부 등을 자료로 한 것이며, 그 역사적 사실을 본기本紀와 열전列傳 등을 축으로 하여 편년체編年體로 초략, 재구성한 것이다.

차 례

◈ 세목細目

(十七) 五代

(가) 梁(後梁)

1. 太祖皇帝

3. 閔帝

4. 潞王

3. 恭帝

　⑴ 태종의 죽음

　⑵ 《논어論語》로서 천하를 잡고 천하를 다스렸습니다

　⑶ 수첩에 적인 인물 명단

　⑷ 큰일에는 흐리멍덩하지 않습니다

3. 眞宗皇帝

4. 仁宗皇帝

5. 英宗皇帝

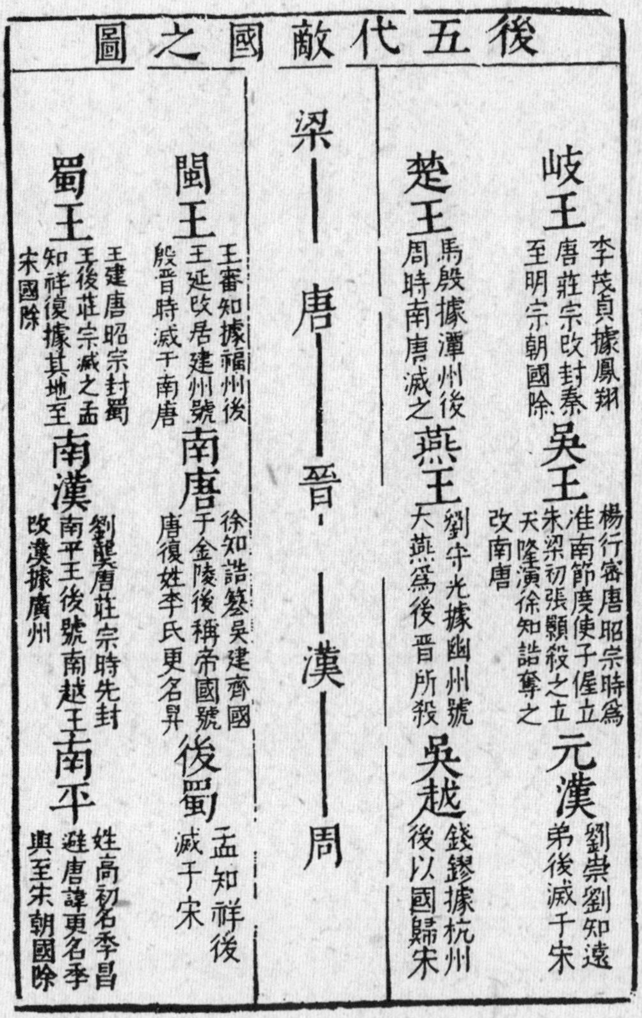

後五代敵國之圖

岐王　李茂貞據鳳翔唐莊宗改封秦至明宗朝國除

吳王　楊行密唐昭宗時為淮南節度使子偓立朱梁初張顥殺之立天隆演徐知誥奪之改南唐

北漢　劉崇劉知遠弟後滅于宋

楚王　馬殷據潭州後周時南唐滅之

燕王　劉守光據幽州號大燕為後晉所殺

吳越　錢鏐據杭州後以國歸宋

梁──唐──晉──漢──周

閩王　王審知據福州後王延政居建州號殷晉時滅于南唐

南唐　徐知誥篡吳建齊國于金陵後稱帝國號唐復姓李氏更名昇

後蜀　孟知祥後滅于宋

蜀王　王建唐昭宗封蜀王後莊宗滅之孟知祥復據其地至宋國除

南漢　劉龑唐莊宗時先封南平王後號南越王改漢據廣州

南平　姓高初名季昌避唐諱更名季興至宋朝國除

〈五代敵國圖〉《三才圖會》

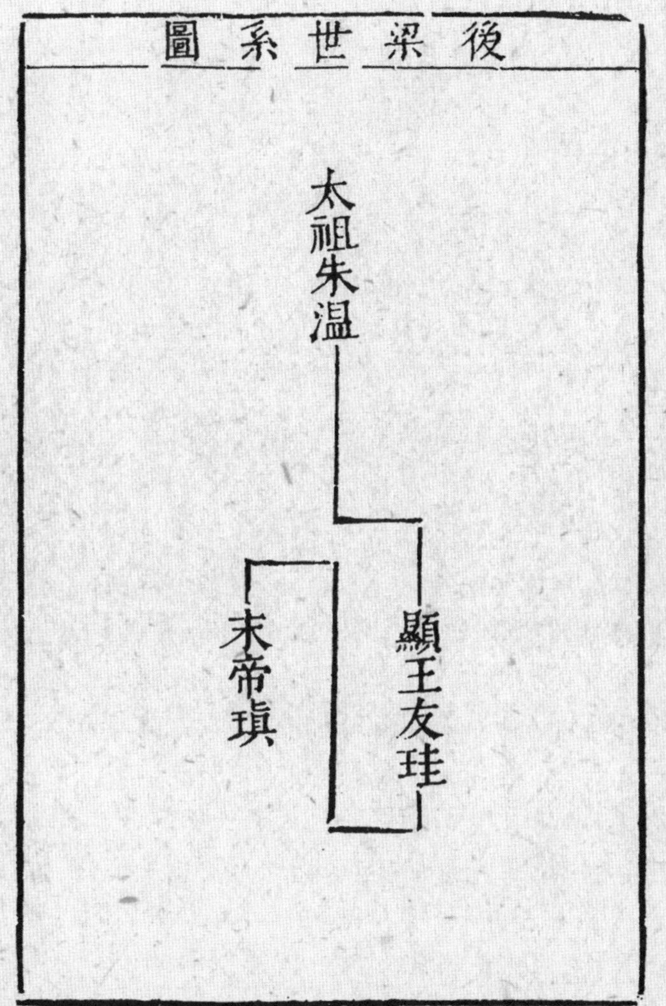

〈後梁世系圖〉《三才圖會》

(十七) 五代

(가) 梁(後梁)

1. 太祖皇帝

878 태조황제太祖皇帝

(1) 네 따위가 천자라고?

양梁 태조황제太祖皇帝는 처음 이름이 온溫이며 성은 주朱, 탕산碭山 사람 주오경朱五經의 아들이다.

젊을 때는 무뢰배로 황소黃巢를 따라가 도둑이 되었다가 당唐나라에 항복하여 전충全忠이라는 이름을 하사받았다.

처음 변汴을 진수하다가 서주徐州, 연주兗州, 운주鄆州를 공격하여 합병하고 하북河北, 하동河東의 여러 군郡을 공격하여 여러 차례 이극용李克用과 마주 싸웠다.

〈후량 태조〉《三才圖會》

얼마 후 하중河中의 진주晉州와 강주絳州를 취하고 화산華山, 기산岐山으로 출동하여 동쪽의 청주青州를 항복받고 남쪽의 형주荊州, 양주襄州를 취하여 여러 절도사들 사이를 횡행하였다. 소제昭帝, 哀帝를 협박하여 서울을 낙양洛陽으로 옮기게 하고 드디어 당나라를 찬탈한 것이다.(907년)

이름을 다시 황晃으로 고쳤다. 그는 자신의 형 전욱全昱을 왕에 봉하였는데 어느 날 전욱이 아우 주전충을 이렇게 꾸짖었다.

"주삼朱三아, 네가 천자란 말이냐? 너는 황소를 따라다니는 도둑이었다. 그러다가 당나라 천자가 너를 4 진鎭의 절도사로 삼아주기까지 하였다. 그것은 너에게 무엇이 빚진 것이겠는가? 그런데 어찌 당나라 3백 년의 사직을 멸하고 스스로 황제가 되었느냐? 너의 행위는 의당 멸족을 당할 짓이다."

梁太祖皇帝:

初名溫, 姓朱氏, 碭山人, 朱五經之子也. 少無賴, 從黃巢爲盜, 降唐賜名全忠. 初鎭汴, 攻倂徐州兗州鄆州, 攻河北河東諸郡, 屢與李克用交兵. 尋取河中晉絳, 用兵華岐, 東降青州, 南取荊襄, 橫行諸鎭間. 刦遷唐都於洛, 遂簒唐. 更名晃.

封其兄全昱爲王, 嘗罵之曰:「朱三, 汝作天子邪? 汝從黃巢作賊, 天子用汝爲四鎭節度使, 何負於汝? 奈何滅唐家三百年社稷, 自爲帝王? 行當族滅矣.」

【碭山】邑 이름으로 宋州에 속함.
【朱五經】朱誠. 五經敎授였다.
【鎭汴】宣武節度.
【晉】州 이름으로 山西에 속하며 平陽郡.
【襄】州 이름으로 河南에 속하며 襄陽府.

【朱三】朱祖의 항렬.
【四鎭節度使】앞서 당나라에서는 주전충을 宣武, 宣義, 太平, 護國 등 네 곳의
절도사로 삼았었음.(先唐以全忠爲宣武宣義太平護國節度使. ─원주)

⑵ 각지의 할거

이때 이극용은 진왕晉王이었고 이무정李茂貞은 기왕岐王이었다. 그리고
양행밀楊行密은 오왕吳王으로 회남淮南을 지배하고 있었다.(902년) 양행밀이
죽고나자 아들 악渥이 그를 이었다. 왕건王建은 촉蜀에서 왕이 되었고,
전류錢鏐는 양절兩浙에서 왕이 되었으며, 왕조王潮는 민閩에 할거하였는데
그가 죽고 아우 심지審知가 그를 대신하고 있었다.

그리고 마은馬殷은 호남湖南을 할거하고 유은劉隱은 광주廣州를 할거하여
모두가 당나라 말 이래로 여러 주를 할거하고 있었다.

是時李克用王晉, 李茂貞王岐. 楊行密爲吳王, 王淮南. 行密
已卒, 子渥代之. 王建王蜀, 錢鏐王兩浙, 王潮據閩, 已卒, 弟審
知代之. 馬殷據湖南, 劉隱據廣, 皆自唐末以來, 割據諸州.

【李茂貞】본래 성명은 宋文通이며 傳野軍 戍卒이었다. 黃巢가 京西를 침범했을
때 그는 功補扈蹕都頭로써 僖宗이 그에게 姓名을 하사하였으며 鳳翔, 隴右의
節度使가 되었음. 昭宗 때에는 岐王에 봉해졌음.(本姓宋, 名文通. 爲傳野軍戍卒,
黃巢犯京西, 茂貞以功補扈蹕都頭, 僖宗賜姓名, 拜鳳翔隴右節度使. 昭宗時, 封爲
岐王. ─원주)
【楊行密】唐 僖宗 景福 원년에 淮南節度로서 흩어진 사람들을 모으고 부역을
가볍게 하였으며, 公私간에 부를 축적하여 드디어 회남 땅을 점거함.(以唐僖宗景

福元年, 爲淮南節度, 招撫流散, 輕徭薄賦, 公私富庶, 遂據有淮南之地. −원주)

【王建】 許州 舞陽 사람. 唐 僖宗 초에 陳欽瑄이 西川을 다스릴 때 田令孜가 監軍이 되어 왕건을 불러 그 휘하에 두고자 하자 陳欽瑄이 이를 의심하여 저지하였음. 이에 왕건은 노하여 成都를 공격, 진흠선과 전영자를 살해하였음. 昭宗이 그에게 西川節度使의 직위를 주어 드디어 그 땅을 점거하게 되었음.(許州舞陽人. 唐僖宗初, 陳欽瑄節制西川, 田令孜爲監軍, 召建欲致麾下, 欽瑄疑止之, 建怒, 以兵攻成都, 殺欽瑄令孜. 昭宗授以西川節度使, 遂據有其地. −원주)

【兩浙】 浙東과 浙西.

【閩】 州 이름으로 福建에 속하며 지금의 福州.

【王審知】 光州 固始 사람으로 당말 黃巢의 난 때에 그는 關嶺 五洲의 땅을 차지하고 있었으며 昭宗이 그를 閩王에게 봉하였음.(光州固始人, 唐末, 黃巢寇亂, 因有關嶺五洲之地, 昭宗就封閩王. −원주)

【馬殷】 許州 鄢陵 사람으로 唐 乾寧 연간에 武安軍節度使가 되어 潭州를 진수하다가 드디어 湖南의 땅을 점유하였음.(許州鄢陵人, 唐乾寧中, 拜武安軍節度使, 鎭潭州, 遂有湖南之地. −원주)

【劉隱】 그의 조부 劉安仁은 上蔡 사람으로 뒤에 閩中으로 들어와 장사로 돈을 벌어 그곳에 정착하게 되었으며, 梁나라가 南海王으로 봉하였고 그가 죽고 나서 襲位하여 嶺表의 땅을 모두 차지하고 黃州에서 참칭하였음.(隱祖安仁, 上蔡人也, 後從閩中, 商賈南海, 因家焉. 梁封爲南海王, 卒, 後襲位, 盡有嶺表之地. 僭號於黃州. −원주)

879 마은馬殷을 초왕楚王에

양주(주전충)가 마은馬殷을 초왕楚王에 봉하였다.(907년)

○ 梁主以馬殷爲楚王.

마은馬殷을 초왕楚王에

880 촉주蜀主 왕건王建

촉주蜀主 왕건王建이 황제를 칭하였다.(907년)

○ 蜀主王建稱帝.

881 이극용李克用

⑴ 아무도 도와주지 않아

진왕晉王 이극용李克用이 죽었다. 처음에 그에게는 양자가 있어 이름이 존효李存孝였으며 무용武勇이 뛰어나고 전공도 있었다. 그런데 또 다른 양자 존신李存信은 이존효를 시기하여 참소하자 이존효는 그 화를 두려워하여 모반하였다. 아버지 이극용이 그를 토벌하여 잡아서 돌아가면서 그의 재주를 아까워하여 속으로 이존효가 사형에 임할 때면 틀림없이 누군가가 그를 살려주기를 청할 것이라고 생각하였다. 그런데 여러 장수들은 이존효의 능력을 시기하여 끝내 한 사람도 말을 꺼내는 자가 없는 것이었다. 그리하여 마침내 그대로 처형당하고 말았다.

○ 晉王李克用卒, 初克用有養子, 曰存孝, 最驍勇有功. 養子存信疾而譖之, 存孝懼禍而叛. 克用討獲囚歸, 惜其才, 意臨刑必有爲之請者, 諸將疾其能, 竟無一人言, 遂死.

⑵ 이극용李克用이 약해지다

또 설알단薛阿檀이라는 사람이 있어 역시 용맹하였으나 몰래 이존효와 내통하였었다. 그는 일이 드러날 것을 두려워하여 자살하고 말았다. 이로부터 이극용의 병력은 점차 약해지기 시작하여 당 말에는 자주 변인汴人, 梁의 공격을 받아 여러 주州를 빼앗기게 되었다. 변의 군사가 곧바로 진양성晉陽城 아래로 달려들자 이극용은 성에 올라 방어하느라 자고 먹을 틈도 없었다.

뒤에 변의 군사가 다시 진양을 포위하였을 때 역질이 돌았다. 이극용은 거의 패주하고자 할 때였지만 마침 변군이 물러가는 바람에 그대로 머물게 되었다.

이극용은 변군과 여러 해를 싸워 능히 맞서지 못함을 분하게 여기다가 결국 죽음에 이르고 말았다. 아들 존욱李存勖이 섰다.

又有薛阿檀, 亦勇, 密與存孝通, 恐事泄自殺. 自是克用兵勢寢弱. 唐末數爲汴人所攻失數州. 汴兵直抵晉陽城下, 克用登城備禦, 不遑寢食. 後汴兵再圍晉陽, 以疫還, 克用幾欲走, 會汴兵去而止. 克用不能與汴人爭者累年, 悒悒以至于卒, 子存勖立.

【薛阿檀】 원주에 阿은 '알'로 읽도록 되어 있음.(阿, 讀作遏.)

⑶ 나를 어리다 얕보리라

그 때 양군이 진晉을 공격하여 노주潞州를 포위하였다. 진晉의 장수 이사소李嗣昭가 성문을 굳게 닫고 지켜 해를 넘기게 되자 양군은 협채夾寨를 쌓아 포위하며 지키자 이존욱은 여러 장수와 이렇게 모책을 짰다.

"주온朱溫이 두려워하던 바는 돌아가신 아버님뿐이었다. 내가 새로 들어섰다는 것을 듣고 나를 어린애라 여겨 틀림없이 교만하고 방심한 마음을 가지고 있을 것이다. 만약 정병을 뽑아 생각지 않던 길로 내달아 불의에 출격해야 한다. 위엄을 세우고 패업을 이루는 일은 이 한번의 거사에 달려 있다. 놓칠 수 없다."

이존욱은 군사를 이끌고 진양晉陽을 출발하여 삼수강三垂岡 아래 복병을 두고 이른 아침 짙은 안개를 틈타 곧바로 협채에 다달아 참호를 메운 다음 북을 치고 함성을 지르면서 공격해 들어갔다. 양병은 크게 궤멸되어 드디어 노潞의 포위를 풀고 흩어져 버렸다.

時梁兵侵晉圍潞州.

晉李嗣昭閉城固守踰年, 梁築夾寨守之, 存勖與諸將謀曰: 「朱溫所憚者先王耳. 聞吾新立, 以爲童子必有驕怠之心. 若簡 精兵, 倍道趨之, 出其不意, 取威定霸, 在此一擧, 不可失也.」

帥兵發晉陽伏三垂岡下, 旦乘大霧, 直抵夾寨, 塡塹鼓譟而入. 梁兵大潰, 遂解潞圍.

【寨】木柵을 둘러침을 '寨'라 함.(豎柵曰寨. ─원주)
【先王】李克用을 가리킴. 아래도 같음.
【帥】'솔'로 읽음.(音率. ─원주)
【三垂岡】潞州 黎城縣에 있음.

882 회남淮南의 혼란

회남淮南 장수 장호張顥와 서온徐溫이 오왕吳王 양악楊渥을 죽이고 서온은
다시 장호를 죽였다. 장수와 관리들이 양융연楊隆演을 추대하여 세웠지만
서온은 스스로 승주昇州를 점령하고 양자 서지고徐知誥를 보내어 다스리게
하였다.

○ 淮南將張顥·徐溫, 弑楊渥, 溫復殺顥. 將吏推立楊隆演,
徐溫自領昇州, 而以養子徐知誥往治之.

【楊隆演】 楊渥의 아우.
【昇州】 江東에 속하며 建康.
【徐知誥】 본성은 李씨이며 徐州 사람. 楊行密이 이를 약탈하여 양자로 삼았으나
楊渥이 미워하여 서로 용납하지 못하자 楊行密은 그를 서온에게 주었으며 이름을
知誥라 하였음.(本姓李, 徐州人, 楊行密掠得之, 養爲子, 渥憎之不能容, 行密以賜溫,
名曰知誥. —원주)

883 민왕閩王

양나라가 왕심지王審知를 민왕閩王으로 삼았다.(907년)

○ 梁以王審知爲閩王.

〈민왕 王審知〉《三才圖會》

884 연왕燕王

양나라가 유수광劉守光을 연왕燕王으로 삼았다. 유수광이란 자는 노룡
盧龍절도사 유인공劉仁恭의 아들이다. 이에 앞서 아버지를 가두고 스스로
군부軍府를 거느렸다.

○ 梁以劉守光爲燕王. 守光者盧龍節度使仁恭之子也. 先是
囚其父而自領軍府.

885 하주夏州의 난

양梁의 하주夏州에서 난이 일어나 절도사 이이창李彛昌을 죽이고 그 족부族父 이인복李仁福을 대신하게 하였다. 하주의 이씨는 성이 탁발拓跋로써 전대 당나라 때부터 성씨를 하사받아 그곳을 진무한 지 오래였다.

○ 梁夏州亂殺節度李彛昌, 以其族父仁福代之. 夏州李氏,
姓拓跋, 上世自唐賜姓領鎮久矣.

886 광주廣州의 유은劉隱

광주廣州의 유은劉隱이 죽고 그 아우 유암劉巖이 대를 이었다.

○ 廣州劉隱卒, 弟巖代之.

887 연제燕帝

유수광劉守光이 연제燕帝를 칭하였다.(911년)

○ 劉守光稱燕帝.

888 주전충朱全忠이 죽다

⑴ 진왕晉王 이존욱李存勖과의 싸움

진주鎭州의 왕용王鎔과 정주定州의 왕처직王處直이 진왕晉王, 李存勖을 추대하여 맹주로 삼자 양(주전충)은 진주를 공격하여 여러 주와 군을 취하였다. 진왕은 양군을 백향柏鄕에서 쳐 크게 깨뜨렸다. 진군이 두 진鎭의 군사를 이끌고 연燕을 치자 양주(주전충)는 연을 구원하러 나섰으나 크게 패하고 돌아왔다.

○ 鎭州王鎔, 定州王處直, 推晉王爲盟主, 梁攻鎭州, 襲取諸郡, 晉王伐其兵於柏鄕, 大破之, 晉帥二鎭伐燕, 梁主救之, 大敗走歸.

【鎭州】 河北에 속하며 常山郡.
【柏鄕】 趙州에 속하는 현.
【二鎭】 鎭州와 定州.

⑵ 내 죽어 묻힐 땅도 없겠구나

이에 앞서 양주 주전충은 이미 병이 들어 있었으며 이때에 이르러 부끄럽고 분하게 여겨 이렇게 말하였다.
"내 천하를 경영해 온 지 이미 30년이지만 태원大原, 李克用에 버려진 놈이 다시 이렇게 강대해질 줄은 미처 몰랐다. 내 보기에 그 자의 뜻은 작지 않다. 내 죽고 나면 내 아들들은 그의 상대가 되지 못할 것이니 나는 죽어 묻힐 땅도 없게 될 것이다."

병은 더욱 깊어갔고 게다가 성격은 거칠어져 화를 내었으며 양자 우문朱友文의 아내를 사랑하여 장차 우문을 후계로 삼을 참이었는데, 그만 친아들 우규朱友珪, 郢王에게 시살되고 말았다.

그는 재위 6년에 연호를 두 번 고쳐, 개평開平, 건화乾化라 하였다.

처음에 변주汴州를 동도개봉부東都開封府로 하고 낙양洛陽을 서도西都로 하였는데 낙양으로 천도하고 4년 만이었다. 우규는 자립하였다가 얼마 후 주살당하고 아우 균왕均王, 朱友貞이 섰다.

先是梁主已有疾, 至是懑憤曰:「我經營天下三十年, 不意大原遺孼, 更昌熾如此. 吾觀其志不小, 我死, 諸兒非彼敵也. 吾無葬地矣.」

疾愈劇, 且加躁怒, 愛假子友文之妻, 將立友文爲嗣. 遂爲其子友珪所弑. 在位六年, 改元者二, 曰開平·乾化. 初以汴州爲東都開封府, 洛陽爲西都, 遷都洛陽者凡四年. 友珪自立, 尋伏誅, 均王立.

【大原】쯥王이 도읍으로 정하여 거하던 곳.
【無葬地矣】자신의 땅은 모두 쯥의 소유가 될 것임을 말함.(謂己地必皆爲晉有. －원주)
【妻】王氏였음.

2. 均王

889 균왕均王

균왕均王은 이름이 우정朱友貞이며 처음에 동도지휘사東都指揮使였다. 우규友珪가 찬시篡弑하자 군사를 일으켜 그를 죽이고 변주에서 즉위하여 (913년) 이름을 진瑱으로 고쳤다.

均王:

名友貞, 初爲東都指揮使. 友珪篡弑, 起兵誅之, 而卽位於汴, 更名瑱.

【友貞】太祖의 셋째아들로 均王에 봉해져 大梁을 진수하고 있었음.

890 연燕이 망하다

진왕晉王, 이존욱이 유주幽州로 들어가 연왕燕王 유인공劉仁恭과 유수광劉守光을 잡아 돌아가 목베었다.(913년)

○ 晉王入幽州, 執燕劉仁恭及守光, 歸斬之.

❋ 이상 燕은 劉守光이 梁 太祖 乾化 원년(911년)에 참칭한 이래 이때에 이르기까지 3년 만에 망한 것이다.(右燕劉守光, 自梁太祖乾化元年僭號, 至是三年而亡. —원주)

891 고계창高季昌

양나라가 형남荊南절도사 고계창高季昌에게 작위를 하사하고 왕으로
삼았다.

○ 梁賜荊南節度使高季昌爵爲王.

892 거란契丹 아보기阿保機가 칭제하다

거란契丹의 아보기耶律阿保機가 칭제하였다.(907년) 거란족은 옛날의 동호족東胡族으로 그 나라는 선대는 횡산橫山 남쪽에 있었으며 본래 선비족鮮卑族의 옛 땅이다.

원래 위魏, 북조나라 때에 독립하여 스스로 거란契丹이라 하였다.

처음에 태하씨太賀氏에게 아들 여덟이 있어 그들을 팔부태인八部太人이라 하였으며 그 중의 하나를 추대하여 군주로 삼고 3년마다 교대하기로 되어 있었다.

당나라 개원開元 중에 소고邵固라는 자가 여러 부족들을 통치하고 있어 당나라 조정에서는 그에게 조서를 내려 왕을 세습으로 할 것을 허락하였었다.

이때에 이르러 여러 부족은 야률알리耶律斡里의 막내아들 아보기阿保機를 왕으로 삼아 해奚, 발해渤海 등 여러 나라를 합병하여 비로소 연호를 정하였다. 왕을 교대로 하지 않고 대를 잇는 것으로 하였으며 백성은 이를 천황왕天皇王이라 불렀다.

○ 契丹阿保機稱帝. 古東胡種也, 其國先在橫山南, 本鮮卑舊地. 元魏時自號契丹. 初太賀氏有八子, 號八部太人, 推一人爲主, 三歲一代. 唐開元中, 有邵固者, 統衆, 詔許襲王. 至是諸部以耶律斡里少子阿保機爲主, 幷奚·渤海諸國, 始建元. 不復受代. 國人謂之天皇王.

【橫山】 復州에 속하는 현.
【太賀氏】 그 임금의 이름.(其君名. ―원주)
【一代】 3년마다 한 번씩 그 군주를 교체함.(三年而更一人爲主. ―원주)

【襲王】왕을 세습함을 뜻함.

【耶】《通鑑》에는 ‘邪’로 썼으며 음은 ‘사’로 읽음.(音徐遮切. −원주) 그러나
  일반적으로 ‘야’로 읽어 이에 따름.

【耶律斡里】耶律은 성, 斡里는 이름.(覆姓覆名. −원주)

【奚】민족 이름.

【渤海】遼陽에 있던 나라.

893 월왕越王이 국호를 한漢으로 고치다

광주廣州 유암劉巖이 월왕越王을 칭하였다가 이윽고 황제를 칭하며 국호를 한漢으로 고쳤다.(917년) 뒤에 다시 이름을 공劉龔으로 고쳤다.

○ 廣州劉巖稱越王, 已而稱帝, 改國號曰漢. 后又更名龔.

【后】 '後'와 같음.

894 서온徐溫

　오吳의 서온徐溫이 승주昇州로 옮겨 다스렸으며 서지고徐知誥를 맞아 들여 오나라의 정치를 보좌토록 하였다.

○ 吳徐溫徙治昇州, 以徐知誥入輔吳政.

895 촉왕蜀王

촉왕蜀王 왕건王建이 죽고 아들 종연宗衍이 섰다.(918년)

○ 蜀王王建殂, 子宗衍立.

896 오왕吳王

오왕吳王 양융연楊隆演이 죽고 아우 부보溥普가 섰다.(921년)

○ 吳王楊隆演卒, 弟溥普立.

897 오월국왕吳越國王

양梁에서는 전류錢鏐를 오월국왕吳越國王으로 삼았다.

○ 梁以錢鏐爲吳越國王.

〈吳越王 錢鏐〉

898 진晉나라와 양梁나라

⑴ 진晉과 양梁의 싸움

진晉과 양梁은 해마다 싸움을 해 왔으며 양의 위주魏州가 진에 항복하였다. 진왕은 다시 위魏로 들어가 덕주德州와 전주澶州를 뽑아버리자 양나라 유심劉鄩이 진양晉陽을 공격하였으나 이기지 못하고 귀환하였으며, 진정鎭定의 군영을 공격하였다가 진군晉軍에게 패하였다. 유심은 위주魏州를 공격하였지만 진왕이 다시 이를 패배시켰다. 양나라는 다시 군사를 보내어 진양을 공격하도록 하였지만 진나라가 이를 물리쳤다.

진의 이존욱은 위주衛州, 자주磁州, 상주相州, 형주邢州, 창주滄州, 패주貝州에서 승리하여 복주濮州와 운주鄆州를 공략하였다. 양나라 사람들은 하수의 둑을 터서 진나라를 막았지만 진왕은 양의 사방 채寨를 공격하여 뽑아버리고 이윽고 대군을 일으켜서 양을 쳐서 호류胡柳에서 전투를 벌였다. 진나라 주덕위周德威가 패하여 죽자 진왕은 병력을 거두어 돌아갔다가 다시 싸움을 벌여 양군을 크게 깨뜨렸다. 진나라는 덕승德勝의 하수 남북의 두 개의 성을 쌓았다. 양은 이를 공격하였으나 이기지 못하였다.

양나라 초토사 왕찬王瓚이 진나라에게 패하고 양나라 하중河中이 진에 항복하였다. 이때 진주鎭州의 장군이 조왕 왕용王鎔을 죽이자 진왕이 이를 토벌하여 평정하였다.

○ 晉與梁連歲交兵, 梁魏州降于晉. 晉王入魏, 拔德州澶州, 梁劉鄩襲晉陽, 不克而還, 攻鎭定營, 晉師敗之. 鄩攻魏州, 晉王又敗之, 梁又遣兵襲晉陽, 晉人擊卻之.

晉克衛磁洛相邢滄貝州, 掠濮鄆. 梁人決河以限晉, 晉王攻拔其四寨, 已而大擧伐梁, 戰于胡柳. 晉周德威敗死, 晉王收兵復戰, 大破梁軍. 晉築德勝南北兩城, 梁攻之, 不克. 梁招討王瓚爲晉所敗, 梁河中降晉. 鎭州將殺趙王王鎔, 晉王討平之.

【魏州】 河東에 속하며 魏郡.
【德州】 山東에 속하며 平原郡.
【澶】 河東에 속하며 頓丘.
【鎭定營】 鎭州는 王鎔이 軍營을 두었고, 定州에는 王處가 직접 다스리고 있었음.
【衛】 河東에 속하며 衛輝府.

(2) 후당後唐이 서다

이에 앞서 오촉吳蜀이 자주 진왕에게 칭제할 것을 권하자 진왕은 스스로 이렇게 말하였다.

"선왕의 유언은 의당 힘써 당나라의 사직을 부흥시키라는 것이었다."

그 뒤 이윽고 위주魏州에서 당나라 대대로 내려오던 보배(옥새를)를 손에 넣자 장수와 신하들이 모두가 축하하며 황제로 나가기를 권하여 그만둘 수가 없었다. 이리하여 드디어 위魏에서 제위莊宗에 오르고 나라 이름을 당唐, 後唐이라 하였다.(923년)

先是, 吳蜀屢書勸晉王稱帝, 晉王自謂:「先王有遺言, 當務復唐社稷.」

旣而得傳國寶於魏州, 將佐皆賀, 勸進不已. 遂卽帝位於魏, 國號唐.

【傳國寶】처음 승려 傳眞이 이를 얻어 별것 아닌 옥으로 여겨 이를 팔려고 하였으며, 어떤 이가 이를 알아보고 국보로 전해오는 것이라 하여 이때에 이르러 行臺로 찾아와 이를 바친 것이라 함.(初僧傳眞得之, 以爲常玉, 將鬻之, 或識之曰, 傳國寶也, 至是乃詣行臺而獻之. -원주)

(3) 양後梁의 멸망

이사원李嗣源을 보내서 양의 운주鄆州를 쳐 취하자 양나라는 왕언장王彦章을 초토사로 삼았다. 당왕은 덕승성德勝城을 지키는 장수朱守殷에게 이렇게 경계하였다.

"왕철창王鐵槍, 언장은 용감하고 결단력이 있으니 조심해야 하오."

왕언장은 과연 남성南城을 뽑아버리고 나아가 여러 요새를 빼앗은 다음 양류성楊劉城에 이르러 힘을 다해 공략하였으나 이기지 못하고 물러났다.

양나라는 왕언장을 보내어 단주鄲州를 공격하였으나 당왕이 이를 구원하여 양나라는 패하여 언장은 전사하였다. 당나라는 이사원李嗣源을 선봉으로 삼아 닷새 만에 양의 서울 대량大梁으로 진입하였다.

양주友貞는 오히려 자신의 여러 형제들이 그 위험한 틈을 타 난을 모의할까 두려워 그들을 모두 죽여버렸고 이어 부하에게 자신을 죽일 것을 명하였다.

양나라 우정은 재위 10년에 연호를 두 번 고쳐 정명貞明, 용덕龍德이라 하였다. 후량後梁은 태조太祖가 칭제하고 2대 17년 만에 망하였다.(923년)

遣李嗣源襲取梁鄆州, 梁以王彦章爲招討.

唐主戒德勝守者曰:「王鐵槍勇決, 謹之.」

彦章果拔南城, 進拔諸寨, 至楊劉力攻, 不克而退. 梁遣彦章攻鄆, 唐主救之, 梁敗, 彦章死. 唐以嗣源爲前鋒, 五日入大梁. 梁主猶慮諸兄弟乘危謀亂, 盡殺之, 尋命其下殺己. 在位十一年, 改元者二, 曰貞明·龍德.

梁自太祖稱帝, 至是二世, 一十七年而亡.

【王鐵槍】당시 王彦章을 鐵槍이라 불렀음.(時號彦章爲鐵槍. −원주)

【楊劉】城 이름으로 소재는 알 수 없음.

【其下】그 부하는 皇甫麟이었음.

❋ 본 장에 대한 司馬光의 史評은 다음과 같다.

司馬溫公曰:「太祖始以黃巢降將, 秉旄宣武, 逞其詐力, 蠶食諸夏, 地廣兵强, 威權日熾, 至欲無厭, 遂遷唐祚, 淫虐不悛, 禍自內興, 不得其死宜矣. 均王膏粱之子, 材不過人, 以與莊宗爲敵, 能無亡乎?」

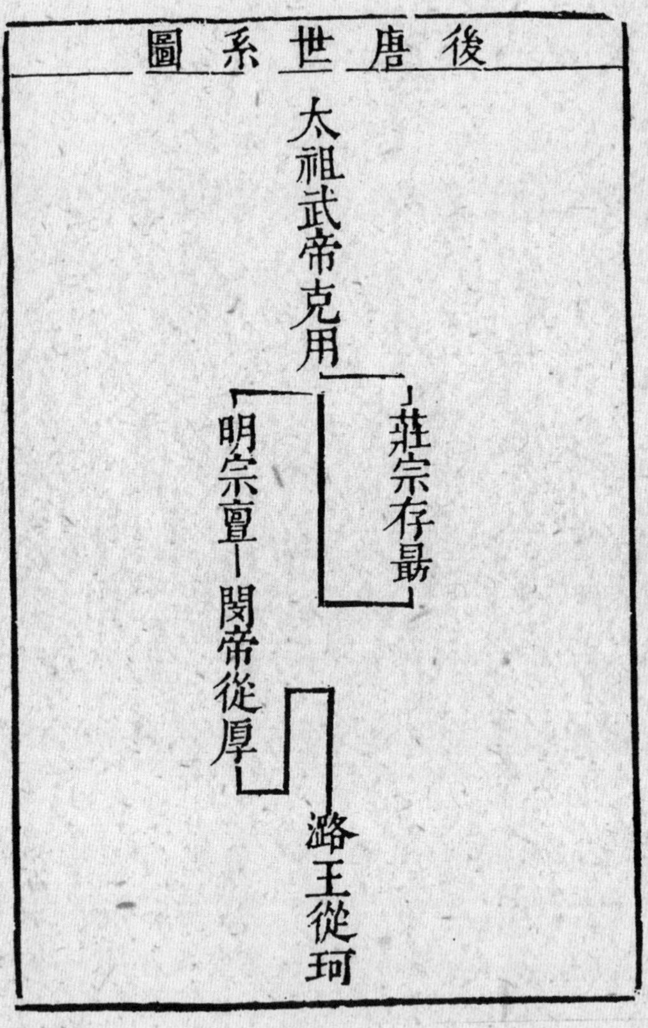

後唐世系圖

太祖武帝克用

莊宗存勗

明宗亶—閔帝從厚

潞王從珂

〈後唐世系圖〉《三才圖會》

(나) 唐(後唐)

1. 莊宗皇帝

899 장종황제莊宗皇帝

(1) 개돼지만도 못한 아들들

당後唐 장종황제莊宗皇帝는 이름이 존욱
李存勗이며 사타沙陀 사람이다. 본성은
주사朱邪였는데 선대에 공을 세워 이李씨
성을 하사받았던 것이다.

아버지 극용李克用은 무용과 지략이 있
었으며 한쪽 눈이 없어 독안룡獨眼龍이라
불렸다. 그는 당唐 희종僖宗 때 황소黃巢를
평정한 큰 공을 세워 진晉에 왕으로 봉해
졌었으며, 주씨梁, 朱全忠와 원수가 되어
말년에 자못 그에게 위축을 당하여 얼굴
에 근심을 띠고 살아야 했다. 그 때 이존
욱은 아직 어렸지만 이렇게 진언하였다.

〈후당 장종〉《三才圖會》

"주씨의 흉포함은 끝 간 데를 모를 지경이어서 신이 노하고 백성이 원망하여 장차 죽음으로 끝을 맺을 것입니다. 그러나 우리 집안은 대대로 충정을 이어받아 왔습니다. 대인께서는 의당 시세에 순응하시어 덕을 기르시고 재주를 숨기셔서 주씨가 쇠망하기를 기다리시면 됩니다. 어찌 경솔히 뜻을 손상하여 신하들로 하여금 실망토록 하실 수 있겠습니까?"

이극용은 만족해하며 임종에 그를 후계자로 삼으면서 그 신하들에게 이렇게 말하였다.

"이 아이는 지기가 원대하여 틀림없이 내 일을 성취시켜 줄 것이오."

이존욱은 나이 열일곱에 진왕晉王의 자리를 잇고 즉시 군사를 일으켜 양梁을 격파하여 노주潞州의 포위를 풀었다. 이로부터 연달아 승리를 거두자 양나라 주전충은 이렇게 탄식하였다.

"자식을 낳는다면 이아자李亞子와 같은 놈을 낳아야지 나의 아들은 개돼지 같은 놈들이로다."

唐莊宗皇帝:

名存勖, 沙陀人也. 本姓朱邪, 先世立功, 賜姓李. 父克用有勇略, 一目微眇, 號獨眼龍. 爲唐平黃巢立大功, 王于晉, 與朱氏爲仇, 暮年頗爲所蹙, 憂形於色.

存勖幼進言曰:「朱氏窮凶極暴, 人怨神怒, 極將斃矣. 吾家世襲忠貞, 大人當遵養時晦, 以待其衰, 奈何輕爲沮喪, 使群下失望乎?」

克用說, 臨終立爲嗣, 謂其下曰:「此子志氣遠大, 必能成吾事.」

年十七嗣晉王位, 卽擧兵破梁, 解潞圍.

自是連勝, 梁祖歎曰:「生子當如李亞子, 吾兒豚犬耳.」

【朱邪】 할아버지 주사적심(朱邪赤心, 李國昌)이 의종(懿宗) 때에 서주(徐州)의 도둑 방훈(龐勛)을 쳐서 공을 세웠음.《五代史》에 "夷狄은 姓이 없으며 朱邪는 部族의 칭호로 뒤에 이를 성으로 삼은 것"이라 함.(五代史云: 夷狄無姓, 朱邪部族之號, 後因爲姓. ―원주)

【賜姓】 唐 懿宗 때, 임금이 그(李存勖)의 조부 朱邪赤心이 招討使 康承訓의 前鋒이 되어 龐勛을 멸한 공으로 그에게 李國昌이라는 성명을 하사함.(唐懿宗時, 帝祖朱邪赤心, 爲招討使康承訓前鋒擊滅龐勛, 賜姓李名國昌. ―원주)

【克用】 李國昌의 아들.

【其下】 李克用의 이우 李克寧, 監軍 張承業, 大將 李存璋, 吳珙 등을 가리킴.

【李亞子】 李存勖의 어릴 때 이름.

(2) 본래 당唐을 복원하려던 것이었는데

이존욱은 동쪽으론 유주幽州를 병합하고 북으로 거란契丹을 물리쳤으며 남으로 하수를 끼고 양粱과 맞서서 수백 번의 전투를 벌였다.

이에 앞서 진양晉陽의 감군監軍으로 전에 당나라 환관이었던 장승업張承業이 진왕을 위해 재물과 부세를 거두고 병마를 불러 보충하여 주었다. 진이 해마다 전쟁을 하면서 공급에 모자람이 없었던 것은 모두가 장승업의 힘이었다. 장승업은 당나라를 부활시키려는 데 뜻을 두고 있어 진왕이 장차 칭제하려 함을 듣고 극력 간언하여 말렸으나 더 이상 저지할 수 없음을 알고 이렇게 통곡하였다.

"제후들이 혈전을 펴는 것은 본래 당나라를 복원하고자 함이었다. 그런데 지금 왕은 황제의 자리를 자신이 차지하였으니 이 늙은 노비가 착각하였구나."

그는 울분을 삭이다가 이것이 병이 되어 죽고 말았다.

이존욱은 즉위하고(923년) 진晉을 당唐으로 고치고 당의 제사를 받들 었다. 변경汴京으로 들어가 양을 멸하고 대량大梁에 도읍을 정하였다가 얼마 뒤에 낙양雒陽으로 서울을 옮겼다.

　시중侍中 곽숭도郭崇韜는 모략에 뛰어나 당주莊宗를 도와 제업帝業을 이루었는데, 이때에 이르러 그의 권세는 안팎을 겸하여 지략을 쓰고 잘못을 간하였고 충성을 다하면서 숨김이 없었다. 그리고 인물을 추천하여 다른 재상들은 그저 그의 하는 성과를 수용할 뿐이었다.

　存勗東併幽州, 北卻契丹, 南與梁夾河百戰.

　先是, 晉陽監軍故唐宦者張承業, 爲晉王捃拾財賦, 召補兵馬. 攻戰連年, 接應不乏, 皆承業力.

　承業意在復唐宗社, 聞王將稱帝力諫, 知不可止, 慟哭曰:「諸侯血戰, 本爲唐家. 今王自取之, 誤老奴矣.」

　悒悒成疾而卒.

　王卽位, 改晉爲唐, 奉唐祀. 入汴滅梁, 都大梁, 已而遷雒陽.

　侍中郭崇韜有謀略, 佐唐主成業, 至是權兼內外, 謀猷規益, 竭忠無隱, 薦引人物, 他相受成而已.

【宗社】宗廟社稷의 줄인 말.
【雒陽】洛陽과 같음.

900 남평왕南平王

형남荊南의 고계흥高季興이 입조入朝하였다. 계흥은 계창季昌의 고친 이름이다. 당은 그를 남평왕南平王으로 삼았다.(924년)

○ 荊南高季興入朝. 季興者, 季昌之改名也. 唐以爲南平王.

901 촉蜀을 멸하다

촉前蜀의 군주 왕연王衍은 유람과 주색에 빠져 나라가 어지러워지고 도둑이 일어났다. 당은 황자皇子 계급繼岌과 곽숭도郭崇韜를 보내어 이를 토벌토록 하여 마침내 촉을 멸하였다.(925년) 왕연이 항복하자 당은 그 일족을 모조리 죽였다. 계급은 참소하는 말을 믿고, 곽숭도조차 죽이고 돌아왔다.

○ 蜀主王衍, 盤遊淫酒, 國亂盜起. 唐遣皇子繼岌, 與郭崇韜伐之, 遂滅蜀. 衍降, 唐赤其族. 繼岌信讒, 殺崇韜而還.

【赤族】그 족속을 모두 멸하여 없앰.(盡滅其族.)

❋ 이상 前蜀은 王建이 梁 太祖 開平 2년에 참칭하였다가 이때에 이르러 2세 16년 만이었다.(右前蜀王建, 自梁太祖開平二年僭號, 至是二世, 凡十六年. ─원주)

【殺崇韜】郭崇韜는 평소 환관을 매우 미워하여 환관들이 그에게 원한을 품고 있었다. 이 때 成都가 비록 함락되었지만 도적이 사라지지 않자 곽숭도는 그들이 후환이 될 것을 염려하여 길을 나누어 이들을 모조리 소탕토록 하고 그곳에 몰래 머물러 돌아오지 않고 있었다. 이에 환관들이 그가 전횡을 부린다고 참소하자 황제는 사람을 보내어 그 사실을 알아보도록 하였고 황후는 그 기회에 몰래 繼岌을 시켜 그를 죽여 없애도록 한 것이다.(案: 崇韜素惡宦者, 宦者銜之. 至是成都雖下, 而盜未息. 崇韜恐去後爲患, 命分道進招討, 淹留未還, 宦官譖其專權, 帝遣往觀, 皇后逐密令繼岌殺之. ─원주)

902 맹지상孟知祥

당은 맹지상孟知祥을 서천西川절도사로 삼았다.

○ 唐以孟知祥爲西川節度使.

903 장종莊宗의 최후

(1) 이천하李天下야, 이천하야

당제(장종)는 양梁을 격파하고 나서 점차 교만해졌다. 우선 먼저 영인伶人을 자사刺史에 임명하였다.

장종은 어릴 때부터 음악을 익혀 혹 때로 자신이 분을 발라 화장을 하고 우인優人과 함께 연극을 하기도 하였는데, 자신을 배우 이름으로는 이천하李天下라 하였다. 어느 날 그는 스스로 자신을 이렇게 불렀다.

"이천하李天下, 이천하."

그러자 배우 경신마敬新磨가 급히 나아가 장종의 뺨을 때렸다. 장종이 아연실색하자 경신마는 천천히 이렇게 말하였다.

"천하를 다스리는 천자는 단 한 분뿐인데 누구를 높여 그렇게 부르시는 것입니까?"

장종은 기분이 좋아서 기뻐하였다.

여러 영인들이 궁중에 드나들면서 공경公卿들을 업신여기고 희롱하자 신하들은 분히 여기고 미워하였지만, 감히 그 기분을 표출하지도 못하였고 도리어 그들에게 빌붙어 서로 부탁하고 결탁하여 뇌물을 돌리며 임금의 총애를 받아, 정치를 좀먹고 사람을 해치며 참소와 간특한 짓을 제멋대로 하였다.

○ 唐帝自克梁後寖驕. 首以伶人爲刺史, 帝幼習音律, 或時自傅粉墨與優人共戲, 優名謂之李天下, 嘗自呼曰:「李天下李天下.」

優人敬新磨, 遽前批其頰.

帝失色, 新磨徐曰:「理天下只一人, 尚誰呼邪?」

帝悅. 諸伶出入宮掖, 侮弄搢紳. 羣臣憤疾, 莫敢出氣, 亦有反相附託, 納貨展轉, 以干恩澤, 蠹政害人, 恣爲讒慝.

【伶人爲刺史】伶人은 배우나 樂工. 그 중 양나라 敎坊이었던 陳俊과 儲德源에게
  신세를 진 周匝의 건의를 듣고 진준을 景州刺史로 저덕원을 憲州刺史로 삼아 줌.
【敬新磨】敬은 성씨이며 新磨는 이름.
【搢紳】公卿大臣을 가리킴.

(2) 충절을 지키면 도리어 죽으리라

　장종은 숙장宿將을 멀리하고 싫어하여 군인들을 보살피지 않았다.
자주 사냥을 나가 농민의 논밭을 짓밟기도 하여 상하가 모두 탄식하고
원망하였다.
　위박魏博의 장수楊仁晸가 와교관瓦橋關을 지키고 있다가 교대가 되어
돌아오자 그를 다시 패주貝州에 주둔하라고 보내버렸다. 그는 그에
불만을 품고 드디어 난을 일으켜 조재례趙在禮를 받들어 업도業都를
점거해버렸다.
　당(장종)은 장군 이사원李嗣源을 보내어 그를 토벌토록 하였는데 그
군사가 성 아래 이르자 그 이사원의 부하 장병들이 시끄럽게 떠들며
이렇게 말하는 것이었다.
　"장병과 사졸이 천자를 따라 10년 동안 숱한 싸움을 거쳐 천하를
얻었다. 그런데 지금 패주貝州의 수졸들은 고향에 돌아가고 싶어하건만
천자는 거들떠보지도 않고 전에 종마직從馬直의 몇몇 군사들이 소란을
피웠다고 죄 없는 우리까지 모두 급히 죽이려 하고 있다. 우리는 처음에는
모반할 뜻이 없었으나 단지 죽음이 두려우니 지금 성중의 군인들과
합세하고자 한다."
　군사들은 흰 칼날을 뽑아 이사원을 에워싸고 성으로 들어갔다. 그러나
성안에서는 다른 장병들은 받아들이지 않고 오히려 그들을 맞아 쳐서
모두 흩어지게 하였다. 이사원은 거짓말을 꾸며 살아 나와서는 흩어진

장병을 불러모아 성안의 난군을 공격하도록 하였다. 그러자 부장 안중회安重誨가 말하였다.

"공은 원수元帥가 되어 불행히 흉한 사람들에 의해 겁을 당하고 있으니 급히 떠나 대궐로 가서 천자를 뵙느니만 못합니다. 그리하여 스스로 명백함을 밝힐 수 있기를 바라는 편이 옳을 것입니다."

이사원은 이에 남쪽으로 급히 달려 상주相州로 갔다. 그러자 이미 그를 참소하는 자李紹榮가 임금에게 이사원이 이미 반란을 일으켰다고 상주한 뒤였다. 이사원은 몇 번 글을 올려 이유를 밝혔지만 상소자가 막아 통할 수가 없었다. 이사원이 의심과 두려움을 갖기 시작하자 그의 부하 석경당石敬瑭이 이렇게 말하였다.

"상장께서 모반의 병졸들과 성 안으로 들어가셨으니 어찌 뒷날 탈이 없을 수 있겠습니까? 대량大梁은 천하의 큰 도시입니다. 원컨대 먼저 이 대량을 차지하십시오. 그래야 비로소 안전할 수 있을 것입니다."

강의성康義誠도 이렇게 말하였다.

"천자는 무도하여 군사와 백성이 모두 원망하고 있습니다. 공께서 그들 무리를 따르면 살 것이요, 충절을 지키면 틀림없이 죽을 것입니다."

帝疎忌宿將, 不恤軍士, 數出遊獵, 蹂踐民田, 上下咨怨, 魏博將戍瓦橋, 代歸, 復遣留屯貝州. 遂作亂, 奉趙在禮入據鄴都.

唐遣將李嗣源討之, 至城下, 軍士大譟曰:「將士從主上十年, 百戰以得天下. 今貝州戍卒思歸, 主上不赦, 從馬直數卒喧競, 遽欲盡誅其族. 我輩初無叛心, 但畏死, 今欲與城中合勢.」

拔白刃, 擁嗣源入城, 城中不受外兵逆擊之, 皆潰. 嗣源詭辭得出, 將召兵攻亂者.

安重誨曰:「公爲元帥, 不幸爲凶人所刦, 不若星行, 詣闕見天子, 庶可自明.」

嗣源乃南趨相州, 譖者奏, 嗣源已叛. 嗣源上章自理, 遏不得通, 始疑懼.

石敬瑭曰：「安有上將與叛卒入城, 而佗日得保無恙者乎？ 大梁天下都會. 願先往取之, 始可自全.」

康義誠曰：「主上無道, 軍民怨望. 公從衆則生, 守節必死.」

【瓦橋】關門으로 雄州에 있음.
【從馬直】當直을 뜻함.
【星行】일찍 떠남을 뜻함.(謂早行. -원주)
【譖者】李紹榮이었음.

(3) 더 이상 어쩔 수 없구나

이사원은 이에 석경당을 선봉으로 삼고 이종가李從珂를 후군後軍으로 삼아 군사를 이끌고 대량에 입성하였다.

이때 당주(장종)는 관동關東에 가 있다가 이사원이 이미 대량을 점거하고 모든 군사가 이반離反하였다는 말을 듣고 신색이 손상하여 이렇게 탄식하였다.

"나는 더 이상 어쩔 수 없구나."

그리하여 즉시 낙양으로 돌아갈 것을 명하자 종마직從馬直 곽종겸郭從謙이 군사를 통솔하여 범수汜水에서 장종을 공격하였다. 여기서 장종은 빗나간 화살에 맞아 죽고 말았다.(925년)

嗣源乃以敬瑭爲前鋒, 李從珂爲殿引兵入大梁.

唐主如關東, 聞嗣源已據大梁, 諸軍離叛, 神色沮喪, 歎曰:「吾不濟矣.」

卽命旋師, 從馬直郭從謙, 帥兵攻帝於汜水. 唐主中流矢而殂.

【殿】 후퇴할 때 맨 뒤에서 적의 공격을 늦추면서 싸우는 것을 殿이라 함.(軍後曰殿. -원주)

(4) 이사원李嗣源이 황제가 되다

장종은 제위에 오른 지 겨우 3년 만에 시살당하였다. 연호를 한 번 고쳐 동광同光이라 하였다. 영인은 악기를 거두어 그의 시신을 덮고 불태웠다. 이사원은 이를 듣고 통곡하였다.

이사원이 낙양으로 들어가자 백관이 글을 올려 그에게 황제의 자리로 오를 것을 권하였으나 그는 허락하지 않았다. 다시 이사원 감국監國에게 세 번이나 청하자 이에 허락하였다. 장종의 아들 계급繼岌은 촉蜀에서 돌아오는 도중에 낙양에서 난이 일어났다는 소식을 듣고 장안에 이르러 자살하였다.

감국 이사원이 황제의 자리를 이었다.(926년) 이가 명종황제明宗皇帝이다.

稱帝僅三歲而遇殺, 改元者一, 曰同光. 伶人斂樂器, 覆屍而焚之, 嗣源聞之痛哭. 乃入洛陽, 百官上牋勸進, 不許. 又三請嗣源監國, 乃許之. 繼岌自蜀歸, 途聞內難, 至長安自殺.

監國立, 是爲明宗皇帝.

【勸進】 제위에 오를 것을 권함.(勸卽帝位. −원주)

2. 明宗皇帝

904 명종황제明宗皇帝

명종황제明宗皇帝는 본래 호인胡人 막길렬邈佶烈이다. 진왕晉王 이극용
李克用의 양자가 되어 이름을 사원李嗣源이라 하였다. 장종莊宗이 양梁을
멸할 때 사원의 공로가 가장 커 중서령번한마보총관中書令蕃漢馬步總管이
되어 명을 받아 업鄴을 치게 되었다. 그 때 반란군에 추대되어 업으로
부터 변汴으로 내달아 낙양洛陽에 입성하여 마침내 즉위한 것이다.
이름을 단李亶으로 고쳤다.

明宗皇帝:

本胡人邈佶烈也, 爲晉王克用養子, 名嗣源. 莊宗滅梁, 嗣源
功最高, 爲中書令蕃漢馬步總管, 受命討鄴, 爲叛卒所推, 自鄴
趨汴入洛, 遂卽位. 更名亶.

【蕃漢馬步】蕃兵과 漢兵, 그리고 馬兵步兵을 가리킴.

905 거란契丹 아보기阿保機가 죽다

거란契丹 아보기耶律阿保機가 죽고 아들 덕광耶律德光이 섰다.(928년)

○ 契丹阿保機卒, 子德光立.

906 민왕閩王 왕심지王審知

　민왕閩王 왕심지王審知가 죽고 아들 연한王延翰이 섰다. (926년) 그는 교만하고 음란하며 잔인하고 포악하여 부하가 그를 죽이고 그 아우 연균王延鈞을 세웠다. 연균은 뒤에 황제를 일컫고 이름을 인王璘으로 고쳤다.

　○ 閩王王審知卒, 子延翰立. 驕淫殘暴, 其下殺之, 而立其弟延鈞. 後稱帝, 更名璘.

【其下】 그 부하는 王審知의 양자 王延稟이었음.

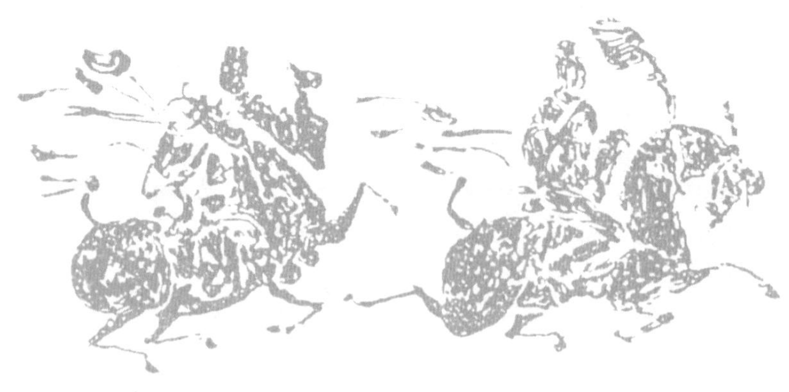

907 오왕吳王 양부楊溥

오왕吳王 양부楊溥가 황제를 칭하였다.(927년)

○ 吳王楊溥稱帝.

908 남평왕南平王 고계高季

남평왕南平王 고계高季, 高季興가 죽고 아들 종회高從誨가 섰다. (929년)

○ 南平王高季卒, 子從誨立.

909 초왕楚王 마은馬殷

초왕楚王 마은馬殷이 죽고 아들 희성馬希聲이 섰다.(930년) 뒤에 마희성이
죽고 희범馬希範이 섰다.(932년)

○ 楚王馬殷卒, 子希聲立. 後希聲卒, 希範立.

910 오월왕吳越王 전류錢鏐

오월왕吳越王 전류錢鏐가 죽고 아들 원관錢元瓘이 섰다. (932년)

○ 吳越王錢鏐卒, 子元瓘立.

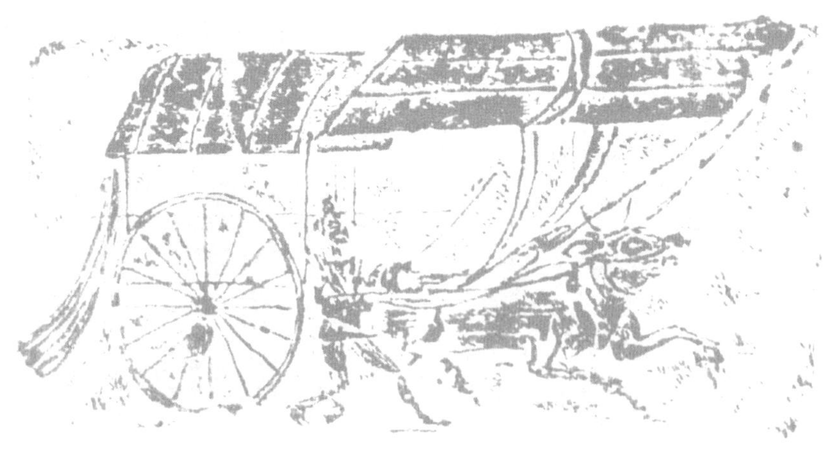

911 하주夏主 이인복李仁福

하주夏主 이인복李仁福이 죽고 아들 이초李彝超가 뒤를 이었다.

○ 夏州李仁福卒, 子彝超嗣.

912 촉왕蜀王 맹지상孟知祥

서천西川의 맹지상孟知祥이 동천東川을 합병하자 맹지상을 촉왕蜀王으로
인정하였다.(933년)

○ 西川孟知祥倂東川, 以知祥爲蜀王.

【東川】 郡 이름으로 四川에 속하며 지금의 潼川府.
【蜀王】 흔히 '後蜀'으로 부름.(世稱後蜀. -원주)

913 명종明宗의 인물됨

(1) 어서 성인聖人을 내려 저를 대신하게 해 주소서

당唐의 진왕秦王 종영李從榮은 교만하여 악하게 굴었으며 종영 자신도 시론이 자신을 지지하지 않고 있음을 알고 늘 자신이 황제에 오르지 못할 것임을 두려워하고 있었다.

당주明宗가 병들자 서둘러 병력 천여 명을 인솔하여 단문端門에 이르러 장차 들어가려 하자 금위禁衛가 막아 격퇴시켜 종영의 병사들은 궤멸하고 말아 자신의 부河南府로 달아나 되돌아갔으나 황성사皇城使, 安從益에게 참수되고 말았다. 명종은 듣고는 놀라움과 슬픔으로 갑자기 병이 악화되어 마침내 죽었다.(933년)

명종(이사원)은 성격이 남을 시기하지 않았으며 사물과 다투는 일도 없었다. 그가 등극할 때는 이미 나이 60이 넘었었다. 그는 저녁마다 궁궐에 향을 피우며 하늘에 이렇게 빌었다.

"모 호인胡人이 난이 일어나 무리의 추대로 천자가 되었습니다. 원컨대 하늘이시여, 어서 빨리 성인聖人을 내시어 백성의 군주로 삼아주소서."

명종은 재위 8년에 연호를 두 번 고쳐 천성天城, 장흥長興이라 하였다.

○ 唐秦王從榮驕狠, 自知時論不與, 常懼不得爲嗣. 唐主寢疾, 遽率牙兵千人至端門下, 將入. 禁衛討之, 從榮兵潰, 走歸府, 皇城使斬之. 唐主悲駭疾劇, 遂殂.

唐主性不猜忌, 與物無競, 登極之年, 已踰六十.

每夕於宮中焚香, 祝天曰:「某胡人, 因亂爲衆所推. 願天早生聖人, 爲生民主.」

在位八年, 改元者二, 曰天成·長興.

【後榮】明宗의 長子.
【禁衛】禁中(궁궐)을 宿衛하는 병사.
【皇城使】安從益이었음.

⑵ 그나마 소강小康을 이루었다

　명종은 근엄하여 안으로 성색聲色을 멀리하고 밖으로 사냥이나 놀이도 없었다. 환관에게 정치를 맡기지 아니하였으며 궁중의 재물 창고도 없애버렸다. 청렴한 관리에게 상을 주고 뇌물을 받는 좀도둑은 엄히 다스렸다. 비록 글은 몰랐으나 그의 행동은 암암리에 모두 도리에 합당하였다. 해마다 풍년이 들었으며 군사도 어쩌다 사용하여 오대五代 중에서 거칠지만 그래도 소강小康을 이루었다. 아들이 송왕宋王이 섰다. (933년) 이가 민제閔帝이다.

　內無聲色, 外無遊畋. 不任宦官, 廢內藏庫. 賞廉吏, 治贓蠹. 雖不知書, 所行暗合於道. 年穀屢豊, 兵革罕用, 校於五代粗爲小康. 子宋王立, 是爲閔帝.

3. 閔帝

⊙ 閔帝. 五代 唐(後唐)의 제3대 임금.
李從厚. 933년~934년 재위.

914 민제閔帝

민제閔帝는 이름이 종후李從厚이며 명종의 둘째아들이다. 즉위하여 치적을 이루겠다는 뜻을 가지고 있었으나 그 요령을 몰랐으며 너그럽고 부드러울 뿐 결단력이 적었다.

閔帝:

名從厚, 明宗次子也. 卽位有志爲治, 然不知其要, 寬柔少斷.

915 맹지상孟知祥이 황제를 일컫다

촉蜀의 맹지상孟知祥이 황제를 일컬었다.(934년)

○ 蜀孟知祥稱帝.

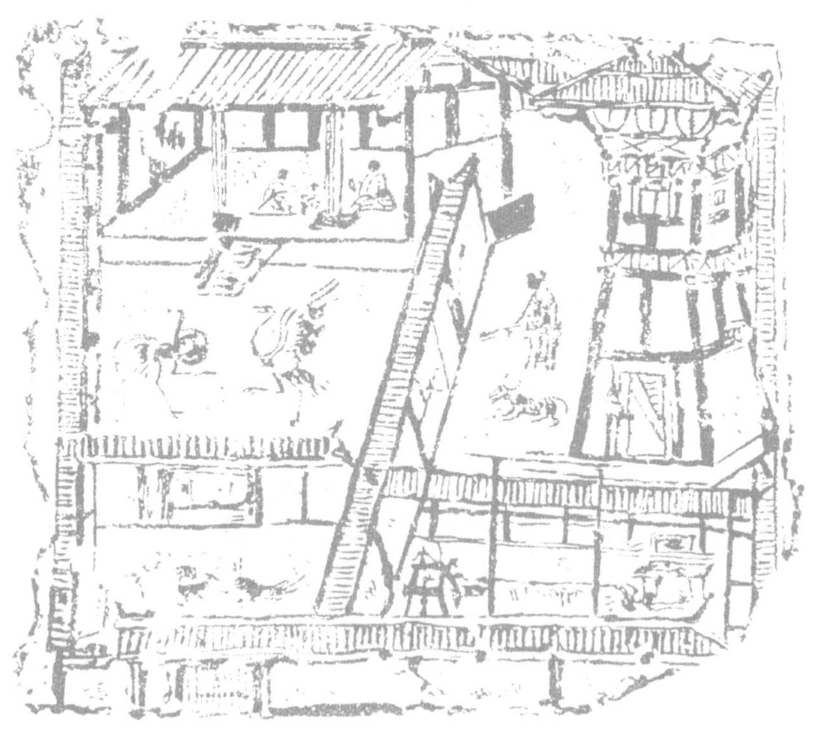

916 노왕潞王이 서다

당의 노왕潞王이 봉상鳳翔에서 반란하여 군사를 이끌고 낙양으로 먼 길을 달려왔다. 민제는 달아났다. 민제는 제위에 올라 연호를 응순應順으로 고친 지 몇 달이었을 뿐이다. 노왕潞王이 섰다.

○ 唐潞王反於鳳翔, 擧兵長驅至洛陽. 閔帝出奔. 在位改元應順, 數月而已. 潞王立.

4. 潞王

◎ 廢帝(潞王, 末帝). 五代 唐(後唐)의 제4대 임금.
李從珂. 934년~936년 재위.

917 노왕潞王

　노왕潞王은 이름이 종가李從珂이며 본성은 왕씨王氏로 명종明宗의 양자였다. 젊을 때 명종을 따라 정벌에 나서 공을 세워 무리의 마음을 얻자 조정의 유력자들이 그를 꺼렸다.

　종가는 봉상鳳翔을 진수하였으나 민제가 그를 하동河東으로 옮기도록 명하자 그의 부장과 보좌들이 봉상을 떠나면 틀림없이 위험할 것이라 여겼다. 이에 노왕은 인근에 격문을 돌려 기병하여 황제 측근을 깨끗이 하겠다고 들어갔다. 종가가 협주陝州에 이르자 여러 군사들이 모두 맞이하며 항복하였다.

　낙양에 이르자 재상 풍도馮道 등 백관이 늘어서서 그를 맞아들였다. 이리하여 드디어 즉위하였으며 위주衛州로 사람을 보내어 민제閔帝를 독살하도록 하였다.

　潞王:

　名從珂, 本姓王氏, 明宗之養子也. 少從明宗征伐, 有功名, 得眾心. 用事者忌之. 從珂鎮鳳翔, 閔帝命移鎮河東, 將佐以爲離鎮必無全理. 乃移檄隣道, 起兵入清帝側. 從珂至陝, 諸軍皆迎降. 至洛宰相馮道等, 百官班迎. 遂卽位, 遣人鴆殺閔帝於衛州.

【用事者】 朱弘昭와 馮贇 등이었음.

【移檄鄰道】 그 격문은 대략 다음과 같다. "朱弘昭 등은 元帝의 병이 급하자 장자를 죽이고 어린것을 세워 조정 권한을 제멋대로 하고 있다. 骨肉을 멀게 하며 藩垣을 동요시키고 있으니 지금 장차 임금 곁의 악한 자를 청소하고자 한다. 그 힘이 홀로 처리할 수 없으니 이웃 번방은 나서서 도와주기를 바란다."(其檄略曰:「朱弘昭等, 乘元帝疾亟, 殺長立幼, 專制朝權, 別疎骨肉, 動搖藩垣. 今將入淸君側之惡, 其力不能獨辨, 願乞鄰藩以濟之.」—원주)

【遣人】 衛州刺史 王弘贇의 아들 王巒을 보냈음.

918 맹지상孟知祥이 죽다

촉왕蜀王, 後蜀 맹지상孟知祥이 죽고 아들 창孟昶이 섰다.(935년)

○ 蜀主孟知祥殂, 子昶立.

919 이이초李彝超가 죽다

하주夏州의 이이초李彝超가 죽고 형 이은李彝殷이 대를 이었다.

○ 夏州李彝超卒, 兄彝殷代之.

920 민閩의 이계붕王繼鵬

민閩 사람이 그 왕王 인王璘을 죽이고 그의 아들 계붕王繼鵬을 세워 이름을 창王昶으로 고쳤다.(935년)

○ 閩人殺其王璘, 而立其子繼鵬, 更名昶.

921 노왕潞王이 분신하여 죽다

당주唐主, 潞王 李從珂는 처음에 하동河東 절도사 석경당石敬瑭과 본디 서로 좋아하는 사이가 아니었다. 노왕이 제위에 오르자 석경당은 하는 수 없이 입조하였으나 얼마 후 진鎭으로 돌아가 비밀히 스스로의 안전책을 꾸몄다.

당주가 그를 다른 곳으로 옮기도록 하자 석경당은 드디어 반란을 일으켜 거란契丹에 원조를 청하였다. 거란은 당병을 깨뜨리고 석경당을 진제晉帝로 삼아 군대를 이끌고 낙양으로 향하였다.

당주는 스스로 분신하여 죽었다.(936년) 재위 3년이 채 안 되었으며 연호를 청태淸泰로 고쳤다.

당後唐은 장종莊宗으로부터 이에 이르기까지 4대, 14년이었다.

○ 唐主初與河東節度使石敬瑭, 素不相悅. 唐主立, 敬瑭不得已入朝, 尋歸鎭, 陰爲自全之計. 唐主移之, 遂反, 求援於契丹. 契丹敗唐兵, 立敬瑭爲晉帝, 引兵向洛陽. 唐主自焚死. 在位不三年, 改元者一: 曰淸泰. 唐自莊宗至是四主, 凡一十四年.

【移之】《通鑑》에 石敬瑭을 天平節度使로 삼았음.

❋ 後唐의 멸망에 대하여 司馬光은 이렇게 평하고 있다.

司馬溫公曰: 「武皇以沙陀微種, 奄有河東. 黃巢之亂, 有功於唐. 上元之變, 訟不能直. 遂與朱氏相攻, 紛紓不解. 至於晚節, 鋒銳亦衰. 莊宗以弱齡襲位, 麾下諸將, 皆武皇並轡之人, 乃能以恩信結其心, 英果折其氣, 莫不竭力致命, 頤指如意. 遂策馬渡河, 而朱氏失國, 惜其志小氣近, 驕心易生, 纔及三年, 隕身亡族. 明宗無取國之志, 而爲衆所附, 資性寬厚, 克終天祿, 淸泰於危難之中, 坐神器之重, 負扆未安, 家爲煨燼. 十年之中易姓者四, 禍福相尋, 何其速哉?」

後晉世系圖

高祖石敬塘————出帝重貴

〈後晉世系圖〉《三才圖會》

(다) 晉 (後晉)

1. 高祖皇帝

922 고조황제 高祖皇帝

(1) 모반하려 하느냐?

진後晉 고조황제高祖皇帝는 성은 석石, 이름은 경당敬瑭이다. 사타沙陀 사람으로 당後唐의 명종明宗, 李嗣源의 사위이다.

처음 그는 이종가李從珂를 따라 함께 하였으며 모두가 용력이 있고 전술에 능하여 명종을 섬기면서 많은 공을 세웠으나 안으로는 서로 시기하였다.

종가가 황제唐主가 칭제하자 석경당은 하동河東에서 낙양으로 와서 입조하였다. 그러자 종가의 장수와 보좌들이 그를 낙양에 머물게 할 것을 권하였으나, 당시 석경당은 오랜 병으로 뼈만 남아 있어 당주는

〈후진 고조〉《三才圖會》

걱정할 것 없다고 여겨 결국 그를 하동으로 되돌아가도록 내버려두었다.

　공주公主도 낙양에 와 있었는데 돌아가겠다는 인사를 하러 오자 당주는 술에 취해 이렇게 말하였다.

　"어찌 더 머물지 않느냐? 급히 되돌아가 석랑과 모반을 일으킬 작정이냐?"

　석경당은 이 말을 듣고 더욱 두려움을 느꼈는데 얼마 후 운주鄆州로 옮기도록 명하자 석경당은 명령을 거부하였다. 당주는 군사를 일으켜 경당을 치게 하였다.

　晉高祖皇帝:

　姓石氏, 名敬瑭, 沙陀人, 唐明宗之壻也. 初與從珂, 皆勇力善鬪, 事明宗, 皆有功, 內相忌. 從珂稱帝, 敬瑭自河東來朝, 將佐皆勸留之, 時久病骨立, 唐王不以爲虞, 遂得歸鎭.

　公主在洛陽, 辭歸, 唐主醉曰:「何不且留? 遽歸欲與石郎反邪?」

　敬瑭聞之益懼, 尋命移鎭鄆州, 敬瑭拒命. 唐主發兵討之.

【骨立】병을 앓고 나서 몸이 수척해진 상태.(病後體瘠. —원주)
【虞】'防'과 같음.

⑵ 승리하면 땅을 떼어 주겠다

　상유한桑維翰이 석경당을 위해 글의 초안을 지었는데 그 내용은 거란에게 신하를 칭하며 아버지 예로 모실 것이며 약속이 성사되어 승리하면 땅을 떼어주겠다는 것이었다. 유지원劉知遠은 이렇게 여겼다.

"지나칩니다. 후하게 금백金帛만 뇌물로 보내어도 족히 그 군대를 끌어들일 수 있습니다. 토지까지 허락하는 것은 필요 없습니다. 그랬다 가 뒷날 크게 중국의 화환이 될까 두렵습니다."

그러나 경당은 듣지 않았다. 글이 이르자 거란왕耶律阿保機은 크게 만족해하며 기병 5만을 거느리고 와서 후당의 군사와 진양晉陽에서 싸워 이를 크게 깨뜨렸다.

桑維翰爲敬瑭草表: 稱臣於契丹, 事以父禮, 約事捷割地.
劉知遠以爲:「太過, 厚賂金帛, 足致其兵, 不必許以土田, 恐異 日大爲中國之患.」
敬瑭不聽. 表至, 契丹主大喜, 將騎五萬而來, 與唐兵戰於晉陽, 大敗之.

⑶ 거란契丹이 나라를 세워주다

거란의 군주는 석경당을 황제로 세워주고 국호를 진晉으로 하였다. (937년)

이에 유주幽州, 계주薊州, 영주瀛州, 막주莫州, 탁주涿州, 단주檀州, 순주 順州, 신주新州, 규주嬀州, 유주儒州, 무주武州, 운주雲州, 응주應州, 환주 寰州, 삭주朔州, 울주蔚州 등 16주를 거란에 떼어 주었다. 거란은 진군晉軍을 이끌고 남하하여 다시 당군唐軍을 노주潞州에서 격파하고 거란은 북으로 돌아갔다. 진주石敬瑭가 다시 군사를 이끌고 남하하자 당後唐의 장교들이 모두 항복의 글을 날려 환영하였다.

당주李嗣源는 죽고 진주는 도읍 낙양으로 들어갔다가 이윽고 변汴으로 되돌아갔다.

契丹主立敬瑭爲帝, 國號晉. 割幽薊瀛莫涿檀順新媯儒武雲應寰朔蔚十六州與之. 契丹以晉主南下, 又破唐兵至潞州, 契丹北還. 晉主引而南, 唐將校皆飛狀以迎.

唐主俎, 晉主入都洛, 已而還汴.

【涿】涿郡.
【新】奉聖州.
【朔】馬邑.

923 오吳의 서지고徐知誥가 칭제하여 남당南唐을 세우다

오吳의 서지고徐知誥가 칭제하였다.(937년) 오주吳主 부溥를 받들다가 자리를 물려받은 것이었다. 처음 서온徐溫이 서지고에게 명하여 승주昇州를 다스리게 하였다. 승주는 번영하여 거리나 집들이 심히 흥성하였다.

그러자 서온은 자신이 승주로 옮겨가 살았다. 서지고는 광릉廣陵으로 들어가 오왕을 보좌하였다. 서온이 죽자 서지고는 중서령中書令으로써 승주를 다스리고 자신의 아들을 머물러두어 오왕의 정치를 보좌하도록 하였다.

승주의 금릉성金陵城을 넓히자 오왕은 서지고에게 대원수大元帥의 칭호를 얹어주고 제왕齊王에 봉하여 특별한 예우를 하였다. 그런데 이때에 이르러 드디어 오왕으로부터 제위를 선양받은 것이다.

서지고는 서주徐州 이씨李氏의 아들로써 스스로 당唐, 憲宗의 후예라 하며 국호를 당唐으로 하고 성씨도 이李로 되돌렸으며 이름도 변李昪으로 바꾸었다. 이것이 남당南唐이다.

○ 吳徐知誥稱帝, 奉吳主溥爲讓皇. 初徐溫命知誥治昇州, 致繁富, 城市府舍甚盛. 溫自徙居之, 知誥入廣陵輔吳政. 溫卒, 知誥以中書令鎭昇, 而留其子輔吳政. 廣金陵城, 吳加知誥大元帥, 封齊王, 備殊禮. 至是遂受吳禪. 知誥本徐州李氏子也. 自謂唐後, 國號唐. 尋復姓李, 更名昪, 是爲南唐.

【讓皇】《世紀》에 "吳나라 楊行密이 梁 太祖 開平 元年에 참칭한 이래 이때에 이르러 四主, 모두 37년이었으며 南唐이 이를 찬탈하였다"라 함.(世紀: 吳楊行密, 自梁太祖開平元年僭號, 至是四主, 凡三十七年, 南唐篡之. ─원주)

【金陵城】昇州. 전국시대 楚 威王이 그 땅에 王氣가 있다 하며 금을 묻어 그 기를 눌렀다 하여 지명이 금릉이 되었음.

924 거란契丹의 국호 대료大遼

거란契丹이 국호를 대료大遼로 고쳤다.(938년)

○ 契丹改國號大遼.

925 민閩의 왕희王曦

민閩의 왕희王曦가 그의 군주 창王昶을 죽이고 자립하였다. (939년)

○ 閩王曦弑其主昶而自立.

【王曦】 王昶의 숙부였음.

926 오월왕吳越王 전원관錢元瓘

오월왕吳越王 전원관錢元瓘이 죽고 아들 홍좌錢弘佐가 이었다. (942년)

○ 吳越王錢元瓘卒, 子弘佐嗣.

927 남한南漢의 유엄劉龑

남한南漢의 군주 유공劉龑龑 다시 이름을 엄劉龑로 고치고 얼마 후 죽었으며 아들 빈劉玢이 섰다.(942년)

○ 南漢主劉龑, 又更名龑, 尋俎, 子玢立.

【龑】'엄'으로 읽음.(音儼. −원주)
【玢】'빈'으로 읽음.(音彬. −원주)

928 진주晉主가 죽다

진주晉主, 高祖 石敬瑭가 재위 7년이 못되어 죽었다.(942년) 연호를 고쳐 천복天福이라 하였다. 제왕齊王, 石重貴이 섰다.(943년) 이가 출제出帝이다.

○ 晉主在位不七歲殂, 改元者一: 曰天福. 齊王立, 是爲出帝.

【出帝】 '少帝'로도 부름.(又曰少帝. —원주)

2. 出帝

> ◉ 出帝. 五代 晉(後晉)의 제2대 임금.
> 石重貴. 943년~946년 재위.

929 출제出帝

출제出帝는 이름이 중귀石重貴이며 고조石敬瑭 형의 아들이다. 고조가 임종에 어린 아들 중선石重睿을 재상 풍도馮道에게 절하게 하면서 풍도에게 중선을 보필하여 세워주기를 원하였다. 그러자 경연광景延廣이 이렇게 의논을 폈다.

"국가가 다난하므로 나이 든 임금을 세워야 합니다."

이리하여 마침내 중귀石重貴를 세우고 석연광이 정치를 쥐게 되었다.

出帝:

名重貴, 高祖兄子也. 高祖臨終, 命幼子重睿, 拜宰相馮道, 欲其輔立. 景延廣議:「以國家多難, 宜立長君.」

遂立重貴, 延廣用事.

【兄】 石敬瑭의 형 石敬儒.

930 남당南唐의 이변李昪

남당南唐의 군주 이변李昪이 죽고 아들 경李璟, 後主이 섰다.(943년)

○ 南唐主李昪殂, 子璟立.

〈남당 李後主〉《三才圖會》

931 은제殷帝

민왕閩王의 아우 왕연정王延政이 건주建州를 점거하고 은제殷帝라 칭하
였다.(943년)

○ 閩王之弟王延政, 據建州稱殷帝.

932 남한南漢의 유성劉晟

남한南漢의 군주 유빈劉玢의 아우 홍희劉弘熙가 유빈을 죽이고 자립하여 이름을 성劉晟으로 고쳤다.(943년)

○ 南漢主劉玢之弟弘熙, 弑玢而自立, 更名晟.

933 민閩의 주문진朱文進

민閩의 주문진朱文進이 그 군주 왕희王曦를 죽이고 자립하였다. 은주殷主 연정王延政이 군사를 보내어 토벌하려 하자 민 사람이 주문진을 죽이고 그 머리를 은殷으로 보내 왔다. 은은 국호를 민閩으로 고쳤다. 그러자 남당南唐이 건주建州를 공격하여 뽑아버리자 연정은 나와 항복하여 민은 망하고 말았다.(945년)

남당은 복주福州를 공략하였으나 이기지 못하였다. 뒤에 오월吳越이 군사를 보내어 복주를 취하였다.

○ 閩朱文進, 弑其主王曦而自立. 殷主延政遣兵討之, 閩人殺文進, 傳首於殷. 殷改國號曰閩.

唐人攻拔建州, 延政出降, 閩亡. 唐攻福州, 不克. 後吳越遣兵取之.

【閩亡】《世紀》에 "閩은 王審知가 梁太祖 乾化 3년에 제왕을 칭한 이래 이때에 이르러 6世, 33년 만에 망하였다"라 함.(世紀: 閩王審知, 自梁太祖乾化三年建號, 至是六世, 凡三十三年而亡. −원주)
【福州】福建에 속하며 閩州.

934 거란과의 싸움

(1) 할아버지와 싸워보자

처음에 진後晉 고조高祖, 石敬瑭는 거란을 심히 근신하며 섬겼다. 그러다가 소제少帝, 出帝, 石重貴가 즉위하면서 경연광景延廣이 회의를 주재하여 선제先帝의 죽음을 거란에 알리는 글에서 신하를 일컫지 않자 거란太宗, 耶律德光은 크게 노하였다.

경연광은 다시 거란에서 와 있던 회도사回圖使를 잡아 가두었다가, 얼마 뒤에 풀어 귀국시키면서 이렇게 큰 소리를 해보냈다.

"돌아가거든 네 임금에게 말하라. 우리 선제先帝, 石敬瑭는 그대 북조(거란)가 세워주었으니 그 때문에 신하라 일컬으며 글을 올렸다. 지금 우리 임금은 중국에서 세워졌다. 그러므로 이웃으로 여겨 손자라 칭해주기만 해도 족하다. 너희가 할아버지라면 할아버지가 노하셨거든 와서 싸워보자고 하라. 이 손자는 10만으로 칼을 옆으로 갈며 기다리겠다."

상유한桑維翰은 여러 차례 겸손한 말로 거란에게 사과하기를 청하였지만 매번 경연광에 의해 저지당하고 말았다.

○ 初晉高祖事契丹甚謹. 至少主卽位, 景延廣主議, 告哀不復稱臣, 契丹大怒.

延廣又囚其回圖使, 己而遣歸, 大言曰:「歸語而主. 先帝爲北朝所立, 故稱臣奉表. 今上乃中國所立, 爲鄰稱孫足矣. 翁怒則來戰, 孫有十萬橫磨劍, 相待.」

桑維翰屢請遜辭以謝契丹, 每爲延廣所沮.

【告哀】訃音을 뜻함.
【回圖使】처음 梁 太祖는 馬殷의 상주에 따라 汴州, 荊州, 襄州, 廣州, 郢州,
復州에 回圖使를 두어 하수 남북에 茶를 운반하여 繒纊과 戰馬 등의 교역을
하도록 하였었다. 그런데 뒤에 契丹이 喬榮을 回圖使로 삼아 大梁에 머물게
하였으며 이때에 이르러 그를 잡아 가둔 것이다.(初梁太祖, 從馬殷所奏, 於汴荊
襄廣郢復州, 置回圖務, 運茶於河南北, 以易繒纊戰馬. 後契丹以喬榮, 爲回圖使,
置邸大梁, 及是被囚. −원주)

⑵ 거란契丹의 침입

이에 거란이 하수河水를 건너 쳐들어왔다. 출제는 친히 군사를 거느리고
이수정李守貞 등을 보내어 길을 나누어 거란군을 쳤다. 거란군은 패하여
달아났다. 거란이 다시 상주相州까지 이르렀다가 군대를 이끌고 돌아서자
출제는 다시 자신이 나서서 이를 추격하였다. 거란군이 되돌아서서
남하하자 진군이 격퇴하여 거란은 또 다시 패주하였다. 출제는 두
번의 싸움에 두 번 모두 승리하자 속으로 거란은 족히 두려워할 대상이
아니라고 생각하였다.
그런데 거란의 군주太宗가 대거 침입해오자 후진의 장군 두위杜威가
항복하였고 거란은 병력을 보내어 변汴으로 들어가 후진의 출제를
사로잡아 돌아갔다.(946년) 출제는 재위 5년에 연호를 고쳐 개운開運이라
하였다.
후진은 고조石敬瑭로부터 이에 이르기까지 2대 12년 만에 망하였다.

於是契丹入寇渡河, 晉主自將, 及遣李守貞等, 分道擊之. 契丹
敗走, 契丹再至相州引還, 晉主又自將追之. 契丹旋兵南下, 晉人

擊之, 契丹又敗走, 晉主旣再勝, 意契丹不足畏. 契丹主大擧入寇,
晉將杜威降, 契丹遣兵入汴, 執晉主以歸其國, 在位五年, 改元
者一, 曰開運. 晉自高祖至是再世, 一十二年而亡.

(3) 타초곡打草穀

거란의 군주太宗가 대량大梁에 입성하자 거란 기병들은 사방으로 나가
마구 약탈하였는데 이를 '타초곡打草穀'이라 하였다.

장정들은 모두 그들의 칼날에 찔려 죽었고, 노약자들은 구덩이에
버려져 동경大梁, 汴으로부터 서경洛陽 근교에 이르기까지 그리고 정鄭,
활滑, 조曹, 복濮 등 수백 리의 지역의 재물이 모두 약탈당하여 남은
것이 없었다.

거란의 태종은 후진의 판삼사判三司 유구劉昫에게 이렇게 말하였다.

"거란 군사에게 마땅히 훌륭한 대접을 내려야 한다."

드디어 도성의 사민이 가지고 있던 돈과 비단 등을 모두 긁어모았고
심부름하는 자 수천 명을 각 주로 파견하여 긁어모으되 모두 듣지
않으면 엄하게 주벌한다고 윽박질러 백성들은 기댈 데가 없었다. 거두
어들인 재물이 이르자 처음에는 이를 나누어주지 않고 이를 모두 수레에
싣고 돌아가고자 하였으나 안팎이 원망하고 분하게 여기자 모두 이들을
쫓아버릴 생각을 갖게 되었고 그들이 있는 곳이면 도둑이 일어났다.
그러자 거란의 군주 태종耶律德光이 말하였다.

"나는 중국을 다스리기가 이렇게 어려울 줄 몰랐다."

그리고 변汴에 석 달 거하다가 돌아갔다.

후진의 유지원劉知遠이 한 달 전에 진양晉陽에서 즉위하였다. (947년)

契丹主入大梁, 胡騎四出剽掠, 謂之打草穀. 丁壯斃鋒刃, 老弱委溝壑, 自東西兩畿, 及鄭滑曹濮, 數百里閒, 財帛殆盡.

契丹主謂判三司劉昫曰:「契丹兵應有優賜.」

遂括都城士民錢帛, 遣使者數千人, 括於諸州, 皆迫以嚴誅, 人不聊生. 括至, 初無頒給, 皆欲輦歸, 中外怨憤, 皆思逐之, 所在盜起.

契丹主曰:「我不知中國難治如此.」

居汴三月而還.

晉劉知遠, 先一月卽位於晉陽.

【滑】 州 이름으로 河東에 속함.

【判三司】 鹽鐵, 度支, 戶部의 행정을 관장하던 직책.(官掌判決鹽鐵度支戶部, 三司政事. −원주)

❋ 後晉의 멸망에 대하여 司馬光은 이렇게 평하였다.

司馬溫公曰:「高祖以地尊勢重迫於猜嫌. 親執臣子之禮, 以事戎狄, 賂之土地, 藉其兵力, 以取天下. 羽翼未成, 不可以高飛; 國家未治, 不可以應敵, 齊王捨桑維翰之深謀, 信景延廣之狂策, 內政不脩而外挑强隣, 能無亡乎?」

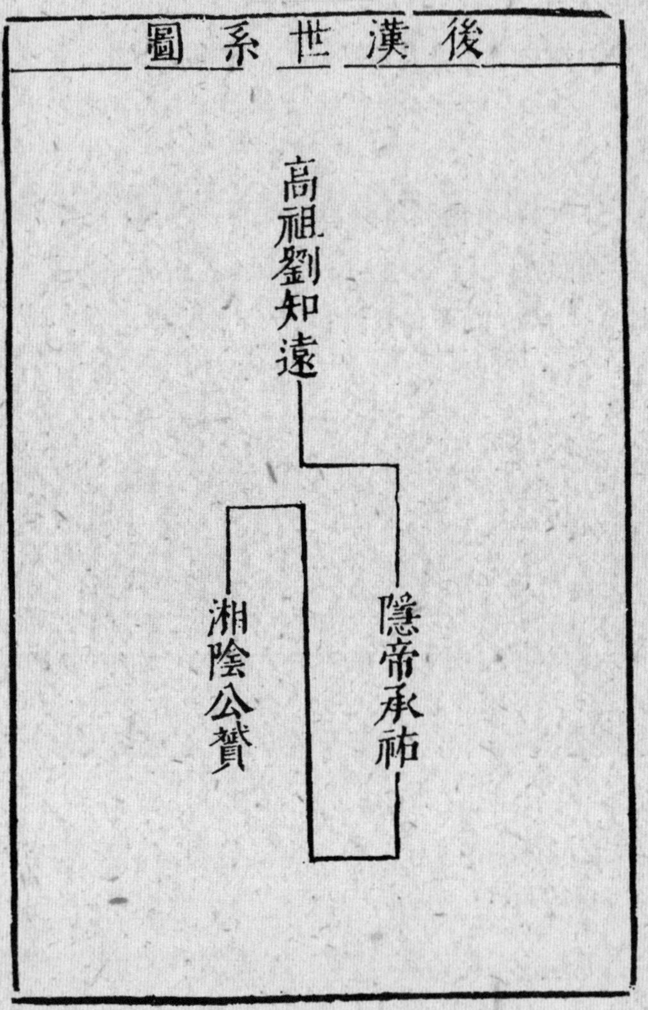

後漢世系圖

高祖劉知遠

湘陰公贇　隱帝承祐

〈後漢世系圖〉《三才圖會》

(라) 漢(後漢)

1. 高祖皇帝

◉ 高祖. 五代 漢(後漢)의 첫 임금.
劉知遠. 947년~948년 재위.

935 고조황제高祖皇帝

⑴ 스스로 호랑이 입으로 뛰어들 수야

한後漢의 고조황제高祖皇帝는 성이 유劉이며 처음의 이름은 지원知遠으로 사타沙陀 사람이다. 후진後晉의 고조 석경당石敬瑭을 전쟁 중에 섬겨 공이 가장 높았다. 석경당이 하동河東에 있을 때 당後唐 노왕潞王이 경당을 운주鄆州로 보내려고 하자 그때 유지원이 이렇게 말했었다.

"명공께서는 오래도록 장군을 지내셨고 사졸들의 마음도 얻고 계십니다. 지금 형승지지太原를 근거로 하고 계시며 좋은 말과 정예의 군사도 있으니 만약 거병을 일컫고 격문을 돌리신다면 제업帝業은

〈후한 고조〉《三才圖會》

이룰 수 있습니다. 그런데 어찌 그 종이 한 장의 임명장 때문에 스스로 호랑이 입으로 뛰어들어야 합니까?"

드디어 석경당은 명령을 거부하였고 당나라는 장수를 보내어 이를 치게 하였지만 이기지 못하게 된 것이며, 진조 석경당은 거병하여 당後唐을 멸하고 낙양洛陽으로 들어가게 된 것이다.

漢高祖皇帝:

姓劉氏, 初名知遠, 沙陀人也. 事晉祖敬瑭於兵閒, 功最多, 晉祖在河東, 唐潞王移之鎭鄆, 知遠曰:「明公久將兵, 得士卒心, 今據形勝之地, 士馬精强, 若稱兵傳檄, 帝業可成, 奈何以一紙制書, 自投虎口?」

遂拒命, 唐遣將攻之, 不克, 晉祖擧兵, 滅唐入洛陽.

【遣將】張敬達을 가리킴.

(2) 후한後漢을 세우다

유지원이 당시 시위마군도지휘사侍衛馬軍都指揮使로서 한漢의 군사를 나누어 본영으로 들게 하고, 거란의 군사는 절天宮寺에 숙소를 만들었는데 성 안은 극히 조용하였다.

후진의 고조(석경당)는 유지원을 하동의 절도사에 임명하였다. 고조는 죽으면서 지원에게 들어와 새 임금의 정치를 보좌하라 명하였다. 그러나 후진의 신하들이 이를 숨겨버렸다. 유지원은 이 일로 조정을 원망하게 되었고 거란이 자주 침입해 올 때 진나라에서 비록 지원을 행영도통行營

都統에 임명하였지만 그는 나아가 싸우지 않았다. 거란이 후진後晉을
멸망시키고 대량大梁에 입성하자 유지원은 진양에서 칭제하게 된 것이다.
거란이 떠나가자 그는 태원을 떠나 낙양으로 들어가 마침내 대량大梁에
입성하여 나라 이름을 한漢이라 하고(947년) 뒤에 자신의 이름도 고劉暠로
바꾸었다.

知遠時爲侍衛馬軍都指揮使, 分漢兵入營, 館契丹兵於寺,
城中肅然. 後晉祖以知遠鎭河東, 晉祖殂, 遺命以知遠入輔政,
晉人匿之, 知遠由是怨朝廷, 契丹連入寇, 晉雖以知遠爲行營
都統, 知遠不行. 契丹滅晉入大梁, 知遠稱帝於晉陽. 契丹去,
乃發太原入洛, 遂入汴, 國號漢, 後更名暠.

【寺】天宮寺로 洛陽에 있는 절.

936 제파帝羓

거란의 군주(태종) 야률덕광耶律德光이 돌아가던 도중에 살호림殺胡林에 이르러 죽고 말았다. 신하들이 그의 배를 갈라 소금을 채워 수레에 싣고 돌아갔다. 사람들은 이를 '제파帝羓'라 불렀다. 아들 올욕兀欲이 섰다.(耶律阮. 遼 世宗)

○ 契丹主耶律德光歸, 至殺胡林而死. 剖腹實鹽載去, 人謂之帝羓. 子兀欲立.

【殺胡林】지명. 구체적으로는 알 수 없음.
【羓】양고기 등을 말린 것을 '羓'라 함.(乾肉曰羓. −원주)

937 초왕楚王 마희범馬希範

초왕楚王 마희범馬希範이 죽고 아들 희광馬希廣이 섰다.(947년)

○ 楚王馬希範卒, 子希廣立.

937 초왕楚王 마희범馬希範

938 오월왕吳越王 전홍좌錢弘佐

오월왕吳越王 전홍좌錢弘佐가 죽고 홍종錢弘倧이 섰으나 그 부하가 그를 폐하고 홍숙錢弘俶을 세웠다.(948년)

○ 吳越王錢弘佐卒, 弘倧立. 其下廢之, 而立弘俶.

【其下】 그 부하는 南牙統軍使였던 胡進思를 가리킴.

939 한주漢主가 죽다

한주漢主, 劉知遠가 죽었다.(948년) 재위 1년에 연호를 건우乾祐라 하였다.
아들 주왕周王이 섰다.(949년) 이가 은제隱帝이다.

○ 漢主殂, 在位一年, 改元, 乾祐. 子周王立, 是爲隱帝.

2. 隱帝

940 은제隱帝

은제隱帝는 이름이 승우劉承祐였으며 나이 18살에 즉위하였다.

隱帝:

名承祐, 年十八卽位.

941 조정의 명령을 거부하다

이에 앞서 한고조漢高祖가 아우 숭劉崇을 태원太原의 윤尹으로 임명하여 하동절도사로 유수토록 하였다. 숭은 곽위郭威와 틈이 벌어져 있었다.

이때에 이르러 곽위는 추밀사시중樞密使侍中이 되어 정권을 잡고 있었는데 숭은 자신의 온전을 위한 계책으로 용사를 모집하고 망명한 자를 불러들여 갑병甲兵을 수리하고 양식을 저축하였다. 그는 조정에 바칠 재물과 부세를 바치지 않고 조정의 명령도 거의 제대로 받들지 않았다.

○ 先是漢祖以弟崇尹太原, 爲留守河東節度使. 崇與郭威有隙. 至是威爲樞密使侍中執政, 崇爲自全之計, 選慕勇士, 招納亡命, 繕甲兵, 實府庫, 罷上供財賦, 朝廷詔令, 多不稟承.

【尹太原】太原府의 총관.

942 형남荊南 고종회高從誨

  형남荊南 고종회高從誨가 죽고(948년) 아들 보융高寶融이 지군부知軍府가
되었다.

  ○ 荊南高從誨卒, 子寶融知軍府.

【知軍府】 직책 이름.《通鑒》에는 '知留後'라 하였음.

943 하중河中의 이수정李守貞

하중河中의 이수정李守貞이 모반하자 곽위郭威가 여러 군사를 통솔하여
쳐서 이겼다. 이수정은 자살하였다.

○ 河中李守貞反, 郭威督諸軍, 討克之, 守貞自殺.

944 곽위郭威

한漢은 곽위郭威를 업도유수鄴都留守로 삼았다.

○ 漢以郭威爲鄴都留守.

945 초왕楚王 마희악馬希萼

초왕楚王 희광馬希廣의 형 희악馬希萼이 희광을 죽이고 자립하였다.(950년)

○ 楚王馬希廣之兄希萼, 殺希廣而自立.

946 한後漢의 멸망

(1) 어찌 모추자毛錐子를 쓰랴

한주 은제劉承祐가 즉위한 이래 동평장사同平章事 양빈楊邠이 기밀과 정치를 총괄하였고 추밀사樞密使 곽위郭威는 정벌을 주관하였으며, 시위지휘사侍衛指揮使 사홍조史弘肇는 숙위宿衛을 관장하였으며, 삼사사三司使 왕장王章이 재정과 부세를 관장하였다. 양빈은 자못 공평하고 충실하였으며 사홍조는 경사를 엄하게 감찰하여 길에 물건이 떨어져 있어도 줍는 사람이 없게 되었다. 그런가 하면 왕장은 놓친 일들도 다시 주어 이익으로 만들어 재정의 궁핍함이 없었다. 이리하여 국가는 안녕을 얻게 되었다. 사홍조史弘肇가 일찍이 이렇게 말하였다.

"천하를 다스림에 모름지기 긴 창과 커다란 칼을 쓸 일이지 어찌 모추자(毛錐子, 붓)를 쓰랴?"

그러자 왕장이 말하였다.

"모추자를 쓰지 않으면 재정과 부세賦稅는 어떻게 변통하는가?"

왕장은 문인을 경멸하여 어느 날 이렇게 말하였다.

"이런 무리들은 주판을 쥐고도 종횡을 모르니 무슨 쓰임에 이익이 되겠는가?"

그러나 한주隱帝의 좌우 폐행嬖幸들이 점차 정권을 잡기 시작하였고 친척들이 정치에 참여하게 되었다. 양빈楊邠 등이 매번 이들을 제재하고 억제하였고 은제도 차차 장성함에 따라 대신들에게 제압당하는 것을 싫어하게 되었다.

양빈이 일찍이 임금 앞에서 일을 의논하면 이렇게 말하였다.

"폐하께서는 그저 잠자코 계십시오. 저희들이 알아서 하겠습니다."

한주 은제는 이런 일들이 쌓여 능히 편한 마음을 가질 수 없었다. 그러자 측근들이 이를 바탕으로 양빈을 참소하였다.

○ 漢主自卽位以來, 同平章事楊邠總機政, 樞密使郭威主征伐, 侍衛指揮使史弘肇典宿衛, 三司使王章掌財賦, 邠頗公忠, 弘肇察京師, 道不拾遺. 章捃拾遺利, 供饋不乏, 國家相安.

弘肇嘗謂:「天下須用長槍大劍, 安用毛錐子?」

章曰:「若無毛錐, 財賦何由取辨?」

章輕文人, 嘗曰:「此輩握算不知縱橫, 何益於用?」

漢主左右嬖倖寢用事, 親戚干政. 邠等每裁抑之, 漢主益壯, 厭爲大臣所制, 揚(楊)邠嘗議事於前, 曰:「陛下但禁聲, 有臣等在.」

漢主積不能平. 左右因譖之.

【毛錐子】 붓을 뜻함.(筆也. -원주)
【隱帝】 재위 2년에 연호를 그대로 乾祐로 사용하였음.(在位二年, 仍號乾祐. -원주)

⑵ 깃발을 찢어 몸을 감싸다

건우乾祐 3년 왕은 양빈, 사홍조, 왕장 세 사람을 죽이고 비밀 조서를 보내어 곽위郭威까지 업鄴에서 죽이고자 하였다. 곽위의 부장과 보좌들이 입조하여 스스로 무죄를 밝힐 것을 권하여 곽위는 대군을 거느리고 서울에 이르렀다.

한주 은제는 군사를 보내어 이를 막도록 하였으나 채 군사들은 혹 항복하기도 하고 또는 싸우지도 아니하고 되돌아서 버렸다. 은제의 난병亂兵에게 시해되었고 곽위는 황태후皇太后에게 아뢰어 무령武寧절도사 빈贇을 맞아들이게 되었다. 그런데 빈이 미처 도착하기 전에 거란이

침입해 온다는 보고가 들어오자 한나라는 곽위를 보내어 이를 맞아
치게 하였다.

　곽위가 전주澶州에 이르자 장병들이 크게 떠들며 황기黃旗를 찢어
곽위의 몸에 감아 함께 끌어안아 올리더니 만세를 불렀는데 그 소리가
온 땅을 진동하는 것이었다. 이리하여 곽위를 옹위하여 남쪽으로 내려와
드디어 한漢을 대신하게 되었다.(951년)

　한(후한)나라는 이렇게 하여 2대 4년 만에 망하였다.

　乾祐三年, 殺邠弘肇章, 遣密詔, 欲殺郭威於鄴. 將佐勸威入
朝自訴, 威引大軍至. 漢主遣兵拒之, 或降或不戰而還. 漢主爲
亂兵所弒, 威白太后, 迎武寧節度贇. 未至, 聞契丹入寇, 遣威將
兵擊之. 威至澶州, 將士大譟, 裂黃旗以被威體, 共扶抱之呼萬
歲震地. 擁威南行, 遂代漢.

　漢二世, 四年而亡.

【武寧】 당시 徐州를 武寧節度로 불렀음.
【贇】 隱帝의 아우이며 崇의 아들.
　❋ 後漢의 멸망에 대하여 司馬光은 이렇게 평하고 있다.
司馬溫公曰:「高祖擁精銳之兵, 居形便之地, 屬胡騎北旋. 中州之主, 故雍容
南面, 而天下歸之, 豈其材德之首出哉! 會其時之可爲也. 隱帝雖有南面之號,
而政非己出, 輕信羣小之言, 欲除拔扈之臣, 禍不旋踵, 自然之勢也.」

〈後周世系圖〉《三才圖會》

(마) 周(後周)

1. 太祖皇帝

> ❀ 太祖. 五代 周(後周)의 첫 임금.
> 郭威. 951년~954년 재위.

947 태조황제太祖皇帝

(1) 혼인 상대

주後周 태조황제太祖皇帝는 성이 곽郭씨
이며 이름은 위威이다. 태원太原 사람이다.
당後唐의 장종莊宗, 李存勗의 궁녀에 시씨
柴氏라는 여자가 있었는데, 대궐을 나가
집으로 돌아가서 혼인할 상대를 고르고
있었다. 그러던 어느 날 대문 밖을 엿보고
있을 때 어떤 자가 급히 내달아 지나가는
것이 보였다. 시씨가 크게 놀라 어떤 사람
이냐고 물었다. 이를 알려주는 자가 이렇
게 말하였다.

"종마군사從馬軍使 곽작아郭雀兒입니다."

〈후주 고조〉《三才圖會》

시씨는 그와 결혼하고자 하였지만 부모가 허락하지 않으면서 이렇게 이유를 삼았다.

"너는 황제를 측근에서 모셨던 몸이니 의당 절도사쯤 되는 사람에게 시집을 가야 한다. 어찌 이런 자에게 시집을 가겠는가?"

그러나 시씨는 결코 다른 사람에게는 시집가지 않겠다고 버티어 결국 곽위의 아내가 되었다. 그런데 한漢 고조劉知遠가 하동河東을 진수하게 되자 곽위는 공목관孔目官이 되었고, 거란契丹이 변汴에 침입해 있을 때 곽위는 이지원에게 거병할 것을 권하여 드디어 제업을 이루게 된 것이었다.

周太祖皇帝:

姓郭氏, 名威, 太原人也. 唐莊宗有宮人柴氏, 歸其家擇姻.

一日窺于門, 見有疾走而過者, 柴氏大驚問何人, 告者曰:「從馬軍使郭雀兒也.」

柴氏欲嫁之, 父母不肯曰:「汝帝左右人, 當嫁節度使, 奈何嫁此人?」

柴氏堅不嫁他人, 竟歸威. 漢祖鎭河東, 威爲孔目官, 契丹在汴, 威勸漢祖擧兵, 遂成帝業.

【擇姻】 부모에게 돌아가 따로 혼인 대상을 찾아 달라 요구함.(歸父母家, 別求姻對. —원주)

【郭雀兒】 곽의가 등극하기 전에 그 목에 '雀兒'라는 문신을 새겨 그 때문에 이 이름으로 부른 것.(威微時, 刺其項爲雀兒, 故有此名. —원주)

【孔目官】 六曹의 안건과 편지 등의 문서를 관장하는 직책.(掌六曹案牘. —원주)

⑵ 국호를 주周, 後周로 정하다

한 은제隱帝, 劉承祐 때에 곽위는 오로지 정벌에 전력을 다하건만 은제가 그를 죽이고자 하였다가 도리어 이기지 못하자 곽위는 군대를 옹위하고 변汴에 들어가게 된 것이며, 이윽고 나아가 거란을 방어하러 갔다가 군사들의 옹위로 변으로 되돌아오게 된 것이다.

당시 이미 조정에서는 서주에서 유빈劉贇을 맞아들이고 있었으나 태후太后는 유빈을 폐하여 상음공湘陰公을 삼고 곽위로 감국監國을 삼도록 명하였다. 얼마 후 곽위가 황제의 위에 오르게 된 것이다. 곽위는 스스로 주周의 괵숙虢叔의 후예라 일컬으며 국호를 주周라 하였다.(951년)

유빈은 한고조 유지원의 아우 유숭劉崇의 아들이다.

유숭은 처음 은제隱帝가 시살당하자 기병하여 남으로 진군하려 하였으나 자신의 아들 유빈을 천자로 맞을 것이란 말을 듣고 이렇게 말하였다.

"내 아들이 천자가 된다면 내 다시 무엇을 바라겠는가?"

그러나 유빈이 폐위되어 죽자 유숭은 진양晉陽에서 칭제하였다.(951년) 그가 소유한 땅은 병주幷州, 분주汾州, 흔주忻州, 대주代州, 남주嵐州, 헌주憲州, 융주隆州, 울주蔚州, 심주沁州, 요주遼州, 인주麟州, 석주石州 등 12주에 지나지 않았다. 유숭은 신하들에게 이렇게 말하였다.

"생각해 보면 내가 무슨 천자이며 그대들은 무슨 절도사란 말인가?" 이것을 북한北漢이라 한다.

유숭은 아들 승균承均을 파견하여 주周를 치게 하였으나 이기지 못하자 거란에 사신을 보내어 군사를 청하였다. 거란 임금兀欲은 '북한주北漢主'로 봉한다는 책명을 주었고 유숭은 자신의 이름을 민劉旻으로 고쳤다.

漢隱帝時, 威專主征伐, 隱帝欲殺之, 不克, 威擁兵入汴, 已而 出禦契丹, 軍士擁還汴. 時已迎贇於徐州, 乃以漢太后令, 廢贇 爲湘陰公, 威爲監國. 尋卽位. 自謂周虢叔之後, 國號周.

贇崇子也, 崇初聞隱帝遇害, 欲起兵南向, 及聞迎立贇, 則曰:
「吾兒爲帝, 吾復何求?」

贇廢死, 崇乃稱帝於晉陽, 所有并汾忻代嵐憲隆蔚沁遼麟石十二州之地, 謂其臣曰:「顧我是何天子? 汝等是何節度使邪?」

是爲北漢. 遣子承鈞伐周, 不克, 遣使乞師於契丹. 契丹策命北漢主. 更名旻.

【汾】西河郡.
【隆】지금의 隆德州로 山西에 속함.
【沁遼】山西에 속하는 지명.
【北漢】山西 지역을 중심으로 劉旻이 세웠던 나라. 뒤에 宋에게 망함.(951~979년)

948 거란의 내분

거란의 술알述軋이 올욕兀欲을 죽이고 자립하였으나 술률述律이 술알을 토벌하여 죽이고 대를 이었다.

○ 契丹述軋, 弑兀欲而自立, 述律討殺述軋而代之.

【述軋】兀欲의 아들.
【述律】述軋의 아우.

949 초楚가 망하다

초楚는 마희악馬希萼, 희광馬希廣 이래로 서로 공격하고 빼앗느라 편할 날이 없었다. 다시 그 부하가 희악을 폐하고 희숭希崇을 세웠다. 남당은 변호邊鎬를 보내어 초를 치게 하였다. 희숭이 항복하자 남당은 초의 마씨馬氏 일족을 금릉金陵으로 옮겨 초는 망하고 말았다.(951년)

○ 楚自希廣·希萼以來, 相攻奪無寧世. 其下又廢希萼, 而立希崇. 南唐遣邊鎬擊楚. 希崇降, 南唐遷馬氏之族于金陵, 楚亡.

【楚亡】 이상 楚는 馬殷이 梁 太祖 開平 6년 명을 받아 왕이 된 이래 이때에 이르러 6王, 44년이었다.(右楚馬殷, 自梁太祖開平六年受命爲王, 至是六王, 凡四十四年. ―원주)

950 초의 장군 유언劉言

　전에 초의 장군 유언劉言이 낭주朗州로부터 담주潭州를 공격하자 변호邊鎬는 달아나버렸다. 유언은 호남湖南을 취하고 주周에게 명령을 청하였다. 주는 말로써 그를 낭주를 진수하도록 한다 하고 유언의 부장 왕규王逵를 담주절도사에 임명하였다. 그러자 왕규가 유언을 낭주에서 습격하여 죽이고는 주행봉周行逢에게 낭주를 지키도록 하였다. 그리고 자신은 담주로 돌아갔다. 그 뒤 다시 왕규는 주행봉에게 담주를 진수하게 하고 자신은 낭주에 거하였다.

　○ 故楚將劉言, 自朗州攻潭, 邊鎬走. 言取湖南, 請命于周. 周以言鎭朗, 王逵鎭潭. 逵襲殺言於朗, 以周行逢守朗, 逵還潭. 後又以行逢鎭潭, 逵自居朗.

【朗州】湖廣에 속하며 武陵.

951 주왕周王이 죽다

주왕後周, 郭威이 재위 3년으로 죽었다.(954년) 연호를 고쳐 광순廣順이라 하였다. 진왕晉王 영郭榮이 제위에 올랐다. 이가 세종황제世宗皇帝이다.

○ 周王在位三年殂, 改元者一: 曰廣順.

晉王立, 是爲世宗皇帝.

2. 世宗皇帝

🌑 世宗. 五代 周(後周)의 제2대 임금. 郭榮. 954년~959년 재위.

952 세종황제世宗皇帝

⑴ 산으로 달걀을 누르는 것 같다

세종황제는 본래의 성은 시柴씨, 이름은 영榮이며 태조황제의 처형 시수례柴守禮의 아들이다. 주 태조는 아들이 없어 이를 양자로 삼았던 것이다. 영은 주後周초에 진녕鎭寧절도사였다가 얼마 후 개봉윤開封尹으로 진왕晉王에 봉해졌다.

태조는 임종에 진왕(영)에게 정치를 맡아 보도록 명하였으며 얼마 뒤 즉위한 것이다. 이리하여 영은 제위에 오르게 되었다.

북한北漢의 유숭劉崇은 주周의 태조가 죽었다는 말을 듣고 크게 기뻐하며 거란에 병력을 청하였다. 거란은 장수 양곤楊袞

〈후주 세종〉《三才圖會》

으로 하여금 1만 기騎를 거느리고 가도록 하였다. 북한 주(유숭)가 직접 3만의 군사를 거느리고 쳐들어오자 주주世宗도 직접 장수가 되어 이를 막고자 하였지만 신하들이 나서서 모두 간하였다. 그러자 세종은 이렇게 말하였다.

"유숭이 선제先帝께서 돌아가신 것을 행운으로 여기고 내가 어린 나이에 새로 등극한 것을 가볍게 보아 이번에 틀림없이 직접 오고 있을 것이다. 짐은 가지 않을 수 없다. 나의 이 강한 병력으로 유숭을 깨뜨리는 것은 마치 산으로 달걀을 눌러버리는 것과 같다."

풍도馮道가 힘써 불가함을 간언하였지만 아직도 갖은 말로 친정을 해서는 안 된다고 간하였지마는, 오직 왕부王溥만은 출행을 권하였다.

북한의 유숭은 고평高平에 주둔하였다. 주의 선봉이 공격하자 북한 병사들이 퇴각하였다. 세종은 그들이 숨어 달아날까 염려하여 여러 군사를 급히 내몰아 이들을 쫓았다. 뒤따르던 군대가 미처 이르지 않아 군중이 마음속으로 위험과 두려움을 느낄 정도였지만 세종의 지기는 더욱 날카롭기만 하였다.

싸움이 붙어 얼마 지나지 않아 주군의 우익장右翼將 번애능樊愛能과 하휘何徽가 우선 물러서고 말아 우익군은 무너지고 말았고, 보병 천여 명도 잡혀 갑옷을 벗고 항복하고 말았다. 세종은 주군이 위기에 빠진 것을 보고 직접 친위병을 이끌고 시석矢石을 무릅쓰면서 싸움을 독려하였다. 그러자 숙위장군 조광윤趙匡胤이 말하였다.

"주상의 위태로움이 이와 같으니 우리 무리가 어찌 죽음으로 나서지 않을 수 있겠는가?"

그리고 금병장禁兵將 장영덕張永德에게 이렇게 말하였다.

"적은 승세를 타고 교만해져 있소. 바로 지금이 격파할 때요. 공은 병사를 이끌고 높은 지역을 타고 올라가 서쪽으로 나가 좌익이 되시오. 나는 우익右翼이 되어 공격하겠소. 국가의 안위가 이 싸움에 있소."

장영덕이 그의 의견에 따라 각각 2천 명을 거느리고 진격하였다.

조광윤은 자신이 사졸들의 선봉이 되어 적의 예봉을 향해 나갔다. 사졸들은 죽음으로 전투를 벌여 하나가 백 명을 당해내지 못하는 자가 없었다.

이리하여 북한의 군사는 크게 패하였다. 거란의 양곤도 감히 이들을 구원해 낼 수 없었다. 북한의 유숭은 밤을 틈타 북으로 달아나 겨우 진양晉陽에 들어갈 수 있었다.

世宗皇帝:

名榮, 本姓柴氏, 周祖妻兄柴守禮之子也. 周祖無子, 故養之. 周初領節鎮, 已而尹開封封晉王. 周主臨終, 命晉王聽政, 尋卽位.

北漢主聞周主殂, 大喜, 請兵於契丹. 契丹遣將楊袞將萬騎.

北漢主自將三萬人來, 周主欲自將禦之, 羣臣皆諫. 主曰:「崇幸大喪, 輕朕年少新立, 此必自來. 朕不可不往, 以吾兵力之强破崇, 如山壓卵耳.」

馮道力爭, 惟王溥勸行. 北漢主軍于高平, 周前鋒擊之, 北漢兵卻, 主慮其遁去, 趣諸軍亟進, 後軍未至, 衆心危懼, 而主志氣益銳. 合戰未幾, 周右軍將樊愛能·何徽, 先遁, 右軍潰, 步軍千餘解甲降. 主見軍勢危, 自引親兵, 犯矢石督戰. 宿衛將趙匡胤曰:「主危如此, 吾屬何得不致死?」

又謂禁兵將張永德曰:「賊氣驕, 可破也. 公引兵乘高, 西出爲左翼. 我爲右翼以擊之, 國家安危, 在此一擧.」

永德從之, 各將二千人進戰. 匡胤身先士卒, 馳犯其鋒, 士卒死戰, 無不一當百. 北漢兵大敗, 楊袞不敢救. 北漢主晝夜北走, 僅得入晉陽.

【節鎮】鎮寧節度使를 가리킴.
【高平】郡 이름으로 山西에 속하며 潭州.

⑵ 나를 팔아넘기려는 짓

세종은 번애능樊愛能, 하휘何徽 및 그 부대의 군사軍使 이상 70여 명을 잡아 이렇게 질책하였다.

"너희들은 능히 싸울 수 없었던 것이 아니라 짐을 기화奇貨로 삼아 유숭에게 팔아넘기고자 한 것일 뿐이다."

그리고는 모두 목 베어 죽여버렸다.

이로부터 교만한 장수, 게으른 사졸들이 비로소 두려움이 무엇인지 알게 되었으며 고식적인 행정을 펴는 일도 사라지게 되었다.

장영덕이 조광윤의 지혜와 용기를 극구 칭찬하여 세종은 조광윤을 전전도우후殿前都虞候의 권력을 주었다.

세종柴榮이 옆에 모시는 신하에게 이렇게 말하였다.

"군대는 정예精銳兵함에 힘써야지 많기만을 바라서는 안 된다. 농부 백 명의 세금으로 능히 전사 한 사람을 길러낼 수 없다. 그런데 어찌 백성의 고혈을 짜서 이처럼 쓸데없는 물건들을 길러낸단 말이냐?"

이에 명령을 내려 여러 군사에서 크게 정예만 뽑아 간단하게 하도록 하였다.

그리고 각 도에 조서를 내려 천하장사를 모집하여 모두 대궐로 보내어 오도록 하고는 조광윤趙匡胤에게 명하여 그 중 우수한 자를 선발, 대궐을 지키는 여러 반열의 군대로 삼도록 하였으며 기타 보병과 기병 등 여러 군대도 각각 그 장수로 하여금 가리고 뽑도록 하였다. 이에 따라 사졸들은 정강精强해졌으며 그들이 향하는 곳이면 즉시 승리를 거두게 되었다.

周主收樊愛能・何徽, 及所部軍使以上七十餘人, 責之曰：
「汝輩非不能戰, 正欲以朕爲奇貨, 賣與劉崇耳.」

悉斬之. 自是驕將惰卒, 始知所懼, 不行姑息之政矣. 張永德盛稱趙匡胤智勇, 權殿前都虞候.

　周主謂侍臣曰:「兵務精不務多, 農夫百未能養戰士一, 奈何浚民之膏血, 養此無用之物乎?」

　乃命大簡諸軍. 又詔諸道, 募天下壯士, 咸遣詣闕, 命匡胤選其尤者, 爲殿前諸班. 其騎步諸軍, 各命將帥選之. 由是士卒精强, 所向克捷.

【都虞候】 관직 이름. 방국의 형벌을 관장하며 고대 司寇와 같음.(掌邦刑, 古司寇也. —원주) '都虞侯'의 오기가 아닌가 함.

953 북한北漢을 공략하다

　주周가 북한北漢의 분주汾州, 요주遼州, 헌주憲州, 남주嵐州, 석주石州, 심주沁州, 흔주忻州를 공략하여 모두 주나라에 편입시켰다. 주주周主, 柴榮는 진양晉陽을 공격하였으나 이기지 못하여 군사를 돌려 귀환하였다.

　○ 周攻北漢汾遼憲嵐石沁忻州, 皆入于周. 周主攻晉陽, 不克, 引軍還.

954 북한北漢의 유민劉旻이 죽다

북한北漢의 임금 유민劉旻이 죽고 아들 균劉鈞이 섰다. (955년)

○ 北漢主劉旻殂, 子鈞立.

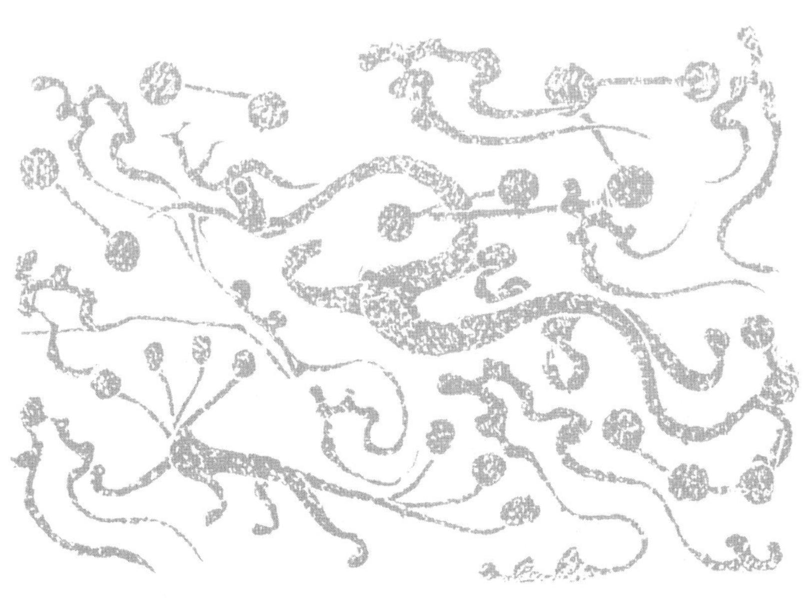

955 촉蜀을 벌하다

주가 촉蜀을 벌하여 진주秦州, 계주階州, 성주成州, 봉주鳳州를 취하였다.

○ 周伐蜀, 取秦階成鳳州.

【秦階成】 이 세 州는 鞏昌에 속하며 階州는 武郡임.
【鳳】 陝西에 속함.

956 후주後周와 남당南唐

(1) 가죽 투구에 칼의 흔적이 있는 자

주나라가 남당南唐을 쳤다. 남당은 군사를 파견하여 수주壽州에서 막아 싸웠으나 패하였다. 주주 세종은 자신이 장수가 되어 당병을 정양正陽에서 대패시켜버렸다. 당의 장군 황보휘皇甫暉, 요봉姚鳳은 청류관淸流關을 지키고 있었다.

세종은 조광윤에게 명하여 길을 등지고 이를 습격하도록 명하여 황보휘와 요봉을 사로잡고 저주滁州를 함락하였다.

주나라 군사는 양주揚州, 태주泰州, 광주光州, 서주舒州, 기주蘄州를 취하였다. 당군도 주나라 군사를 막아 다시 태주泰州를 수복하여 취하고 나서 양주揚州를 공격하였다. 세종은 조광윤趙匡胤에게 명하여 육합六合에 주둔해 있도록 하였었는데, 당군이 공격해 오자 분격하여 이들을 크게 깨뜨렸다. 그 때 장수나 사졸 중에 온 힘을 다하지 아니하는 자가 있으면 조광윤은 짐짓 겉으로 전투를 독려하는 척 하면서 자신의 칼로 그 군사의 가죽 삿갓 투구를 쳐서 잘라버리고 이튿날 모든 군사의 삿갓을 두루 검열하여 칼의 흔적이 있는 수십 명을 모두 참수해버렸다. 이로부터 그 부대의 병사들은 감히 죽음을 무릅쓰지 아니하는 자가 없게 되었다.

○ 周伐南唐. 唐遣兵拒於壽州而敗. 周主自將, 大敗唐兵於正陽. 唐將皇甫暉·姚鳳, 保淸流關. 主命趙匡胤, 倍道襲之, 擒暉鳳, 克滁州. 周師取揚泰光舒蘄州.

唐兵拒周師, 復取泰州, 攻揚州. 周主命匡胤, 屯六合, 唐兵來攻, 奮擊大破之. 將士有不致力者, 匡胤陽爲督戰, 以劍斫其皮笠, 明日遍閱其笠, 有劍跡者數十人, 皆斬之. 由是部兵莫敢不盡死.

【壽州】淮西에 속하며 壽陽郡.
【正陽】霍丘에 있는 지명.
【淸流關】滁州의 淸流縣 西南쪽에 있음.
【滁州】淮東에 속함.
【秦】淮東에 속하며 海陵郡.
【光】河南에 속함.
【蘄】淮西에 속하는 주.
【六合】縣 이름으로 眞州에 속함.

⑵ 남당이 주周를 섬기다

　세종柴榮은 대량大梁으로 돌아오면서 그 병사들로 하여금 그곳에 머물러 수주壽州를 포위하고 있도록 하였다. 그러자 당군은 다시 장강 이북의 여러 주를 수복하게 되었다. 이에 주나라 장수들은 모두 지키고 있던 성을 버리고 수주를 포위하고 있던 병력과 합하여 수주를 공격하였다.
　세종은 다시 스스로 장수가 되어 수주로 갔다. 그러자 당군은 성을 통틀어 항복하였다. 세종은 대량으로 돌아왔다가 얼마 후 다시 자신이 직접 군사를 거느리고 호주濠州, 사주泗州를 공략하자 모두가 항복하였다. 그리고 다시 나아가 초주楚州를 공격하고 병사를 보내어 양주와 태주를 탈환하였다.
　주주 세종이 초주楚州를 점령하고 양주揚州로 되돌려 도착하자 당주는 사신을 파견하여 강북江北의 땅을 모두 바쳐왔다. 이에 주주는 비로소 귀환하였다.
　당주는 이름을 경李景으로 고치고 제호帝號를 폐지한 다음 주나라의 정삭正朔을 받들게 되었다.

周主還大梁, 留兵圍壽州. 唐兵復江北諸州, 周守將皆棄去, 并兵攻壽州. 周主復自將如壽, 唐人以城降. 周主還大梁, 已而復自將攻濠泗, 皆降.

進攻楚州, 遣兵取揚泰. 周主克楚州, 還至揚州, 唐主遣使, 盡獻江北地. 周主乃還.

唐主更名景, 去帝號, 奉周正朔.

【濠泗】두 州는 모두 淮西에 속함.
【楚州】淮東에 속하며 지금의 淮安府.

957 낭주朗州의 왕규王逵

  낭주朗州의 왕규王逵가 번숙사藩叔嗣에게 피살되었다. 장수와 관리들
이 담주潭州의 주행봉周行逢을 맞아 낭주로 들어갔다. 주행봉은 담주와
낭주를 함께 차지하였다.

  ○ 朗州王逵, 爲潘叔詞所殺. 將吏迎潭州周行逢入朗. 行逢
併潭朗有之.

958 남한南漢의 유성劉晟

남한南漢의 임금 유성劉晟이 죽고 아들 창劉鋹이 섰다. (958년)

○ 南漢主劉晟殂, 子鋹立.

【鋹】'창'으로 읽음. (音敞.)

959 거란 정벌에 나서다

주주周主 세종柴榮이 스스로 장수가 되어 거란을 쳐 영주瀛州, 막주莫州, 역주易州를 취하고 서울大梁을 떠나 42일 만에 관남關南을 모두 평정한 것이다.

다시 유주幽州로 향할 것을 논의하였으나 마침 주주의 병으로 중지하고 와교관瓦橋關을 웅주雄州로, 익진관益津關은 패주霸州로 하여 수비군을 두고 돌아왔다. 왕복 60일이었다.

○ 周主自將伐契丹, 取瀛莫易州, 離京四十二日, 而關南悉平. 議趨幽州, 會不豫而止, 以瓦橋關爲雄州, 益津關爲霸州, 置戍而還, 往還六十日.

【雄·霸】 둘 모두 州 이름으로 北平에 속함.

960 조광윤趙匡胤의 종군

　조광윤趙匡胤은 이에 앞서 전전도지휘사가 되어 세종을 따라 회남淮南을 공략하고 다시 거란 정벌에 따르기도 하였는데 이때에 이르러 전전도점검殿前都點檢이 되었다.

　○ 趙匡胤, 先是爲殿前都指揮使, 從攻淮南, 又從征契丹. 至是爲殿前都點檢.

961 세종世宗이 죽다

(1) 화살 앞에서도 눈 하나 깜박이지 않아

주주 세종柴榮이 재위 6년으로 죽었으며(959년) 연호를 고쳐 현덕顯德이라 하였다. 주주는 번진鎭州의 절도사로 있을 때 재능을 숨겼으나 즉위하고 나서는 우선 고평高平의 침입자를 격파하여, 사람들이 비로소 그의 영명함과 무용에 굴복하기 시작하였다. 호령이 엄명하여 누구도 감히 어기지 못하였고 성을 공격하고 적과 맞붙으면 시석矢石이 좌우에 떨어져도 얼굴 빛 하나 동요함이 없었다. 임기응변과 모책의 결정에 뛰어났으며 가끔 사람들의 의표를 찌르는 모책을 내놓기도 하였다.

○ 周主, 在位六年殂, 改元者一, 曰顯德. 周主在藩韜晦, 及卽位, 首破高平之寇, 人始服其英武. 號令嚴明, 人莫敢犯. 攻城對敵, 矢石落左右, 略不動容. 應機決策, 出人意表.

【在藩】 鎭寧節度로 있었음.

(2) 문무겸용

또 정사에 부지런하여 간악한 무리를 밝혀내고 상황도 정확히 지적해 내어 총명하고 명찰함이 신과 같았다.
한가할 때면 유학자를 불러 역사책을 읽으며 대의를 상각商榷하였다.
성격은 음악도 진기한 완물도 좋아하지 않았으며 늘 이렇게 말하곤 하였다.

"짐은 즐겁다는 이유로 상을 주거나 화나게 했다는 이유로 형벌을 내리는 일은 기필코 하지 않는다."

문관과 무관을 참여시켜 등용하여 각기 자신들이 능력을 마음 놓고 펼 수 있도록 하였다.

사람들은 그의 총명을 두려워하면서도 그 은혜를 사모하였다. 그 때문에 능히 적을 깨뜨리고 땅을 넓힐 수 있었으며 그가 향하는 곳이라면 열리지 않는 앞이 없었던 것이다. 그가 죽는 날 원근에서 많은 사람들이 모두 슬퍼하고 사모하였다.

아들 양왕梁王이 섰다.(959년) 이가 공제恭帝이다.

又勤於政事, 發姦摘伏, 聰察如神. 閒暇則召儒者讀史, 商榷大義, 性不好絲竹珍玩之物, 常言:「朕必不因喜賞人, 因怒刑人.」

文武參用, 各盡其能. 人畏其明, 而懷其惠. 故能破敵廣地, 所向無前. 登遐之日, 遠近哀慕.

子梁王立, 是爲恭帝.

【商榷】 헤아려 바르게 밝혀냄. '상각'으로 읽음.

3. 恭帝

962 공제恭帝

공제恭帝는 이름이 종훈宗訓이며 7살에 즉위하였다.

恭帝:

名宗訓, 七歲卽位.

963 진교역陳橋驛 사건

조광윤趙匡胤을 귀덕歸德절도사로 삼았다. 이듬해 봄, 진주鎭州, 정주定州 두 고을에서 첩보가 날아왔다.

"거란이 침입해 오고 있습니다."

이에 조광윤을 보내어 군사를 거느리고 가서 막도록 하였다. 그들이 진교역陳橋驛에 이르자 모든 장병들이 조광윤을 옹위하여 돌아가 황제에 오르도록 하였다.

주後周의 공제恭帝는 재위 반년에 드디어 송宋에 선양하고 말았다.(960년) 주(후주)는 태조로부터 이에 이르도록 3대였으며 실제는 두 개의 성(郭氏, 柴氏)으로 10년 만에 망한 것이다.

○ 以趙匡胤爲歸德節度使. 明年春, 鎭定言:「契丹入寇.」

遣匡胤將兵禦之. 至陳橋驛, 軍士擁還策立.

周主在位半年, 遂禪于宋.

周自太祖至是三世, 實二姓, 十年而亡.

【陳橋驛】汴城 밖에 있는 역.

【半年】역시 연호를 '顯德'으로 불렀음.(仍稱顯德. -원주)

❋ 이상 後周의 멸망에 대하여 司馬光은 다음과 같이 평하였다.

司馬溫公曰:「太祖負震主之威, 挾不賞之功, 措身無所, 乘危而發. 世宗以異性之親, 入承大統, 知近世之弊, 起於威令不行, 下陵上替. 故高平之役, 首誅樊何, 以振軍法. 遂能變弱爲强, 因敗爲功. 於是南割江淮, 西克秦鳳, 北開關南. 攻無堅城, 戰無强陣. 又以枹鼓之隙, 治律曆, 興禮樂, 審法令, 修政事, 收賢才, 養百姓. 可謂知治安之本矣. 大功未成, 中道而殂, 蓋太平之業, 天將啓聖人而授之, 非人謀之所及也.」

宋朝世系之圖
太祖匡胤
太宗炅
真宗恒－仁宗禎－英宗曙－神宗頊－哲宗煦
欽宗桓
徽宗佶
高宗構
孝宗眘－光宗惇－寧宗擴
理宗昀
度宗禥
幼主㬎－益王昰
衛王昺

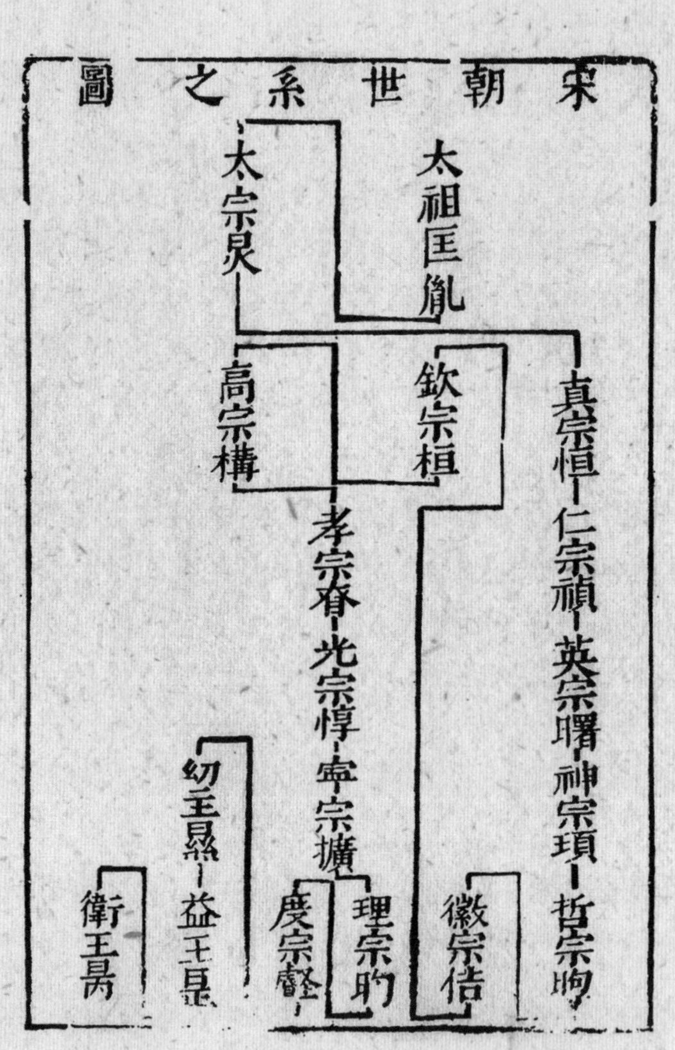

〈宋世系圖〉《三才圖會》

(十八) 北宋

1. 太祖皇帝

964 태조황제太祖皇帝

(1) 향해아香孩兒

송宋 태조황제太祖皇帝는 성은 조趙씨이며 이름은 광윤匡胤으로 그 선대는 탁군涿郡 사람이다. 전하기로는 한漢나라 때 경조윤京兆尹이었던 조광한趙廣漢의 후예라 한다. 아버지 홍은趙弘殷은 낙양洛陽의 금위장교禁衛將校軍로서 광윤을 갑마영甲馬營에서 낳았다. 그가 태어났을 때 붉은 빛이 방안에 가득하고 군영 안에 이상한 향기가 한 달 동안이나 나 사람들이 그를 '향애아香孩兒 영營'이라 불렀다. 광윤은 어릴 때부터 신문열辛文悅을 좇아 글을 배웠다. 신문열이 일찍이 꿈에 천자의

〈송 태조 조광윤〉《三才圖會》

수레를 맞이하는 꿈을 꾸었는데, 그 수레에
타고 있는 사람이 조광윤이었다는 것이다.

宋太祖皇帝:

  姓趙氏名匡胤, 其先涿人也. 相傳爲漢
京兆尹廣漢之後.　父弘殷爲洛陽禁衛將
校, 生匡胤於甲馬營. 赤光滿室, 營中異香
一月, 人謂之香孩兒營. 少從辛文悅學.
文悅嘗夢, 遨駕, 乃匡胤也.

〈송 태조 조광윤〉

【廣漢之後】 세계는 자세히 알 수 없음.(世次未詳. −원주)

〈송 태조〉

⑵ 점검點檢이 천자가 되리라

주後周 세종柴榮 때에 6년 동안이나 군정軍政을 맡아보았을 때 사졸들이 그의 은혜와 위엄에 감복하였으며 자주 정벌에 종군하여 큰 공을 세웠다. 세종이 어느 날 문서 궤짝 속에서 목서木書 하나를 발견하였는데 이렇게 쓰여 있었다.

"점검點檢이 천자가 되리라."

당시 장영덕張永德이 전전도점검殿前都點檢이었다. 세종은 이를 다른 자리로 옮기게 하고 그 자리를 조광윤으로 바꿔 임명하였다.

세종이 죽고 공제恭帝가 즉위한 이듬해 광윤에게 명하여 숙위宿衛를 거느리고 거란契丹을 방어하도록 하였다.

당시 공제는 이직 이리고 국가는 위기에 처한 상황이어서 인뮈으로 비로소 조광윤을 추대하자는 논의가 일기 시작하였다. 광윤의 대군이 이윽고 출발하고 나서 장교 묘훈苗訓이 하늘을 보았더니 해 아래에 또 하나의 해가 있는데 서로 검은 빛이었으며 태양 아래쪽에 또 하나의 태양이 있는데, 검은 빛이 뒤섞여 상대를 씻어내고 있는 것이었다. 이에 해를 가리키며 이렇게 말하였다.

"이는 천명天命이다."

그 날 저녁, 군사가 진교역陳橋驛에 이르자 군사들이 모여 의논한 끝에 먼저 점검點檢, 趙匡胤을 천자로 세우고 나서 북쪽 거란 정벌에 나설 것을 결정하였다. 이리하여 광윤의 장막에 들러 열을 지어 서서 아침을 기다렸다.

광윤은 지난밤에 술에 취하여 누운 채 이를 알지 못하였다. 날이 밝자 군사들은 갑옷을 둘러 입고 무기를 든 채 곧바로 광윤이 자고 있는 방문을 두드리며 소리쳤다.

"우리 여러 장수들은 임금이 없습니다. 원컨대 태위大尉, 匡胤께서 천자가 되어주십시오."

광윤은 깜짝 놀라 일어나 옷을 걸치자 서로 이를 부축하여 나오더니 황포黃袍를 입히고 일제히 늘어서 절한 다음 만세를 불렀다. 그러고 나서 광윤을 옹위하여 말에 태워 남쪽으로 군사를 돌려 저항도 할 수 없게 되었다. 그제야 광윤은 말고삐를 잡고 장수들과 맹세하고 군사를 정돈하여 돌아가 인화문仁和門을 통해 성 안으로 들어가되 군사들은 추호도 공제恭帝의 존엄을 범함이 없었다. 공제는 드디어 제위를 선양하였다.(960년)

광윤은 자신이 절도사로서 진영을 거느렸던 군사가 송주宋州의 귀덕군 歸德軍이었으므로 그 때문에 국호를 송宋으로 하였다.

周世宗時, 掌軍政凡六年, 士卒服其恩威, 數從征伐立大功. 世宗一日於文書篋中, 得一木書, 曰:「點檢作天子.」

時張永德爲點檢, 世宗乃遷之, 而易以匡胤. 世宗殂, 恭帝卽位之明年, 命領宿衛, 禦契丹. 時主少國危, 中外始有推戴之議.

大軍旣出, 軍校苗訓, 見日下復有一日, 黑光相盪. 指曰:「此天命也.」

夕次陳橋驛, 軍士聚議, 先立點檢爲天子, 然後北征. 環列待旦. 點檢醉臥不知也, 黎明軍士擐甲執兵, 直叩寢門曰:「諸將無主. 願策大尉爲天子.」

點檢驚起披衣, 則相與扶出, 被以黃袍, 羅拜呼萬歲. 擁上馬南行, 拒之不可. 乃攬轡誓諸將, 整軍自仁和門入, 秋毫無所犯.

恭帝遂禪位. 以所領節鎭, 爲宋州歸德軍, 故國號曰宋.

【仁和門】汴州의 城門.

【黃袍】황제가 입는 곤룡포는 노란 색이므로 황제에 오를 것을 권유한 것임.

❋ 太祖 趙匡胤의 陳橋驛 사건에 대하여 呂中은 다음과 같이 평하고 있다.

呂中曰:「潁濱謂『孟子不嗜殺人』之言, 至是又驗矣. 唐明宗, 有天生聖人之祝, 而太祖實生於是年, 則天命所歸. 不待日光相盪而後知也. 自其掌軍政之時, 士卒服其恩威, 中外同於推戴, 則人心所屬, 不待次陳橋而後見也. 矧如號令之閒, 秋毫無犯, 除生靈塗炭之苦, 革叔季兵戈之禍, 非聰明神武而不殺者, 孰能與於此哉!」

(3) 천명을 타고났으니

그는 즉위 초에 몰래 여러 백성들의 실정을 살펴보고자 자못 미행微行을
자주 하였다. 그러자 혹자가 이렇게 간하였다.
"너무 경솔히 외출하시면 안 됩니다."
그러자 태조가 말하였다.
"제왕의 흥함이란 천명이 있음으로 해서이다. 주 세종은 여러 장수들
중에 얼굴이 네모이며 큰 귀를 가진 자를 보기만 하면 모두 죽여버렸다.
그러나 나는 종일 세종의 옆에 모시고 있었지만 나를 해치지 못하였다."
그리하여 미행을 더욱 잦게 하면서 이렇게 말하였다.
"천명을 타고난 사람이 있다면 그에게 맡겨 하도록 하리라. 나는
너를 금하지 않겠노라."
이리하여 안팎이 모두 두려워 감복하였다.

卽位之初, 欲陰察羣情, 頗爲微行.
或諫:「毋輕出.」
上曰:「帝王之興, 自有天命. 周世宗, 見諸將方面大耳者,
皆殺之. 我終日侍側, 不能害也.」
微行愈數, 曰:「有天命者, 任自爲之, 不汝禁也.」
中外讋服.

【讋】'慴'과 같음.

965 택주澤州와 노주潞州를 평정하다

소의昭義절도사 이균李筠은 지난 날 주後周의 오랜 장수인데 택주澤州에서 반란을 일으켰다. 태조는 석수신石守信에게 명하여 그를 토벌하게 하고 얼마 뒤 친정親征하였다. 이균이 분신하여 죽어 택주澤州와 노주潞州가 평정되었다.

○ 昭義節度使李筠, 故周宿將, 反於澤州. 上命石守信討之, 尋親征. 筠自焚死, 澤·潞平.

【李筠】원주에는 '筠'을 '인'으로 읽게 되어 있음.(爲彬切. −원주)

966 회남淮南을 평정하다

회남淮南절도사 이중진李重進은 주후주 태조郭威의 생질인데 역시 모반하였다. 태조는 석수신에게 명하여 그를 토벌하게 하고 이어 친정하였다. 이 중진도 스스로 분신하여 죽어 회남이 평정되었다.

○ 淮南節度使李重進, 周祖之甥也, 亦反. 上命石守信討之, 尋親征, 重進自焚死, 淮南平.

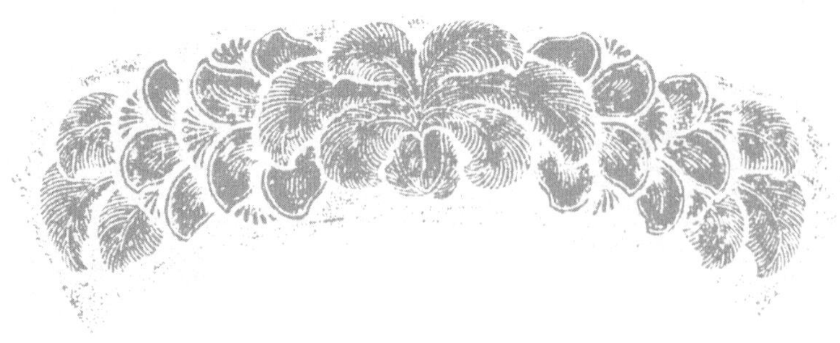

967 형남荊南의 고보융高寶融

형남荊南의 고보융高寶融이 죽고 아우 보욱高寶勗이 대를 이었다.(960년)

○ 荊南高寶融卒, 弟寶勗代之.

968 남당南唐의 유종효留從效

남당南唐 천주泉州의 유종효留從效가 번신藩臣을 칭하였다.

○ 南唐泉州留從效稱藩.

【泉州】 福建에 속하는 주.
【留從效】 留는 성이며 從效는 이름.

969 남당南唐의 군주 이경李景

건륭建隆 2년(961년), 남당의 군주 이경李景이 도읍을 남창南昌으로 옮기고 그 아들 종가從嘉로 하여금 옛 서울 건강建康을 지키게 하였다. 이경이 죽자 종가가 그 뒤를 잇고 이름을 욱李煜으로 고쳤다.

○ 建隆二年, 南唐主李景, 遷都于南昌, 以其子從嘉守建康. 景殂, 從嘉立, 更名煜.

【南昌】江西에 속하는 府이며 洪州.

970 죽은 사람에게 살을 붙여 주듯

(1) 누가 이 어려운 황제의 일을 하려 하겠는가?

태조趙匡胤는 이균과 이중진을 주벌하고 추밀직학사樞密直學士 조보趙普를 불러 물었다.

"나는 천하의 전쟁을 종식시켜 국가의 장구한 계책을 세우고자 하오. 그 도는 어떠해야 하겠소?"

조보가 말하였다.

"당말唐末 이래로 제왕이 자주 바뀐 것은 절도사의 권력이 너무 커 임금은 약해지고 신하가 강해졌기 때문일 뿐입니다. 지금 그들의 권력을 조금씩 빼앗아 그들이 경비와 곡식을 제한하고 그들의 정병을 거두어 들여 천하가 자연스럽게 안정되게 하느니만 못합니다."

조보는 다시 말을 덧붙였다.

"전전殿前의 장수 석수신石守信 등은 모두가 그들을 통제하고 다스릴 재목이 아닙니다. 의당 다른 직책을 주셔야 할 것입니다."

태조는 이를 깨닫고 석수신 등을 불러 잔치를 열어 술기운이 오르자 좌우의 측근을 물리고 이렇게 말하였다.

"나는 여러분의 힘이 아니었다면 이런 자리에 오르지 못하였을 것입니다. 그러나 나는 밤이 다하도록 일찍이 편안히 베개를 높이고 잔 적이 없소. 이 자리가 이런 것이라는 것을 안다면 누구라도 이러한 자리는 하지 않으려 할 것이오."

○ 上旣誅筠重進, 召樞密直學士趙普問曰:「吾欲息天下兵, 爲國家長久計, 其道何如?」

普言:「唐季以來, 帝王數易, 由節鎭太重, 君弱臣强而已. 今莫若稍奪其權, 制其錢穀, 收其精兵, 則天下自安.」
　　又言:「殿前帥石守信等, 皆非統御才, 宜授他職.」
　　上悟, 召守信等, 宴酣, 屛左右謂曰:「我非爾曹之力, 不至此.
然終夕未嘗安枕也. 居此位者, 誰不欲爲之.」

【節鎭】 節度와 藩鎭.
【非統御才】 제어하기 어려움을 뜻함.(言難制御. −원주)

⑵ 그대들에게 황포黃袍를 입혀준다면

석수신 등은 머리를 조아리며 이렇게 말하였다.
　"폐하께서는 어찌하여 그런 말씀을 하십니까? 천명은 이미 정해져
있는데 누가 감히 다른 마음을 갖겠습니까?"
　황제가 말하였다.
　"그대들은 비록 다른 마음이 없다고 해도 만약 그대 휘하의 사람이
부귀하고자 한다면 그런 경우는 어떻게 하겠소? 일단 황포를 그대들에
게 입혀준다면 비록 그렇게 하기를 거절해도 그렇게 되겠소?"
　그러자 모두가 머리를 조아리며 눈물을 흘렸다.
　"저희들은 어리석어서 생각이 거기까지는 미치지 못하였습니다.
오직 폐하께서는 저희들을 불쌍히 여기시어 저희들의 살 길을 지시해
주십시오."
　태조가 말하였다.
　"사람의 삶이란 흰 망아지가 문틈을 지나가는 것을 보듯이 빠른
것이오. 부귀한 자가 되기를 좋아하는 것은 금전을 많이 쌓아 스스로
즐겁게 오락을 즐기며 자손으로 하여금 빈곤하거나 궁핍하지 않도록

하기 위한 것에 불과하겠지요. 그런데 그대들은 어찌 병권을 놓아버리지 않소? 태수로 출임하여 커다란 번방에 좋은 전지와 저택을 골라잡아 자손을 위한 계책으로 삼고, 많은 가동과 무녀를 두어 날마다 술 마시며 서로 안녕을 누리는 것도 역시 좋은 일 아니겠소?”

모두가 절하며 감사히 여겨 이렇게 말하였다.

“폐하께서 저희들을 생각하심이 이렇게 지극하시니 이것이 소위 ‘죽은 사람을 살려 그 뼈에 살을 붙여준다’는 것입니다.”

그리고 이튿날 모두 병을 일컫고 파직을 제청하였다.

守信等頓首曰:「陛下何爲出此言, 天命已定, 誰敢有異心.」

上曰:「汝曹雖無異心, 如麾下之人欲富貴何? 一旦以黃袍加汝之身, 雖不欲爲, 其可得乎?」

皆頓首泣曰:「臣等愚不及此, 惟陛下哀矜, 指示可生之途.」

上曰:「人生如白駒過隙, 所爲好富貴者, 不過欲多積金錢, 厚自娛樂, 使子孫無貧乏耳. 汝曹何不釋去兵權? 出守大藩, 擇便好田宅, 爲子孫計, 多置歌童舞女, 日飮酒相安, 不亦善乎?」

皆拜謝曰:「陛下念臣等至此, 所謂生死而肉骨也.」

明日皆稱疾請罷.

【生死肉骨】 ‘죽은 자로 하여금 다시 살아나 백골에 살이 붙도록 한다’는 말.(言如使死者復生, 而白骨生肉. −원주)

971 조보趙普

조보趙普는 계薊 땅 사람이다. 조광윤과는 저주滁州에서 만났으며 그를 등용하여 절도장서기節度掌書記로 삼았는데, 임금이 즉위한 후에는 오로지 함께 정사를 모의하는 일에 관여하여 그를 의지하고 믿었다.

○ 趙普薊人. 遇上於滁州, 用爲節度掌書記, 上卽位後, 專與謀議, 倚信之.

【書記】 절도의 서기 일을 관장하는 자.(節度之掌書記者. ─원주)

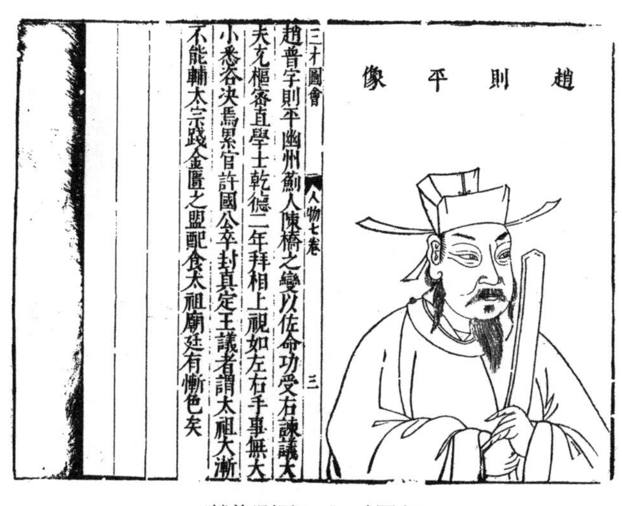

〈趙普(則平)〉《三才圖會》

972 여진女眞

여진女眞이 말을 바쳤다.

○ 女眞貢馬.

【女眞】 東夷에 있으며 고대 숙신의 후예 종족.(國在東夷, 古肅愼之遺種. ─원주)

973 회골回鶻과 우전于闐

회골回鶻, 우전于闐이 조공해 왔다.

○ 回鶻·于闐來貢.

【回鶻】지금의 위구르(維吾爾).
【于闐】지금의 운남, 귀주에 있던 나라.

974 천주泉州의 유종효留從效

건륭建隆 3년(962년), 천주泉州의 유종효留從效가 죽자 아장衙將 진홍진
陳洪進이 장한사張漢思를 추천하여 군무軍務를 맡아보게 하였다.

○ 建隆三年, 泉州留從效卒, 衙將陳洪進, 推張漢思領軍務.

【衙將】 궁궐 내의 금군을 관리하는 업무를 맡으며 당나라 제도에 남북 아군이
있었음.(官掌禁軍, 唐制有南北衙. —원주)

975 서평왕西平王 이이흥李彛興

정난定難절도사 주周의 서평왕西平王 이이흥李彛興이 말을 바쳤다.

○ 定難節度使周西平王李彛興貢馬.

【節度使】 당시 西夏를 定難節度라 불렀음.
【西平王】 後周가 봉했던 작위.
【彛興】 원래 李彛殷이었으나 太祖의 아버지 宣祖 趙弘殷의 이름을 피휘하여
 李彛興으로 바꿈.(卽彛殷, 避太祖父宣祖弘殷諱. ─원주)

976 주보권周保權

　무평武平, 무안武安 절도사 주행봉周行逢이 죽고 아들 보권周保權이 군부軍府를 맡았다. 형주衡州 태수 장문표張文表가 난을 일으켜 기병하여 담주潭州를 점거하자 주보권이 표를 올려 송나라에 구원을 청하였다.

　○ 武平・武安鎭帥周行逢卒, 子保權領軍府. 衡州太守張文表作亂, 起兵據潭州, 保權表請救于宋.

【武平】朗州를 武平節度로 삼았었음.
【武安】潭州를 武安節度로 삼았었음.

977 형남荊南의 고보욱高寶勗

형남荊南의 고보욱高寶勗이 죽고 그 형의 아들 계충高繼冲이 대를 이었다.
(962년)

○ 荊南高寶勗卒, 兄子繼冲代之.

978 고려高麗

고려高麗가 조공하여왔다.

○ 高麗來貢.

979 형남荊南과 호남湖南이 평정되다

건덕乾德 원년(963년), 태조는 모용연쇠慕容延釗 등에게 명하여 주보권周保權과 회합하여 장문표張文表를 토벌토록 하였다. 송의 군사가 강릉江陵으로 출격하자, 고계충이 나와 항복하여 형남이 평정되었다.

모용연쇠가 호남에 이르렀더니 장문표는 이미 주보건과 싸우다가 전사한 뒤였고 주보권은 송나라 군사가 형남으로 내려온다는 말을 듣고 겁이 나서 성으로 들어가 저항하며 지켰다. 송나라 군사가 이를 토벌하여 주보건을 사로잡아 호남이 평정되었다.

○ 乾德元年, 命慕容延釗等, 會周保權討張文表. 師出江陵, 高繼冲出降, 荊南平. 延釗至湖南, 文表先已敗死, 保權聞宋師下荊南, 懼而拒守. 師進討之獲保權, 湖南平.

【荊南】이상 荊南의 평정은 高季興이 梁 太祖 開平 원년에 명을 받아 왕이 된 이래 이때에 이르러 5主 57년 만에 망한 것이다.(右南平高季興, 自梁太祖開平元年受命爲王, 至是五主, 凡五十七年而亡. ─원주)

980 조보趙普를 동평장사同平章事로 삼다

2년(964년), 재상 범질范質, 왕부王溥, 위인포魏仁浦가 사직을 원하였다. 범질 등은 주後周나라 때부터 재상으로 있던 사람이다.

당唐 이래 재상만이 국가의 큰 정사를 마주하여 상주할 수 있었고 그 밖의 호령과 형벌·수상, 그리고 관리의 임면 등에 대한 것은 단지 들어가 이를 자세히 설명한 문서로 처리하였다.

범질 등은 전조前朝로부터 내려온 대신인데 차츰 그저 형식적인 만남일 뿐이었고, 매사에 문서만 갖추어 올리며 물러나서는 임금의 뜻을 비준할 뿐이었고, 같은 급수의 관리들이 이를 모두 글자로 써서 기록할 뿐이었다.

임금에게 상주하는 글이 많아진 것은 이때부터 비롯되었다. 범질 등이 벼슬에서 물러나자 조보趙普를 동평장사同平章事로 삼았다.

○ 二年, 宰相范質·王溥·魏仁浦乞罷. 質等周朝舊相也. 自唐以來, 宰相惟面奏大政事, 餘號令刑賞除拜, 但入熟狀. 質等自以前朝大臣, 稍存形跡, 每事具箚子進呈, 退批所得聖旨, 同列皆書字以志之. 奏御之多始此. 質等旣罷, 以趙普同平章事.

〈清明上河圖〉(부분)

981 대대로 항복문서만 쓰는 이씨 집안

왕전빈王全斌에게 명하여 후촉後蜀을 치도록 하였다. 건덕乾德 3년(965년), 촉의 재상 이호李昊가 촉왕 맹창孟昶에게 나가 항복하기를 권하였다. 이리하여 후촉은 망하였다. 전촉前蜀이 왕씨가 망할 때에도 역시 이호가 항복문서를 기초하였었다. 그러자 촉인들은 밤에 그의 문에다가 이렇게 써 붙였다.

"대대로 항복문서만 쓰는 이씨 집안."

○ 命王全斌伐蜀. 乾德三年, 蜀相李昊, 勸蜀主孟昶出降, 蜀亡. 前蜀王氏之亡也, 降表亦昊所草.

蜀人夜書其門曰：「世修降表李家.」

【後蜀】 이상 後蜀은 孟知祥이 唐(後唐) 明宗 長興 2년에 명으로 받아 왕이 된 이래 이때에 이르러 2世 33년 만에 망한 것이다.(右後蜀孟知祥, 自唐明宗長興二年受命爲王, 至是二世, 凡三十三年二亡. ─원주)

982 재상宰相은 모름지기 학자를 등용해야

처음에 태조는 재상에게 명하여 전대에 쓰지 않았던 연호를 골라 지금의 연호 건덕乾德으로 바꾸도록 하였다. 이때에 이르러 촉의 거울을 얻었는데 그 거울에 「건덕 4년乾德四年」이라는 글자가 주조되어 있었다. 태조는 괴이하게 여겨 불러 물어

〈두의〉《三才圖會》

보았다. 그러나 학사 두의竇儀가 이렇게 아뢰었다.

"옛날 촉왕蜀王을 참칭僭稱한 왕연王衍의 연호에 '건덕'이라는 것이 있었습니다."

태조는 이렇게 탄식하였다.

"재상은 모름지기 학문이 있는 사람을 등용해야 하리라."

○ 初上命宰相, 擇前代未有年號, 以改今元. 及是得蜀鑑, 乃有「乾德四年」鑄字. 怪之召問, 學士竇儀曰:「昔僞蜀王衍有此號.」

上歎曰:「宰相須用讀書人.」

【鑑】거울.(鏡也. −원주)

983 나는 그러한 태평성세를 누리지 못하고 죽으리라

5년(967년), 오성五星이 규성奎星의 성좌로 모였다.

이에 앞서 후주後周의 현덕顯德 중에 두엄竇儼, 양휘지楊徽之, 노다손盧多遜이 함께 간관諫官으로 있었다. 두엄은 천문의 운행을 추측함에 뛰어났었는데 그가 일찍이 이렇게 말하였었다.

"정묘丁卯(967년)년이 되면 오성이 규성 자리로 모일 것이다. 이로부터 천하가 태평해질 것이다. 두 분의 습유拾遺께서는 이를 보실 것이나 저는 그런 성세를 보지 못할 것이오."

이에 이르러 과연 그의 예언이 맞은 것이었다.

○ 五年, 五星聚奎.

先是周顯德中, 竇儼·楊徽之·盧多遜, 同爲諫官. 儼善推步, 嘗曰:「丁卯歲五星聚奎. 自此天下太平, 二拾遺見之, 儼不預也.」

至是果然.

【聚奎】奎星이 곧 노나라 서주 백양 지역에 닿았던 것이다.(經星直魯分徐州白羊之域. −원주)

【推步】별 자리의 운행을 따져 치는 점술.(占算星曆. −원주)

【預】《通鑑》에는 '與'로 되어 있음.

984 하주夏州의 이광예李光叡

　하주夏州의 이이흥李彝興이 죽고 아들 이광예李光叡가 군무를 맡아
다스렸다.

　○ 夏州李興卒, 子光叡領軍務.

【叡】'睿'와 같음.

985 북한北漢의 유계원劉繼元

개보開寶 원년(968년), 북한北漢의 군주 유균劉鈞이 죽고 양자 계은劉繼恩이 섰다. 그러자 곽무위郭無爲가 그를 죽이고 유계은의 아우 계원劉繼元을 세웠는데 그들은 모두 원래 성이 다른 형제였다.

○ 開寶元年, 北漢主劉鈞殂, 養子繼恩立. 郭無爲弑之, 而立其同母弟繼元, 皆異姓子也.

【異姓子】 처음 한(후한) 때 世祖의 딸이 薛氏에게 시집을 가서 繼恩을 낳았고 다시 何氏에게 재가하여 繼元을 낳았다. 모두 어린 나이에 고아가 되어 世祖는 劉鈞이 아들이 없어 이들을 양자로 맞았고 모두가 劉氏 성을 사용하였다.(初漢世祖女, 適薛氏, 生繼恩, 再適何氏, 生繼元, 俱幼孤, 世祖以鈞無子, 便養之, 皆冒劉姓. −원주)

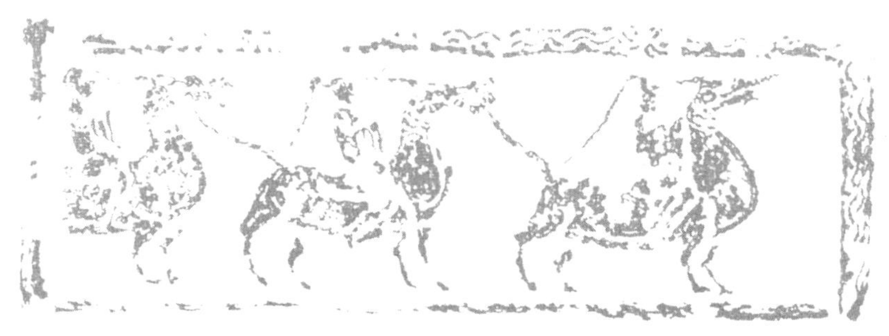

986 솥과 냄비에도 귀가 있다

뇌덕양雷德驤이 대리시大理寺의 판관判官이 되어 있었다. 그런데 그 관속과 당리堂吏들이 재상과 부회하여 형벌을 제멋대로 증감하고 있었다. 뇌덕양이 울분을 느껴 곧바로 강무전講武殿으로 가서 이를 상주하면서 아울러 이렇게 말하였다.

"조보(승상)는 마구 시중의 저택을 사들이며 재물과 뇌물을 모아들이고 있습니다."

그러자 태조는 노하여 이렇게 질책하였다.

"솥이나 냄비에도 오히려 귀가 있거늘 너는 조보가 나의 사직 신하임을 듣지 못하였느냐?"

그리고는 기둥에 세워두었던 도끼를 들어 뇌덕양의 이빨 두 개를 부러뜨리고 명하여 밖으로 끌어내게 하였다. 그리고 축출시켜 버렸다.

○ 雷德驤判大理寺, 官屬與堂吏, 附會宰相, 擅增減刑名. 德驤憤惋, 直詣講武殿奏之, 并言:「趙普强市人第宅, 聚斂財賄.」

上怒叱曰:「鼎鐺尚有耳. 汝不聞趙普吾之社稷臣乎?」

引柱斧擊折其二齒, 命曳出, 黜之.

【大理寺】 천자에게는 모두 구시(九寺)가 있었는데 그 중의 하나이다. 옥사와 형벌을 결정하는 일을 관장하였다.(天子有九寺, 此其一也, 掌折獄詳刑. —원주)

987 북한北漢 정벌에 나섰으나

2년(969년), 조빈曹彬 등에게 명하여 북한北漢을 치게 하면서 태조는 친히 정벌에 나서 태원太原을 공격하였으나 성이 오랫동안 함락되지 않았다. 그리하여 백초지百草池에 군사를 정돈시켜 놓았는데 더위가 심하고 비가 내려 군중에 역질이 번졌다. 조서를 내려서 군사를 거두어 돌아갔다.

○ 二年, 命曹彬等伐北漢, 尋親征, 攻太原, 城久不下. 頓兵百草池中, 暑雨, 軍中疾疫, 詔班師.

988 그대가 죽기 전에는 북벌北伐하지 않겠다

(1) 큰 눈 내린 밤

태조는 즉위하고 나서 혹 공신들의 집에 미행微行하였는데 이를 예측할 수 없었다. 재상 조보는 이에 매번 퇴근하고는 감히 의관을 벗지 못하였다. 어느 저녁 큰 눈이 내려 조보는 속으로 임금이 궁궐을 나서지 못할 것이라 여겼다.

그런데 한참 뒤 문을 두드리는 소리가 특이하게 심하게 들리는 것이었다. 조보가 급히 나갔더니 태조가 눈 속에 서 있는 것이었다. 조보는 황공하여 태조를 절하며 맞이하여 자리를 겹으로 하여 앉도록 하고 숯불을 피워 고기를 구웠다. 조보의 아내가 술을 권하자 태조는 형수라 부르기까지 하였다.

조보가 조용히 물었다.

"밤이 깊고 추위가 심한데 폐하께서는 어찌 나오셨습니까?"

태조가 말하였다.

"잠을 이룰 수 없었소이다. 내 누운 자리 밖은 모두가 남의 집 같았소. 그래서 경을 보러 왔다오."

조보가 말하였다.

"폐하께서는 천하를 좁다고 여기십니까? 남으로 북으로 정벌할 때가 바로 지금입니다. 원컨대 지향하시는 바를 계산하여 들려주십시오."

태조가 말하였다.

"나는 태원太原을 취하고 싶소."

조보는 묵묵히 한참을 지난 다음에 이렇게 말하였다.

"이는 제가 아는 바가 아닙니다. 태원은 서쪽西夏과 북쪽契丹의 두 변방과 닿아 있습니다. 설사 일거에 점령한다 해도 변방의 다른 화환은 우리 홀로 담당해야 할 것입니다. 어찌 임시로 두었다가 다른 여러

나라를 평정하여 깎은 다음을 기다리지 않으십니까? 그곳은 작은 탄환의 검은 알맹이 정도로 작은 땅인데 장차 어디로 도망가겠습니까?”
　　태조가 웃으면서 말하였다.
“내 생각도 바로 그렇소, 잠시 경의 생각을 시험해 보았을 뿐이오.”
　　이에 태조는 군사를 내어 남쪽 형남荊南, 高繼冲과 호남湖南, 周保權을 치고 이어 서천西川, 蜀主孟昶을 취하였다.

　　○ 上自卽位, 或微行幸功臣之家, 不可測. 趙普每退朝, 不敢脫衣冠, 一夕大雪, 普意上不復出矣. 久之聞叩門聲異甚, 亟出, 則上立雪中. 普惶恐迎拜, 卽普堂, 設重裀地坐, 熾炭燒肉, 普妻行酒, 上以嫂呼之.
　　普從容問曰:「夜久寒甚, 陛下何以出?」
　　上曰:「吾睡不能著, 一榻之外, 皆他人家也. 故來見卿.」
　　普曰:「陛下少天下邪? 南征北伐, 此其時也. 願聞成算所向.」
　　上曰:「吾欲取太原.」
　　普默然, 良久曰:「非臣所知也. 太原當西北二邊, 使一擧而下, 邊患我獨當之, 何不姑留以俟削平諸國? 彼彈丸黑子之地, 將何所逃?」
　　上笑曰:「吾意正爾, 姑試卿耳.」
　　於是用師荊湖, 繼取西川.

【重裀】 ‘茵褥’으로 써야 한다.(當作‘茵褥’也. －원주)
【太原】 北漢이 도읍으로 하였던 곳.
【彈丸黑子】 매우 작음을 비유함.(喩其地小. －원주)
【荊湖】 荊南과 湖北.

⑵ 조상의 제사를 받들기 위함이오

태조는 일찍이 북한北漢에 첩자를 통해 북한왕 유균劉鈞에게 이렇게 이르도록 하였다.

"그대 왕가와 주周나라는 대대로 원수 사이였으니 의당 주나라에 굴복할 수 없을 것이다. 지금 우리 송宋과 그대 북한과는 어떤 틈도 벌어진 것이 없는데 어찌 일방적으로 우리河東만 이렇게 힘들게 하고 있는가?"

유균이 첩자를 보내어 이렇게 복명토록 하였다.

"우리 하동의 땅과 병력은 중궁을 상대하기에는 10분의 1도 되지 않아 부족하다오. 그런데 구구하게 이곳을 지키고 있는 것은 우리 한漢나라 조상께 혈식을 제대로 받아 올리지 못할까 하는 두려움 때문이오."

태조는 그 말을 불쌍히 여겨 유균이 죽을 때까지는 대군으로 북벌을 하는 경우가 없었다. 그런데 유균이 죽고 계원劉繼元이 서자 비로소 군사를 일으켰다.

嘗因北漢諜者, 於北漢主鈞曰:「君家與周氏世仇, 宜不屈. 今我與爾無所聞, 何爲困此一方之人?」

鈞遣諜者復命曰:「河東土地兵甲, 不足當中國之什一. 區區守此, 蓋懼漢氏之不血食也.」

上哀其言, 終鈞之世, 不以大軍北伐, 及繼元立, 始用兵.

【諜】 첩자, 간첩.

989 거란의 목종穆宗

이 해(969년), 거란이 그 군주 술률述律, 耶律璟을 시살하였다. 술률은 시호를 목종穆宗이라 하였다. 그의 백부 올욕兀欲의 아들 명기明記를 맞아 세웠다. 명기는 이름을 현耶律賢, 遼 景宗으로 고쳤다.

○ 是歲契丹弑其主述律. 號穆宗. 迎立其伯父兀欲之子明記, 更名賢.

〈거란인 모습〉 내몽고 후룬치(庫倫旗) 거란 遼墓 벽화

990 남한南漢의 멸망

3년(970년), 태조는 반미潘美에게 명하여 남한南漢을 치게 하였다. 이듬해 광주廣州를 격파하자 그 임금 유창劉鋹이 항복하여 남한은 멸망하였다. (971년)

○ 三年, 命潘美伐南漢. 四年, 克廣州, 劉鋹降, 南漢亡.

【南漢】 이상 南漢은 劉隱이 梁(후량) 太祖 開平 元年에 참칭한 이래 이때에 이르러 5世 53년 만에 망한 것이다.(右南漢劉隱, 自梁太祖開平元年僭號, 至是五世, 凡五十三年而亡. -원주)

991 교지交趾

개보 6년(973년), 교지交趾의 정련丁璉이 글을 올려 귀속해 오기를 청하
였다. 태조는 조서를 내려 그를 정해절도사안남도호靜海節度使安南都護로
삼았다.

○ 六年, 交趾丁璉, 上表求內附. 詔以爲靜海節度使安南都護.

【安南】交趾의 북쪽에 있던 나라. 唐 懿宗이 安南에 靜海節度를 두었었는데
이때에 이르러 丁璉이 靜海節度使가 되어 安南을 총괄하였다.(國在交趾北,
唐懿宗, 置靜海節度於安南, 至此而璉爲靜海節度使, 而摠安南. ─원주)

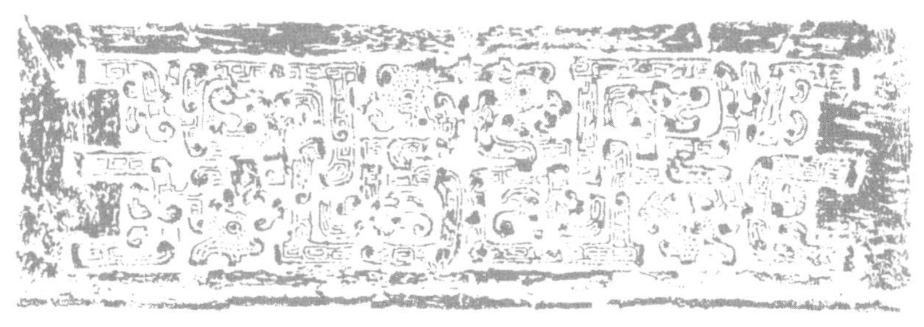

992 재상 조보趙普의 고집

(1) 찢어진 서류

조보가 재상의 자리를 내어놓고 하양河陽 3 성城의 절도사가 되었다. 조보는 침착하고 떳떳하며 과단하여 천하 다스림을 자신의 임무로 여겼다. 일찍이 어떤 사람으로 하여금 어떤 관직을 맡아보도록 임명하고자 하였으나 태조가 이를 등용하지 않자 이튿날 다시 상주하였다. 태조는 노하여 그 문서를 찢어 버렸다.

그러자 조보는 그 찢어진 서류를 천천히 주워 집으로 돌아와 이를 다시 잘 붙인 다음 올렸다. 태조도 이를 깨닫고 허락하였다.

또 어떤 신하가 공을 세워 마땅히 그에게 관직을 옮겨주어야 할 자가 있었으나 태조는 평소 그를 싫어하여 허락하지 아니하였다. 조보가 극력 결재를 청하자 태조가 물었다.

"내가 끝까지 허락하지 않으면 어찌 하겠소?"

조보가 말하였다.

"상벌은 천하의 상벌인데 어찌 사사로운 기쁨과 노여움으로 함부로 할 수 있는 일이겠습니까?"

그래도 태조가 들어주지 아니하고 자리에서 일어나자 조보는 태조의 뒤를 따라다녔다. 태조가 궁 안으로 들어가자 조보는 문에 서서 떠나지 않았다. 태조는 마침내 허락하고 말았다.

○ 趙普罷相, 領河陽三城節度. 普沈毅果斷, 以天下爲己任. 嘗欲除某人爲某官, 上不用, 明日又奏之, 上怒裂其奏. 普徐拾以歸, 補綴以進, 上悟乃可之. 又有立功當遷官者, 上素嫌其人不與.

普力請下, 曰:「朕固不與奈何?」
普曰:「刑賞天下之刑賞, 安得以私喜怒專之?」
上不聽起, 普隨之. 上入宮, 普立宮門不去, 上卒可之.

【河陽】 孟州를 河陽節度로 불렀음.

⑵ 집무실의 항아리

조보는 늘 키다란 항아리를 집무실에 갖다 놓은 후 황제에게 올리는 표나 소 중에 불가하다고 생각되는 것이면 그 속에 던져 넣어 태워버렸는데, 그가 많은 비방을 듣게 된 것은 주로 이 때문이었다.

뇌덕양雷德驤의 아들이 또 조보의 부정을 들추어내자 태조는 비로소 조보를 의심하기 시작하였다.

이에 앞서 비록 참지정사參知政事라는 벼슬을 두어 조보를 거들게 하였지만, 조보는 그들에게 천자의 통제를 널리 알리지도 않았고 그 관리에게 일을 나누어주지도 않았으며, 도장도 나몰라라 하였고 정당政堂에 올라 정치에도 간여하지 않도록 하였다.

그러자 이때에 이르러 비로소 태조는 두 사람의 참정參政에게 조서를 내려 정당政堂에 참석하여 정치를 함께 의논하고 문서의 배분과 도장의 검사 등을 조보와 동격으로 하게 하였다. 얼마 지나지 않아 조보는 파직되고 설거정薛居政과 여여경呂餘慶 등이 그 뒤를 이어 재상이 되었다.

普常設大甕於閣後, 表疏意不可者, 投其中焚之, 其多得謗以此.

雷德驤之子又訐之, 上始疑普. 先是, 雖置參知政事以副普,
不宣制, 不押班不知印, 不升政事堂. 至是始詔二參政, 升政事
堂同議政, 更知印押班與普齊.

未幾普遂罷, 薛居正·呂餘慶等, 其後繼爲相.

993 남당南唐 정벌

(1) 이 칼로 베시오

　7년(974년), 조빈曹彬에게 명하여 강남江南을 벌하게 하였다. 처음에 태조는 누차 강남국江南國 남당 왕 이욱李煜에게 사신을 보내어 입조하기를 깨우쳤으나 이르지 않았다. 이에 조빈과 반미潘美 등에게 이를 토벌토록 한 것이다.

　그러면서 태조는 그곳 백성에게 포악하게 굴거나 약탈을 하지 말 것이며 위엄과 신의를 널리 펴기에 힘쓰고 급박하게 굴거나 공격하지도 말 것을 간절하게 경계하였다. 그리고 칼집에 간직해 두었던 칼을 꺼내어 조빈에게 주면서 이렇게 말하였다.

　"부장 이하 이 명령을 어기는 자는 이 칼로 베시오."

　반미潘美 이하의 장졸들은 모두 아연실색하였다.

　왕전빈王全斌이 촉蜀을 평정할 때 많은 백성을 죽인 일이 있고부터 태조는 매번 이를 한스럽게 여기고 있었는데, 조빈은 어질고 후덕하여 그 때문에 이 일을 전임토록 한 것이다.

　○ 七年, 命曹彬伐江南. 初上屢遣使, 喻江南國主李煜入朝, 不至, 乃以彬及潘美等討之. 戒以切勿暴略生民, 務廣威信, 使自歸順, 不須急擊.

　取匣劍授彬曰:「副將而下, 不用命者斬之.」

　美以下皆失色.

　自王全斌平蜀多殺人, 上每恨之, 彬性仁厚, 故專任焉.

【略】'掠'과 같음.

⑵ 강을 측량하다

이에 앞서 강남의 번약수樊若水라는 자가 과거 진사 낙제하고는 상서를
올려 강남을 평정하는 일을 말했지만 회신을 보내주지 않자 채석강采石江
가에서 낚시질을 하면서 줄을 이용하여 강의 너비와 폭을 측량하였다.
그는 이를 가지고 대궐로 와서 책략을 진술하여 태조가 그 말을
채용하였다. 이에 형남荊南 지역으로 하여금 큰 배를 만들도록 명하여
이를 부교浮橋로 하여 군사들이 건너게 하였다. 이때에 이르러 그대로
하였더니 촌척의 착오도 없었다.

先是江南樊若水, 擧進士不第, 上書言事, 不報, 乃釣魚采石
江上, 以繩度江廣狹. 詣闕陳策, 上用其言, 令荊南造大艦, 爲浮
梁以濟師. 至是用之, 不差尺寸.

【不第】급제하지 못함.(不及第. −원주)
【浮梁】浮橋와 같음.

994 남당南唐의 최후

(1) 공격을 늦추어주시오

8년(975년), 조빈이 금릉金陵을 포위하여 급박하게 서두르자 이욱李煜은 서현徐鉉을 보내어 공물을 바치면서 공격을 늦추어 줄 것을 청하였다.

"이욱李煜께서는 작은 나라로서 큰 나라 섬기기를 마치 아들이 아버지를 섬기듯이 하고 있습니다."

이 말을 수백 번 연달아 하자 태조가 말하였다.

"네가 말하는 부자는 두 집안으로 나뉘어 있어도 가하다고 여기는가?"

서현은 이에 대답하지 못하고 강남으로 돌아갔다.

얼마 뒤 서현이 다시 송나라에 이르러 이렇게 상주하였다.

"강남은 죄가 없습니다."

그 말이 갈수록 거칠어지자 태조는 노하여 칼을 만지면서 이렇게 말하였다.

"많은 말은 필요 없다. 강남이 역시 무슨 죄가 있겠는가? 단지 천하는 한 집안이 되어야 한다. 내 누운 잠자리 옆에 어찌 다른 사람이 코를 골며 자는 것을 용납할 수 있겠는가?"

서현은 황공히 여기며 물러갔다.

금릉金陵은 포위를 당한 채 봄으로부터 곧 겨울을 맞게 되었는데 세력은 갈수로 궁박하고 촉급해져갔다. 조빈은 끝까지 그들이 항복하도록 하기 위하여 여러 차례 사람을 보내어 이욱에게 이렇게 고하였다.

"모일에 성은 틀림없이 깨어지고 말 것이다. 의당 일찍 이를 대비하도록 하라."

○ 八年, 曹彬圍金陵急, 李煜遣徐鉉入貢, 求緩兵, 鉉言:「煜以小事大, 如子事父.」

其說累數百, 上曰:「爾謂父子爲兩家可乎?」

鉉不能對, 還.

尋復至奏言:「江南無罪.」

辭氣益厲, 上怒, 按劍曰:「不須多言, 江南亦有何罪? 但天下一家. 臥榻之側, 豈容佗人鼾睡乎?」

鉉惶恐而退. 金陵受圍, 自春徂冬, 勢愈窮蹙.

彬終欲降之, 累遣人告煜曰:「某日城必破, 宜早爲之所.」

⑵ 남당南唐의 멸망

어느 날 조빈이 갑자기 병을 칭하자 여러 장수들이 문안을 왔다. 조빈이 말하였다.

"나의 병은 약으로는 고칠 수 있는 것이 아니라오. 여러 공께서 만약 함께 맹세하여 성을 깨뜨리되 절대로 한 사람도 마구 죽이지 않겠다는 믿음을 준다면 나의 병은 곧 나을 것이오."

장수들이 모두 허락하여 향불을 피워서 맹세하였다. 이튿날 함락되고 이욱은 나와 항복하였다. 이리하여 남당南唐은 멸망하였다.(975년)

승전의 첩보가 서울에 이르자 태조는 눈물을 흘리면서 말하였다.

"땅들이 분할되어 백성이 그 재앙을 입어왔다. 성을 공략할 때라면 틀림없이 칼과 화촉에 맞아 횡액을 당한 자가 있을 터이니 가엾은 일이다."

조빈이 돌아오면서 그들 배 안에는 다만 책과 옷가지와 이불뿐이었다. 조빈은 궁궐의 옆문을 통과해 들어와 이렇게 아뢰었다.

“강남의 일로 칙명을 받들고 일을 처리하고 돌아왔습니다.”
그는 자신의 공을 자랑하지 않음이 이와 같았다.

一日彬忽稱疾, 諸將來問, 彬曰:「彬之疾非藥能愈, 諸公若共
爲信誓, 破城不妄殺一人, 則彬病愈矣.」
諸將皆許諾, 焚香約誓. 翌日城陷, 煜出降.
南唐亡, 捷書至, 上泣曰:「宇縣分割, 民受其禍. 攻城之際,
必有橫罹鋒鏑者, 可哀也.」
彬還, 舟中惟圖籍衣衾.
閤門通其榜子曰:「奉勅江南, 幹事回.」
其不伐如此.

【南唐亡】南唐은 이변(李昇)이 晉(후진) 高祖 天福 元年에 참칭한 이래 이때에
　이르러 3世 31년이었다.(南唐李昇, 自晉高祖天福元年僭號, 至是三世, 凡三十一年.
　－원주)
【閤門】대홍려시(大鴻臚寺)를 閤門이라 함.

995 이 보자기를 몰래 풀어보시오

9년(976년), 오월왕吳越王 전숙錢俶이 입조하였다. 그가 돌아가려고 하자 태조는 누런 보자기에 싼 것을 하사하되 단단히 봉하여 놓고 이렇게 일렀다.

"가는 도중에 몰래 풀어 보시오."

전숙이 도중에서 이를 열어보았더니 모두가 송나라의 신하들이 전숙을 그대로 머물러 있도록 하기를 바라며 올린 글들이었다. 전숙은 감동하기도 하며 한편 겁이 나기도 하였다.

○ 九年, 吳越王錢俶來朝. 辭歸, 上賜以黃袱, 封緘甚固, 曰: 「途中宜密觀.」

及啓之, 皆群臣乞留俶章疏. 俶感懼.

【袱】 수건이나 보자기.(巾也. −원주)

〈송대 樂隊圖〉 河南 禹縣 白沙 宋墓 벽화

996 선조宣祖의 능을 참배하다

태조는 서경(西京, 낙양)에 이르러 선조宣祖의 안릉安陵을 배알하였다.

○ 上如西京, 謁宣安陵.

【西京】宋나라 때는 洛陽을 西京으로, 汴梁을 東京으로 삼았었음.
【安陵】太祖 조광윤의 아버지 趙弘殷을 宣祖로 모셔 그를 安陵에 묻었음.

997 천자를 보게 되다니

여름 4월(976년)에 낙양에서 교제郊祭를 올렸다. 수도의 늙은이들은
서로 이렇게 말하였다.
"우리는 어려서부터 이별과 난리를 겪어 다시 오늘 이렇게 다시
태평한 세상을 만나 천자의 의위儀衛를 보게 될 줄은 생각지도 못하였
습니다."
그리고 눈물을 흘리는 자가 있었다.

○ 夏四月, 郊. 都民垂白者相謂曰:「我輩少經離亂, 不圖今日
復觀太平天子儀衛.」
有泣下者.

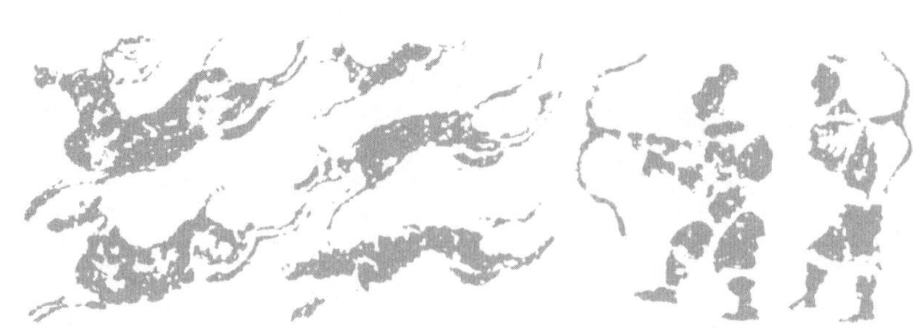

998 국운이란 덕에 달려 있는 법

태조가 그대로 낙양에 머물러 있고자 하자 신하들이 모두 반대하여 간하였다. 이에 태조는 이렇게 말하였다.

"나는 장차 장안長安을 도읍으로 정하려 하였소."

아우 진왕晉王이 머리를 조아리며 말하였다.

"국운이란 덕에 달려 있는 것이지 결코 지세가 험한 여부에 달려 있는 것이 아닙니다."

태조는 이렇게 말하였다.

"내가 서쪽 장안으로 옮기고자 하는 것은 그곳 산하의 승경을 근거로 쓸데없는 병화兵禍를 없애려 함이었다. 진왕의 말은 진실로 훌륭하다. 잠시 진왕의 의견을 좇아 장안으로 도읍을 옮기는 것을 중지하겠다. 그러나 백 년이 못 가서 천하 백성의 힘이 고갈될 것이다."

그리고는 대량大梁으로 돌아갔다.

○ 上欲留都洛陽, 群臣咸諫, 上曰:「吾且都長安.」

晉王叩頭曰:「在德不在險.」

上曰:「吾將西遷者, 欲據山河之勝, 而去冗兵. 晉王之言固善, 今姑從之, 不出百年, 天下民力殫矣.」

乃還大梁.

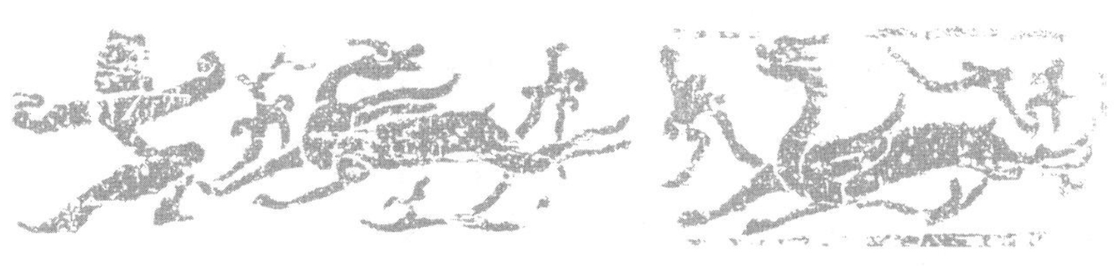

999 송 태조의 치적

(1) 가혹한 정치는 용납하지 않으리라

태조가 죽었다.(976년) 재위 17년에 연호를 세 번 바꾸어 건륭建隆·건덕乾德·개보開寶라 하였다. 50세의 수를 누렸다.

태조는 인효하고 활달하여 큰 도량이 있었다.

진교역陳橋驛의 변變에서는 여러 사람의 마음에 윽박질려 천자가 되긴 하였지만 서울로 돌아오자 시장도 자리를 바꾸지 않을 정도로 조용하여 인심이 안정되어 있었다.

어느 날 조정의 일이 끝나고 편전便殿에 앉아 즐거움이 없이 오래 지내자 좌우가 그 까닭을 물었다. 태조는 말하였다.

"너희들은 천자 노릇하기는 쉽다고 여기느냐? 마침 즐겁게 하나의 일을 지휘하다가 그 틈에 그만 일을 그르치고 말았다. 그 때문에 즐겁지 못한 것일 뿐이다."

또 일찍이 태조가 가까운 신하들과 자운루紫雲樓 아래에서 잔치를 열었다. 그 기회에 이야기가 백성을 다스리는 일에 미치자 태조는 재상에게 이렇게 말하였다.

"어리석은 하급 백성이 비록 숙맥菽麥을 구분하지 못한다 해도 번진藩鎮의 제후諸侯 중에서 그들을 돌보지 않은 채 가혹한 정치에 힘쓴다면 짐은 이를 처단하여 용납하지 않을 것이다."

○ 上崩, 在位十七年, 改元者三, 曰建隆·乾德·開寶. 壽五十. 上仁孝, 豁達有大度. 陳橋之變, 迫於衆心, 泊入京師, 市不易肆.

嘗一日罷朝, 坐便殿不樂者久之, 左右請其故, 上曰:「爾謂爲天子容易邪? 適乘快指揮一事而誤, 故不樂耳.」

嘗宴近臣紫雲樓下, 因論及民事, 謂宰相曰:「愚下之民, 雖不分菽麥, 藩侯不爲撫養. 務行苛虐, 朕斷不容之.」

【泊】음은 '계'이며 '미치다'(及)의 뜻.(音忌, 及也. ─원주)
【市不易肆】肆는 舖面이며 '市不易肆'란 놀라거나 소요함이 없음을 말한 것이다.(肆舖面也, 市不易肆, 謂不警擾也. ─원주)
【藩侯】藩鎭의 諸侯.

⑵ 누구나 들여다볼 수 있게 하라

개보開寶 초에 서울의 성과 대궐 내전을 수리하였다. 공사가 끝나자 태조는 정전正殿에 앉아서 사방의 문을 활짝 열어 놓아 모두가 곧바로 훤히 트여 막히거나 가림이 없도록 하였다. 그리고는 좌우에게 이렇게 말하였다.

"이건 꼭 내 마음과 같다. 조금이라도 사악하거나 굽은 데가 있으면 사람들이 누구나 이를 볼 수 있으리라."

開寶初, 修京城及大內. 營繕畢, 上坐寢殿, 令洞開諸門, 皆端直軒豁, 無有壅蔽.

因謂左右曰:「此如我心, 少有邪曲, 人皆見之矣.」

【大內】궁궐 안을 가리킴.(宮禁. ─원주)
【繕】보수함을 뜻함.(繕, 補也. ─원주)

(3) 등문고登聞鼓

촉蜀을 평정한 뒤 촉의 군사 백여 명을 뽑아서 천반전직川班殿直을
삼았다. 그 뒤 교례郊禮를 행할 때 그 제사의 어마직御馬直과 호종扈從들
에게 특별히 상을 더해주었다. 그 가운데 어마직御馬直의 군사도 배종
陪從한 공으로 봉급을 돋우어 주었다. 그러자 천반전직이 등문고登聞鼓를
치며 그들의 예에 맞추어 자신들도 올려 주기를 청하였다. 태조는
크게 노하였다.
"짐이 어마직에게 준 것은 바로 은택을 베푼 것이다. 그것을 어찌
같은 예로 삼을 수 있단 말이냐?"
그리고 마구 호소한 자 40여 명을 목 베고 그 나머지는 다른 여러
부대에 예속시키고 그 천반전직을 폐지해버렸다.

平蜀之後, 嘗擇其兵百餘, 爲川班殿直. 郊禮行賞, 以御馬直
扈從, 特增給. 川班擊登聞鼓, 援例陳乞.
上怒曰:「朕之所與, 卽爲恩澤, 豈有例邪?」
斬其妄訴者四十餘人, 餘悉配隷諸軍, 遂廢其直.

【川班殿直】蜀의 士卒 중에 精兵을 골라 궁궐의 당직을 맡겼다. 그래서 川班殿直
　　이라 한 것이며 廩給直과 御馬直 등이다.(以蜀士卒精者直殿, 故曰川班殿直,
　　廩給與御馬直等. ―원주)
【增給】그들이 扈從車駕를 위로하기 위해 특명으로 돈을 증액하여 한 사람에게
　　5천씩 더 주었음.(以其扈從車駕之勞, 特命增給錢, 人五千. ―원주)
【登聞鼓】隋나라 제도에 억울한 송사가 있는 자가 이를 알리기 위해 북을 쳐서
　　들려주면 유사가 이를 기록하여 상주하도록 되어 있었음.(隋制: 凡奏聞訟訴者,
　　聽撾鼓, 有司錄狀奏之. ―원주)
【配隷】川班을 여러 군에 나누어 배속시킴.

⑷ 법이 지나치게 조밀하다

내신(환관) 가운데 후당後唐, 莊宗, 李存勗을 섬기던 사람이 있어 태조가 물었다.

"장종은 영무하여 천하를 평정하였는데 어찌하여 나라를 오래 유지하지 못하였느냐?"

그 자李承進가 그 까닭을 말하자 태조는 넓적다리를 만지며 이렇게 탄식하였다.

"그는 20년이나 하수를 끼고 양梁과 싸워 천하를 차지하고서도 능히 군법에 따라 이들을 묶어두지 못하였으니 진실로 아이들의 놀이와 같았던 것이다. 짐은 지금 사졸을 기르면서 작위와 상벌에 인색하지 않겠다. 진실로 나의 군법을 범하는 자가 있다면 오직 이 칼이 있을 뿐이다."

오대 이래로 번진藩鎭이 강성하였는데 점차 그 세력을 줄여 마침내 여러 절도사와 번진을 없애고 오직 학자들만 채용하여 다스리면서 그 군국郡國을 작은 단위로 분리하여 절도사 번진의 횡포를 개혁하였다.

그리고 각 주州에는 통판通判을 두어 자사刺史의 권한을 분산시켰다.

이로부터 제후의 세력이 가벼워졌으며 반란이 일어나지 않고 오직 백성을 사랑하여 기르는 데만 힘쓸 수 있게 되었다. 공물과 헌납을 물리치고 연여금羨餘金을 바치는 것도 금지시켰다.

태조는 항상 옷을 몇 번을 빨아서 다시 입었으며 침전에는 푸른 천으로 가를 꿰맨, 갈대로 만든 발을 썼다.

만년에는 책읽기를 즐겨 한 번은 이렇게 말하였다.

"요순 시절에는 몹시 악한 네 사람에게 벌을 주면서도 그저 멀리 숨어살도록 처치하는 정도로 그쳤는데 어찌하여 근대의 법망은 이렇게 조밀할까?"

內臣有逮事後唐者, 上問:「莊宗英武定天下, 享國不久何也.」

其人言其故, 上撫髀嘆曰:「二十年夾河戰爭, 取得天下, 不能用軍法約束, 誠爲兒戱. 朕今撫養士卒, 不吝爵賞, 苟犯吾法, 惟有劍耳.」

五代以來, 藩鎭强盛, 上以漸削之, 罷諸節鎭, 專用儒臣, 分理郡國, 以革節鎭之橫, 又置諸州通判, 以分刺史之權. 自是諸侯勢輕, 禍難不作, 專務愛養民力. 罷卻貢獻, 禁進羨餘.

常衣澣濯之衣, 寢殿靑布綠葦簾. 晚節好讀書, 嘗歎曰:「堯舜之世, 四凶之罪, 止於投竄, 何近代法綱之密邪?」

【內臣】宦官을 말함.
【葦簾】갈대로 만든 발.(蘆葦爲簾. ─원주)

(5) 무덕武德이 없는 장수

태조가 여러 나라를 깎아버려 평정할 때면 반드시 먼저 입조할 것을 권하였다가 그래도 오지 않은 뒤에라야 군사를 내쳤다. 또 이미 항복하기만 하면 그들에게 죽음을 더하지 않고 예로써 대우하여 조상에게 제사를 드리고 여생을 편안히 마치게 해 주었다.

일찍이 태조가 무성왕武成王의 사당에 행차하여 그 제사를 관람하면서 백기白起가 모셔져 있는 것을 보고 손가락으로 가리키며 이렇게 말하였다.

"백기는 이미 항복한 군사 40만을 묻어 죽인 사람이다. 무덕武德이 있다고 할 수 없다."

그러고는 그의 초상을 제거하도록 명하였다.

주後周의 공제恭帝는 태조가 정왕鄭王에 봉해주었다가 뒤에 방주房州로 옮겼다.

태조는 신문열辛文悅을 어른이라 여겨 방주의 태수로 삼아 공제를 돕도록 하였다. 공제는 태조가 죽기 2년 전에 먼저 죽었는데 태조는 애도하여 조회를 철하고 발상하였으며 장례도 그에 맞는 예로써 치러주었다.

削平諸國, 必招之, 不至而後用兵. 及其旣降, 皆不加戮, 禮而存之, 終其世.

嘗幸武成王廟, 觀從祀, 有白起, 指曰:「起殺已降, 不武.」

命去之. 周恭帝封鄭王, 後遷于房州. 上以辛文悅長者, 俾爲房州守, 恭帝先上二年始卒. 上發哀報朝十日, 還葬如禮.

【武成王】 唐의 肅宗이 太公望을 추증하여 武成王으로 삼았음.(唐肅宗, 追贈太公望, 爲武成王. ―원주)

【從祀】 配享과 같음.

【殺降】 秦나라 장군 白起가 일찍이 항복한 趙나라 군사 40만을 생매장한 사건. 전국시대 長平之戰에서 있었던 일.

⑹ 품속에 미리 준비한 글

태조가 처음에 변경汴京에 들어갔을 때 주後周의 신하 한통韓通이 절개를 지켜 죽었다. 태조는 그를 추증하고 후히 우대하였다. 그리고 왕언승王彦昇은 자신의 명을 어기고 오직 살상에만 힘썼다 하여 평생토록 절도사의 부월을 주지 않았다.

또 공제로부터 선양을 받을 때 너무 창졸간이라 공제의 양위 조서가
미처 마련되지 않자 학사 도곡陶穀이 품속에서 미리 마련해 두었던
글을 꺼내자 태조는 이를 경박하다고 여겼다. 그 때문에 도곡은 오랫동안
한림원翰林院을 벗어나지 못하여 자못 태조를 원망하였다. 그러자 태조는
이렇게 말하였다.

"내 듣기에는 학사가 조서의 초안을 쓰는 것은 모양에 따라 그리는
호로박 그림과 같다. 어찌 힘든 일이겠느냐?"

그리하여 끝까지 그는 행정부에 오르지 못하였다.

上初入京時, 周韓通死節, 追贈優厚. 王彦昇棄命專殺, 終身
不授節鉞.

受禪之際倉卒, 未有恭帝禪制, 學士陶穀出諸懷中, 上薄之,
穀久在翰林, 頗怨望, 上曰:「吾聞學士草制, 依樣畫葫蘆耳. 何勞
之有?」

卒不登之政府.

【入京時】陳橋驛에서 응대를 받고 돌아오던 때를 말함.
【死節】後周의 조정에 당시 서울에 있던 在京巡檢 韓通이 무리를 이끌고 방어하자
　都指揮使 王彦昇이 한통을 죽였음.(周朝在京巡檢韓通, 帥衆衛禦, 都指揮使王彦
　昇殺之. ―원주)
【優厚】韓通을 中書令으로 추증함.
【政府】宰相이 政事를 보던 府(廳舍).

⑺ 제도 확립

안팎의 관리 중에 그 때에 맞는 명망 있는 자가 있으면 태조는 그의 성명을 기록해 두었다가 그 차례를 기다리지 아니하고 선발하여 썼으며, 그 직책에 맞는 자는 그 업무를 아무리 오래 맡고 있어도 자리를 바꾸지 않았다.

그리고 전선법銓選法을 제정하고 거주연좌법擧主連座法을 엄격히 실행하였으며 장리법贓吏法도 엄하게 하여 극형에 처해진 자가 있었다.

태조는 오대의 번진이 가혹하게 징세하고 세금을 무겁게 한 폐단을 싫어하여 상업의 징세도 너그럽게 하고 누룩, 소금, 술에 대한 금지법도 관대하게 하였다. 그러나 창고지기로서 백성의 조세를 많이 거두어 속이는 자에 대하여는 혹 기시棄市까지 하였다.

오대 때는 대개 군인을 목수牧守로 임명하였는데 자신의 뜻대로 형벌을 정하였다. 태조는 이에 대하여 증오하여 고의로 남을 죄에 끌고 들어가는 자는 반드시 그 죄값을 치르게 하였으며, 대벽(사형)의 경우 항소할 수 있는 재심법을 정하였으며, 절장법折杖法을 제정하였고 새로운 형통刑統을 반포하였으며, 차역법差役法을 제정하였다. 그리고 판적版籍, 호첩戶帖, 호초戶鈔를 만들었다.

지방의 장이나 관리로서 민간 토지를 실제대로 계산하지 않는 자가 있으면 태형이나 유배에 처하였으며, 여러 주에 가뭄이나 메뚜기 재해가 있으면 굶는 자에게 진대賑貸하고 조세를 면제해 주되 고루 미치지 못할까 걱정하였다.

그리고 덕행과 효제를 천거하고 과거에 응시한 자에게 친히 책제策制를 시험보았으며 진사進士에 합격한 자를 방을 걸어 널리 알리고, 복시법覆試法을 엄히 하였고 어전御殿에서 직접 진사 시험을 살피기도 하였으며, 서판書判에 뛰어난 사람을 뽑는 시험도 보았다.

內外官有之時望者, 籍記姓名, 以待不次選用, 稱職者, 多久任不遷.

定銓選法, 嚴擧主連坐法, 嚴贓吏法, 有寘極刑者. 懲五代藩鎭苛征重斂之弊, 寬商征, 寬麴鹽酒禁. 倉吏多入民租者, 或棄市.

五代多以武人爲牧守, 率意用刑. 上懲之, 故入者必抵罪, 定大辟詳覆法, 定折杖法, 頒新刑統, 定差役法. 作版籍戶帖戶鈔.

長吏有度民田不實者, 或杖流之. 諸州旱蝗, 賑饑蠲租, 惟恐不及. 擧德行孝悌, 親策制科擧人, 放進士榜, 嚴覆試法, 御殿親試進士. 試書判拔萃.

【銓選法】銓衡을 뜻함. 陶穀의 건의에 의해 만들었던 관리 등용 방법.
【連坐法】乾德 3년 陶穀 등에게 조칙을 내려 각 막부의 京官 중에 천거되어 郡守나 副監이 되는 자에게 한 사람씩 그 관직을 수여하는 날, 추천한 자의 성명을 쓰게 하여 추천에 오류가 있을 경우 함께 그 죄에 연좌되도록 하였음.(乾德三年, 詔陶穀等, 各幕職京官中, 擧堪爲郡守副監者一人, 除官之日, 仍書擧主姓名, 謬擧者, 竝坐罪. —원주)
【寘】'置'와 같음.
【極刑】建隆 2년, 李瑤가 뇌물죄에 걸려 杖殺당하자 이로부터 臟吏 중에 극형에 처해지는 자가 있었음.(建隆二年, 李瑤坐贓杖殺, 自後臟吏有寘極刑者. —원주)
【商征】商賈에게 세금을 부과함.
【寬麴鹽酒禁】漢(후한) 때 법으로 사사로이 누룩을 제조하는 자는 棄市에 처하였음. 周祖가 처음 시행하였으며 5斤을 만든 자는 死刑에 처하였으나 이때에 이르러 조칙을 내려 사사로이 누룩 15斤을 만든 자와 사사로이 술을 성 안으로 3斗를 가지고 들어온 자는 처음으로 극형에 처하기 시작하였으며, 그 나머지는 그 죄에 따라 차등을 두었음. 또한 전대의 鹽法이 너무 가혹하다 하여 15은을 매매하는 자와 사사로이 3근의 소금을 만드는 자는 사형에 처하고, 몰래 성안으로 소금 30근 이상을 가지고 들어오는 자는 상주하여 결재를 받도록 하였으며, 乾德 4년에는 조칙을 내려 이를 관대하게 하여 사형에 해당하는 죄일 경우

상주하여 결재를 받도록 함.(漢法, 犯私麴者棄市. 周祖始令, 至五斤者死. 至是詔犯私麴十五斤, 以私酒入城至三斗者, 始處極刑, 其餘論罪有差. 又以前朝鹽法太峻, 定以官鹽闌入禁地, 貿易至十五斤, 私煮至三斤者, 坐死. 以鈔鹽入城三十斤以上者, 奏裁. 乾德四年詔寬之, 罪至死者, 奏裁. －원주)

【大辟】 사형에 해당하는 죄.

【詳覆法】 일족의 覆審제도. 五代 때 藩鎭이 마음대로 사형을 시행하는 폐단을 없애기 위하여 여러 주에 大辟의 사안은 상주하여 이를 刑部에 위임하여 상세히 복심하도록 하였음.(懲五代藩鎭專殺之弊, 令諸州奏大辟案, 委刑部詳覆. －원주)

【折杖法】 태장에 대하여 줄여줌. 옮겨가거나 도망한 자에게 가하는 笞杖에는 각각 그 숫자가 있었음. 杖刑은 다섯 가지로 杖 1백은 20으로, 90은 18로, 80은 17로, 70은 15로, 60은 12로 줄였음. 관에서 사용하는 장의 두께와 장단은 주(후주) 顯德 연간에 정한 제도와 같음.(徒流笞杖各有數, 杖刑五. 曰杖一百爲杖二十, 九十爲十八, 八十爲十七, 七十爲十五, 六十爲十二. 官杖厚薄長短, 如周顯德中制. －원주)

【新刑統】 竇儀 등이 정한 바에 따름.

【差役法】 부역의 차이에 대하여 그 부담을 조정하였음.

【版籍】 민간의 호구, 수확량의 내용 등을 관에서 기록하여 장부를 만들었음.(民閒戶口, 田粮數目, 在官版籍. －원주)

【蠲】 음은 '견'이며 '면하다'의 뜻.(音涓, 免也, －원주)

【制科】 주(후주) 때 賢良科, 經學科, 吏理科 등이 있었는데 이때에 황제가 친히 賢良科의 대책을 관장하였음.(周設賢良經學吏理三科, 至是上親策賢良科. －원주)

【覆試法】 관직에 있는 자제는 두 번 시험을 보아 공정한 평가를 내릴 수 있도록 규제하는 법. 王祐가 知擧(시험관)가 되어 陶穀의 아들 陶邴이 登第하자 황제가 "도곡은 아들을 제대로 가르치지 어찌 책문을 쓸 수 있다는 것인가?"라 하면서 즉시 中丞에게 명하여 覆試하도록 함. 그리고 조칙에 "이제부터 응시자 중에 식록의 집안에 연관된 자는 모두 복시를 거쳐야 한다"라 함.(王祐知擧, 陶穀子邴登第, 上曰:「穀不能訓子, 安得登策?」遽命中丞覆試, 因詔:「自今擧人, 凡關食祿之家, 皆令覆試.」 －원주)

【拔萃】 唐나라 때의 取士 방법으로 반드시 身言書判을 시험하여 拔萃하며 그 중에 뛰어난 자를 취직하도록 함.《맹자》에 '拔乎其萃'라는 말이 있음.(唐取士, 必驗身言書判拔萃, 拔其俊異者, 而就之, 孟子曰:『拔乎其萃.』 －원주)

⑻ 천하의 도서를 수집하다

　태조는 자주 국자감國子監에 행차하여 천하의 유실된 책을 구하도록 조서를 내리기도 하였다. 처음으로 화현和峴이 만든 아악雅樂을 쓰기로 하였으며 처음으로 유온수劉溫叟가 올린 개보통례開寶通禮 2백 권을 보급시켰다. 그리고 재상에게 명하여 나날의 정책을 기록하여 이를 사관史館으로 보내어 일력日曆을 편찬하게 하였다. 이리하여 전장 제도는 빈빈彬彬하게 조리가 있었다.
　태제太弟 진왕晉王이 섰다. 이가 태종황제太宗皇帝이다.

　數幸國子監, 詔天下求遺書, 初用和峴所定雅樂, 初行劉溫叟所上開寶通禮二百卷. 命宰執日記時政, 送史館撰日曆. 制度典章, 彬彬有條理.
　太弟晉王立, 是爲太宗皇帝.

【開寶通禮】‘鄕貢開元禮’를 ‘開寶通禮’로 바꿈.(改鄕貢開元禮爲開寶通禮. ―원주)
【史館】國史院.

2. 太宗皇帝

1000 태종황제太宗皇帝

(1) 표략질을 막다

태종황제太宗皇帝는 처음 이름이 광예趙匡乂였으며 태조의 바로 아래 동생이다.

태조가 서울에 들어가자 광예는 맨 먼저 앞으로 나아가 이렇게 청하였다.

"여러 장수를 호령하여 사졸들을 거두어 관리하겠습니다."

이렇게 하여 바로 태조의 말 앞에서 군사들의 표략摽掠질을 경계하였다.

태조가 천자의 자리를 물려받았을 때 광예는 이름을 광의光義로 바꾸었고 개봉윤開封尹이 되었으며 동평장사同平章事를 겸하며 진왕晉王에 봉하였다.

〈송 태종〉《三才圖會》

太宗皇帝:

初名匡义, 太祖長弟也.

太祖入京城, 匡义首請:「號令諸將戢士卒.」

仍自於馬前戒摽掠, 太祖受禪, 乃改名光義, 尹開封, 同平章事, 封晉王.

【戢】묶어 단속함.(約束也. —원주)

⑵ 태후의 유언

건륭建隆 2년(961년), 소헌두태후昭憲杜太后가 죽음에 임하여 태조에게 이렇게 말하였었다.

"너는 어떻게 해서 천하를 얻게 되었는지 알고 있느냐?"

태조가 말하였다.

"모두가 조상 어른들과 어머님의 여경餘慶입니다."

태후가 웃으면서 말하였다.

"그렇지 않다. 바로 시씨柴氏가 일곱 살 난 아이로 하여금 천하의 주인이 되게 하였기 때문일 뿐이다. 너는 만세 후에 당연히 진왕晉王에게 전하고, 진왕은 진왕秦王에게 전하고, 진왕은 덕소德沼에게 전하도록 하라. 국가에 어른 군장이 있다는 것은 사직의 복이니라."

태조가 말하였다.

"삼가 가르치심을 받들겠습니다."

소헌두태후는 조보趙普를 불러 이렇게 말하였다.

"조서기趙書記도 함께 내 말을 잘 기억해 두어 어기지 않도록 하시오."

그리고 침상 앞에서 맹세의 글을 쓰고 그 서명한 종이의 말미에 '신하 조보가 기록함臣普記'이라 쓰게 명하여 이를 금궤에 보관하도록 하였다.

建隆二年, 昭憲杜太后, 臨崩謂太祖曰:「汝知所以得天下者乎?」

太祖曰:「皆祖考與太后之餘慶.」

太后笑曰:「不然, 正由柴氏使幼兒主天下耳. 汝萬歲後, 當傳位晉王, 晉王傳秦王, 秦王以傳德昭, 國有長君, 社稷之福也.」

太祖曰:「謹受敎.」

太后呼趙普曰:「趙書記共記吾言, 不可違.」

因命普於榻前爲誓書, 普署紙尾曰:「臣普記.」

藏之金匱.

【柴氏】周나라 世宗.
【秦王】太祖의 둘째 아우.
【德昭】太祖의 장자.

(3) 쑥뜸으로 동생의 고통을 함께 하다

태조는 우애의 돈독함이 지극하였다. 진왕晉王이 어느 날 병으로 자리에 누워 쑥뜸을 뜨게 되자 태조도 역시 스스로 뜸을 떠 그 괴로움을 나누었다.

태조는 일찍이 이렇게 말한 적이 있다.

"진왕晉王은 용이 나는 것 같고 호랑이가 걷는 것 같다. 게다가 태어날 때 기이한 상서가 있었다. 나중에 틀림없이 천하를 태평하게 할 천자가 될 것이다. 그의 복과 덕은 내가 능히 따를 바가 못 된다."

太祖友愛篤至. 晉王嘗寢疾灼艾, 太祖亦自灸以分其痛.
嘗曰:「晉王龍行虎步, 且生時有異, 佗日必作太平天子, 福德非吾所能及也.」

【艾】약쑥으로 뜸을 뜰 수 있음.(草似蒿葉, 可灸. —원주)

⑷ 그를 너의 재상으로 쓰려무나

　태조가 촉蜀에 갔을 때 어떤 포의布衣 장제현張齊賢이라는 자가 열 가지 정책을 바쳤다. 태조는 그를 불러 식사를 내리며 물었는데 그는 한편 먹으며 한편으로 대답하는 것이었다.
　태조가 그 중 어떤 책략을 두고 훌륭하다 하자 그는 고집스럽게 나머지 다른 책략도 모두 훌륭하다고 칭하였다. 태조는 노하여 그를 배척하여 곧 내보내 버렸다. 이윽고 돌아와 진왕에게 이렇게 털어놓았다.
　"내 서도西都에 행차하여 장제현이라는 사람을 얻었다. 나로서는 그를 쓸 생각이 없지만 뒷날 그를 머물게 하여 너에게 재상으로 쓰면 어떨까 한다."
　대체로 태조는 이처럼 제위를 진왕(태종)에게 물려주려는 생각을 정한 지가 오래 전이었음을 알 수 있다.

太祖幸蜀, 有布衣張齊賢, 獻十策. 召問賜食, 且啗且對. 太祖善其某策, 齊賢固稱, 餘策皆善.

太祖怒斥便出, 旣還語晉王曰:「吾幸西都, 得一張齊賢. 吾不欲用之, 佗日留與汝作宰相.」

蓋傳位之定久矣.

【布衣】 아직 작록의 혜택을 입어보지 못한 자를 포의라 함.(未蒙爵祿曰布衣. ─원주)

【十策】 下幷汾, 富民, 封建, 崇學, 擧賢, 太學, 籍田, 選良吏, 懲姦, 恤刑 등 열 가지라 함.(원주)

⑸ 창문에 비친 형제의 그림자

태조가 병이 들자 황후는 왕계은王繼恩을 보내어 황자皇子 덕방德芳을 불러오도록 하였다. 그러자 왕계은은 지름길로 진왕晉王에게로 가서 불렀다.

진왕이 궁중에 이르자 태조는 좌우 측근을 흩어지게 하였는데 그들이 말하는 바는 하나도 들리지 않았고 다만 멀리 촛불 아래에 진왕이 자리를 뜨는 모습이 보였을 뿐이었다. 이윽고 태조가 기둥에 세워둔 부월을 끌어당겨 땅을 가르면서 이렇게 큰 소리를 치는 것이었다.

"잘 해봐."

그리고는 드디어 태조는 숨을 거두고 말았다.(976년)

太祖不豫, 后遣王繼恩召皇子德芳, 繼恩徑召晉王. 王至宮中,
散遣左右, 所言皆不可得聞, 但遙見燭影下, 王有離席之狀.
　既已上引柱斧戳地, 大聲曰:「好爲之.」
　遂崩.

【后】宋氏.
【王繼恩】宦官의 이름.
【德芳】太祖의 둘째아들.

⑹ 아무 염려 마십시오

황후가 들어왔다가 진왕을 보고 깜짝 놀라 말하였다.
"우리 모자의 목숨은 모두 관가(진왕)에 맡기옵니다."
진왕은 이렇게 말하였다.
"부귀를 함께 보존해야지요. 아무런 염려 마십시오."
왕은 즉위하여 이름을 경炅으로 고쳤다. 아우 진왕秦王 정미廷美를
개봉윤開封尹에 임명하였다가 다시 제왕齊王에 봉하였으며 덕소德昭는
무공군왕武功郡王에 봉하였다.

后見晉王愕然, 曰:「吾母子之命, 皆託官家.」
王曰:「共保富貴, 無憂也.」
王卽位, 更名炅. 秦王廷美尹開封, 改封齊王, 德昭封武功郡王.

【武功】邑 이름으로 乾州에 있음.

1001 관리의 등급을 매기다

　태종太宗은 사자를 각 주현州縣에 파견하여 관리들을 엄중히 살피고 그 우열에 따라 등급을 매기며, 피로하고 약하여 그 임무를 이겨내지 못하는 자와 태만하여 직접 행정을 수행하지 못하는 자는 모두 면직하였다.

　○ 遣使分行州縣, 廉察官吏, 第其優劣, 罷輭不勝任, 惰慢不親事, 免官.

【罷】 지쳐 피곤함을 뜻함.(倦也. ―원주)

1002 뇌물 받은 자는 관리가 될 수 없다

뇌물을 받은 관리로서 귀양간 자는 특사를 받아 석방되더라도 관리로 쓰지 않았다.

○ 贓吏配者, 遇赦不敍.

【不敍】 다시는 벼슬을 할 수 없음. 뇌물을 받은 관리는 멀리 유배를 보내며 비록 사면을 만나더라도 역시 다시 등용하지 않음.(受臟之吏, 徙配遠方, 雖遇赦, 亦不敍用. ─원주)

1003 청망관淸望官

대리평사大理評事 진순봉陳舜封이 상주할 때면 말은 빠르고 그 행동도 광대 같았다. 태종이 물었다.

"너는 누구의 아들이냐?"

그는 이렇게 대답하였다.

"아버지가 영관伶官이었습니다."

태종은 이렇게 말하였다.

"과연 진실로 천한 자로구나. 어찌 청망관淸望官이 되었느냐?"

그리하여 전직殿直의 임무로 바꾸었다.

○ 大理評事陳舜封, 奏事口捷, 擧止類倡優, 問:「誰氏子?」

對:「以父爲伶官.」

上曰:「汝眞雜類, 豈得任淸望官?」

改授殿直.

【大理評事】 杖刑에 관련된 형벌을 자세히 살피는 일을 맡았음.(官掌折杖詳刑. —원주)

【陳舜封】 陳은 성씨이며 舜封은 이름.

【伶官】 樂工.

【淸望官】 맑고 깨끗하여 성망이 있다고 하여 받은 관직.(淸要聲望. —원주)

1004 진홍진陳洪進

진홍진陳洪進이 내조하여 장주漳州와 천주泉州 두 주를 바쳤다.

○ 陳洪進來朝, 獻漳泉二州.

【陳洪進】 처음 泉州의 裨將이었는데 뒤에 그 땅을 할거함.(初爲泉州裨將, 後據其地. —원주)

1005 오월왕吳越王 전숙錢俶이 투항하다

오월왕吳越王 전숙錢俶이 내조하여 드디어 그 땅을 헌납하였다.(979년)

○ 吳越王錢俶來朝, 遂獻其地.

【吳越】 이상 吳越의 錢鏐는 梁(후량) 太祖 開平 元年에 兩浙을 할거하였으며 이때에 이르러 7世, 74년째였다.(右吳越錢鏐, 自梁太祖開平元年, 據有兩浙, 至是 七世, 凡七十四年. —원주)

1006 북한北漢이 항복하다

태종이 반미潘美에게 북한北漢을 치도록 명하였다가 얼마 후 직접
정벌에 나서서 태원太原을 포위하였다. 유계원劉繼元이 나와 항복하여
북한은 망하였다.(979년)

○ 命潘美伐北漢, 尋親征圍太原. 劉繼元出降, 北漢亡.

【北漢】 이상 北漢은 劉崇이 周(후주) 黃順 元年에 참칭한 이래 이때에 이르러
4世, 모두 29년 만에 망하였다.(右北漢劉崇, 自周黃順元年僭號, 至是四世, 凡二十
九年而亡. −원주)

1007 거란 정벌에 생긴 일

⑴ 황제를 못 찾아 아우를 세우려 하다

태종이 다시 조서를 내려 거란을 정벌토록 하여 역주易州와 탁주涿州가 투항하여 왔다. 태종은 다시 유주幽州를 공격하였으나 열흘이 넘도록 함락하지 못하자 드디어 군사를 돌이켜 돌아왔다.

무공군왕武功郡王 덕소趙德昭가 종군해 있었는데 군영에서 어느 날 놀라 태종을 찾았으나 소재를 알 수 없었다. 그리하여 덕소를 천자로 세우려고 모의하는 자가 있었다. 태종이 듣고 언짢게 여겼다. 서울로 돌아온 태종은 북정北征에 승리하지 못한 것을 이유로 북한北漢을 평정한 공을 시상하지 않았다.

덕소는 시상하기를 언급하자 태종은 크게 노하여 이렇게 말하였다.

"네가 천자가 되어 스스로 상을 내려도 늦지 않으리라."

덕소는 물러나와 스스로 목을 베어 죽고 말았다.

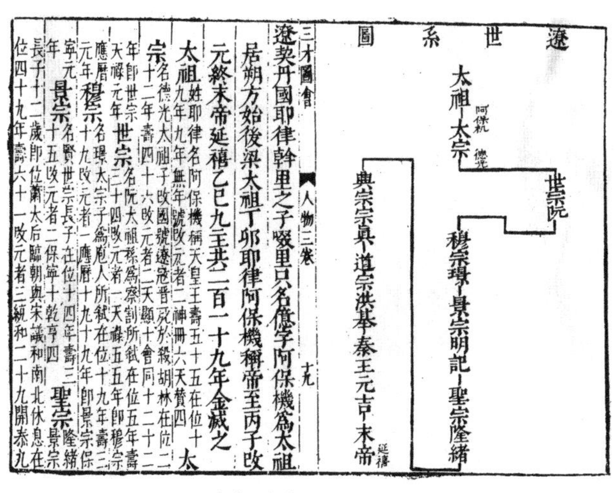

〈요나라 세계표〉《三才圖會》

○ 詔征契丹, 易州涿州來降. 上攻幽州, 踰旬不下, 遂班師. 郡王德昭從征幽州, 軍中嘗夜驚, 不知上所在, 有謀立德昭者. 上聞不悅. 及歸, 以北征不利, 不行平北漢之賞.

德昭言之, 上大怒曰:「待汝自爲之, 賞未晩也.」

德昭退而自刎.

⑵ 오류는 한 번으로 족합니다

2년 뒤 기왕岐王 덕방趙德芳이 병으로 죽었다. 태조의 두 아들이 잇따라 죽고 나자 태종의 아우 제왕齊王 정미趙廷美도 불안한 생각이 들기 시작하였다. 그 뒤 어느 날 태종은 나라를 진왕에게 물려줄 뜻이 있어 조보趙普에게 물어보았다. 그러자 조보는 이렇게 말하였다.

"태조께서 이미 오류를 범하셨습니다. 폐하께서는 어찌 그러한 오류를 두 번 수용하려 하십니까?"

조보는 다시 조정에 들어와 재상이 되었고 정미廷美, 秦王는 드디어 죄를 얻어 부릉현공涪陵縣公으로 강등되고 말았다.

조보가 다시 개봉부지사開封府知事 이부李符를 시켜 정미가 원망하고 있다 하고 태종에게 고하도록 하자 정미를 남쪽 방주房州로 돌아오게 하였다가 얼마 후 죽여버렸다.

조보는 이부가 그 말을 누설할까 두려워, 미덕초弭德超는 조빈曹彬을 참소한 연고가 있음을 이유로 이러한 악인 미덕초를 이부가 추천한 것이라 하여 이부를 용주春州로 폄직시켜 그곳에서 죽게 하였다.

後二年, 岐王德芳卒. 自太祖二子上繼死, 齊王廷美不自安,
佗日嘗上以傳國意訪趙普, 普曰:「太祖已誤, 陛下豈容再誤邪?」
　於是普復入相, 廷美遂得罪, 降涪陵縣公. 普復使知開封府
李符, 告其怨望, 南還房州, 尋殺之. 普恐李符漏言, 因弭德超譖
曹彬故, 以符薦德超, 貶符春州卒.

【涪陵】縣 이름으로 涪州에 속함.
【弭】彌와 같으며 姓이다.
【春州】廣東에 속하며 지금의 南恩州.

1008 학자 충방种放

충방种放은 종남산終南山에 들어가 풀을 엮어 오두막을 짓고 제자들을 가르치는 일에 힘쓰고 있었다. 많은 후진들이 이를 좇아 공부하고 있었다. 태종은 이를 듣고 충방을 불렀으나 그는 늙은 어머니를 이유로 사양하였다.

태종은 그의 절의를 높이 여겨 후하게 돈과 비단을 내려 이를 칭찬하였다.

○ 种放隱于終南山, 結草爲廬, 以講習爲務, 後進多從之學. 上聞召之, 辭以母老, 上高其節, 厚賜錢帛旌之.

【种】 '충'으로 읽으며 성씨임.(音蟲, 姓也. ─원주)
【終南】 山 이름으로 武功縣에 있음.

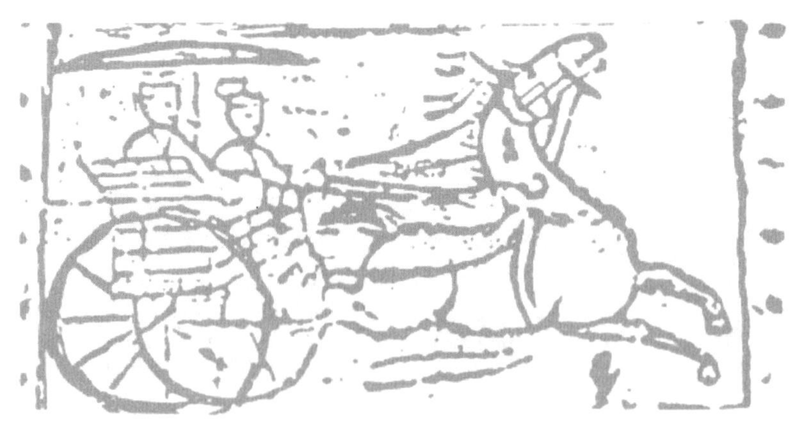

1009 나를 비방한 자의 이름은 알아서는 안 된다

여몽정呂蒙正이 참정參政이 되었다. 어떤 조정 선비가 그를 가리키며 이렇게 말하였다.

"이런 자도 역시 참정이야?"

여몽정이 못들은 체하자 그의 동료가 노하여 그 성명을 들어 힐난하고자 하였다. 여몽정은 이를 말리며 말하였다.

"만약 내가 저 사람의 이름을 한 번 알게 된다면 종신토록 잊지 못할 것이오. 모르느니만 못하오."

○ 呂蒙正爲參政, 有朝士, 指之曰:「此子亦參政邪?」

蒙正伴不聞, 同列欲詰其姓名, 蒙正止之曰:「若一知名姓, 則終身不忘, 不如無知也.」

〈呂蒙正(聖功)〉《三才圖會》

1010 희이선생希夷先生 진단陳摶

태종은 화산華山의 진단陳摶을 불러 희이선생希夷先生이라는 호를 내려
주었다.

○ 召華山陳摶, 賜號希夷先生.

1011 백성의 고혈을 발라놓은 탑

개보사開寶寺 탑이 준공되었다. 전후 8년이나 걸렸고 비용은 억만億萬금金이 들었다. 전석田錫이 태종에게 아뢰었다.

"백성들이 금벽金碧으로 빛나는 훌륭한 탑이라 여기고 있습니다만 저는 백성의 고혈膏血을 발라 놓은 것이라 여깁니다."

태종은 노하지 않았다.

○ 開寶寺塔成. 前後八年, 所費億萬.

田錫奏曰:「衆以爲金碧熒煌, 臣以爲塗膏釁血.」

上不怒.

【開寶寺】汴京에 지었던 절.
【釁血】백성의 재물을 긁어모았으니 이는 마치 백성의 피로 바른 것과 같음.(聚斂民財, 如以民之膏血塗釁. ―원주)

1012 서하西夏의 침입

　이에 앞서 서하西夏의 이광예李光叡가 죽고 아들 계균李繼筠이 뒤를 이었다. 다시 계균이 죽고 그 아우 계봉李繼捧이 뒤를 이었다. 이 계봉이 내조하여 네 개의 주州를 바치자 그의 아우 계천李繼遷이 반기를 들고 떠나 자주 변경을 침범하였다.

　○ 先是西夏李光叡卒, 子繼筠嗣. 又卒, 弟繼捧嗣. 繼捧來朝, 獻四州地, 其弟繼遷叛去, 數入寇邊.

【四州】夏州, 殷州, 綏州, 宥州.

1013 거란의 경제景帝

거란契丹 군주 명기明記, 景宗, 耶律賢가 죽어 호를 경제景帝라 하였다. 아들 융서耶律隆緖, 遼 聖宗가 섰는데(983년) 나이 12살이었다. 그 어머니 소씨蕭氏가 국정을 전담하였다.

○ 契丹主明記殂, 號景宗. 子隆緖立, 年十二, 母蕭氏專其國政.

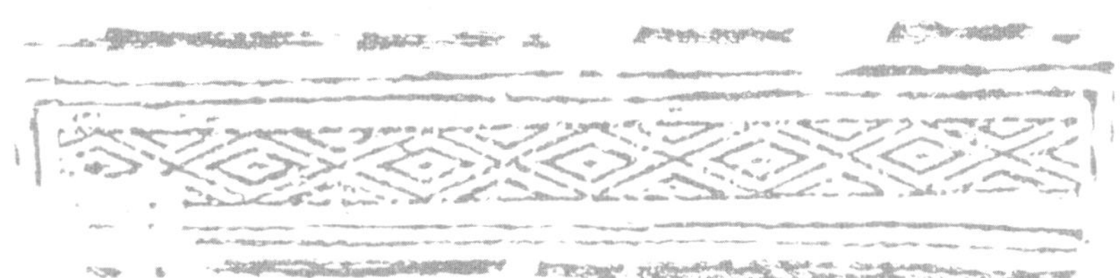

1014 여진女眞이 거란에 복종하다

　　태종은 조빈曺彬 등에게 명하여 각기 길을 나누어 거란을 치도록
하였다. 조빈의 군사가 기구관岐溝關에서 크게 패하자 태종은 조서를
내려 군사를 돌아오게 하였다.
　　거란은 이로부터 해마다 침입해 왔다. 뒤에 여진女眞은 거란이 자신들의
조공의 길을 막는다고 이를 공격해 주기를 청하였다. 태종이 이를
허락지 않아 여진은 드디어 거란에 신복하게 되었다.

　　○ 上命曹彬等, 分道伐契丹. 彬兵大敗於岐溝關, 詔班師. 契丹
自是連年入寇. 後女眞以契丹隔其朝貢之路, 請擊之, 不許, 女眞
遂臣於契丹.

【岐溝關】 涿州 서남쪽 40리에 있는 관문.

1015 형제를 서로 싸우게 하다

태종은 이계봉李繼捧에게 조보충趙保忠이라는 이름을 하사하고 절도사節度使에 직위를 주면서 하주夏州, 은주銀州, 수주綏州, 유주宥州, 정주靜州의 5주를 관할토록 명하였다. 그리하여 그의 아우 계천李繼遷을 토벌할 것을 도모토록 하였으나 이계천이 항복하여 그에게도 조보길趙保吉이라는 이름을 하사하였다.

그런데 조보길이 변방을 침략하자 이계륭李繼隆에게 명하여 조보길을 토벌하도록 하였다. 이에 형 보충이 이렇게 말하였다.

"저는 이미 아우 보길과 화해하였습니다. 토벌을 그쳐주시기 바랍니다."

태종은 노하여 이계륭에게 명하여 군사를 옮겨 조보충을 치게 하였다. 계륭은 하주夏州로 들어가 보충을 잡아 함거檻車에 실어 대궐로 보내왔다. 보길도 얼마 후 역시 항복을 청해 왔으나 다시 배반하여 이계륭으로 하여금 이를 토벌토록 하였다.

○ 上賜李繼捧姓名趙保忠, 授節度使, 命官管夏銀綏宥靜五州. 使圖繼遷, 繼遷降, 賜姓名趙保吉.

保吉復寇邊, 命李繼隆討之. 保忠言:「已與保吉解仇, 乞罷兵.」

上怒, 命繼隆先移兵討之. 繼隆入夏州, 檻送保忠於闕下. 保吉尋亦請降, 而復叛, 命繼隆討之.

1016 촉蜀의 반란과 평정

촉蜀이 이미 평정된 뒤로부터 촉의 창고에 있던 재물을 실어와 서울 내부內府로 귀속시켰다. 촉은 땅은 좁고 인구는 조밀하여 유사有司가 부과된 세금 외에도 따로 더 받아들이지 않는 것이 없었다. 그리하여 왕소파王小波가 일어나 도둑이 되었다. 그 왕소파가 죽고 이순李順이 뒤를 이어 성도成都를 공격하여 함락시키고 촉왕蜀王을 참칭하였다. 태종은 왕계은王繼恩에게 명하여 이를 토벌토록 하여 그를 사로잡았다. 이리하여 촉은 평정되었다.

○ 蜀自旣平之後, 府庫之物悉載歸內府. 土狹民稠, 有司不無
賦外之科. 王小波起爲盜, 小波死, 李順繼之, 攻陷成都, 僭號蜀王.
上命王繼恩討擒之, 蜀平.

【賦外之科】조세와 부역 외에 또 과목을 정하여 세금을 징수함.(租賦之外, 別有
 科征. −원주)
【李順】王小波 妻의 아우.

1017 교지군왕交趾郡王

교지交趾의 정련丁璉이 죽었다. 대교大校 여환黎桓이 정련의 일족을 가두고 나라를 전횡하였다. 태종은 처음에는 그를 토벌하도록 명하였으나 성과가 없었다. 이윽고 여환이 공물을 바쳐 오자 마침내 그를 교지군왕交趾郡王으로 삼았다.

○ 交趾丁璉卒, 大校黎桓, 囚其宗族而專其國. 上初命討之, 無功. 已而桓奉貢, 竟以桓爲交趾郡王.

【黎桓】大將校로 성은 黎씨이며 이름은 桓.

1018 아우라고 눈감아 주셨으니

당시 장마가 도를 넘었다. 태종은 이렇게 말하였다.

"짐은 형벌이나 재판에 마음을 다하였는데 어찌하여 적음積陰의 견책을 받아야 하는가?"

구준寇準이 반열을 뛰어넘어 마주 대하며 이렇게 말하였다.

"어떤 주州의 관리가 관의 돈 약간을 유용하였습니다. 법에 있어서는 작은 과실인데도 폐하께서는 그를 사형에 처하게 하셨습니다. 또 왕회王淮는 참정參政 왕면王沔의 아우입니다. 그는 수백만 금金을 도적질하였습니다. 법에 있어서 큰 죄이건만 폐하께서는 왕면의 아우라는 연고로 서로 용서하고 은폐하기에 힘썼습니다. 이렇게 하시고도 형벌에 마음을 다하셨다고 말씀하시니 이와 같이 하고도 어찌 음기의 쌓임이 없겠습니까?"

태종은 그 날 즉시 왕회를 목 베고 왕면은 파면시켰다. 그러자 금방 비가 그쳤다.

○ 時霖潦過度, 上曰:「朕於刑獄盡心, 安得積陰之譴?」

寇準越班對言:「某州局吏, 侵官錢若干. 於法爲小過, 陛下殺之; 王淮參政王沔之弟, 盜錢數百萬, 於法位大憝, 陛下以沔故, 務相容蔽. 如此而曰刑獄盡心, 如之何無積陰之?」

上卽日誅淮罷沔. 俄而雨止.

【霖潦】 오랫동안 비가 내리는 것을 霖이라 하고, 물의 근원이 사라지는 것을 潦라 함.(久雨曰霖, 無源水曰潦. −원주) 潦는 '로'로 읽음.(潦音老. −원주)

【大憝】 憝는 음이 '대'이며 '악하다'의 뜻.《書經》에 '元惡大憝'라는 말이 있음.(憝音隊, 惡也, 書, 元惡大憝. −원주)

1019 태종太宗의 치적

⑴ 태종의 죽음

태종趙光義이 죽었다.(998년) 재위 22년에 연호를 다섯 번 바꾸어 태평흥국太平興國, 옹희雍熙, 단공端拱, 순화淳化, 지도至道라 하였다. 59세의 수를 누렸다.

설거정薛居正, 심륜沈倫, 조보趙普, 송기宋琪, 이방李昉, 여몽정呂蒙正, 장제현張齊賢, 여단呂端 등이 잇따라 재상이 되었다. 조보는 두 번 재상이 되었다가 두 번 파직되었으며 얼마 후 죽었다.

○ 上崩, 在位二十二年, 改元者五, 曰太平興國, 曰雍熙·端拱· 淳化·至道. 壽五十九. 薛居正·沈倫·趙普·宋琪·李昉·呂蒙 正·張齊賢·呂端等, 相繼爲相. 普凡再入再罷, 尋薨.

【太平興國】 연호 명칭.
【再罷】 趙普는 太祖 乾德 2년에 재상으로 들어갔다가 開寶 6년에 파직되었으며, 太宗 太平興國 6년에 다시 재상이 되었다가 8년에 다시 파직되었다. 그리고 端拱 元年에 다시 재상으로 들어갔다가 淳化 元年에 파직되어 전후 두 임금을 모서 모두 30여 년이었다.(案: 普以太祖乾德二年入相, 至開寶六年罷. 太宗太平 興國六年, 復入相, 至八年又罷. 端拱元年再入, 至淳化元年罷. 前後歷事二朝凡三 十餘年. ―원주)

⑵ 《논어論語》로서 천하를 잡고 천하를 다스렸습니다

조보는 처음에는 유능한 관리로 이름이 높았으나 학술은 신통치 않았다.

태조가 어느 날 책을 읽도록 권하자 조보는 드디어 손에서 책을 놓지 않았고 매번 조회 때 큰 안건을 처리하고 나면 곧바로 문을 닫고 방에 들어앉아 책 궤를 열어 그 중 한 책을 꺼내어 이를 읽곤 하였다. 그가 죽고 나서 집안 사람들이 그 책 궤를 열어 보았더니 바로 《논어論語》였다.

조보가 어느 날 태종에게 이렇게 말하였다.

"신은 《논어》 한 부를 가지고 있는데 그 절반은 태조太祖를 도와 천하를 평정하였고, 절반은 폐하를 도와 태평을 이루었습니다."

普初以吏道聞, 寡學術. 太祖嘗勤以讀書, 普遂手不釋卷, 每朝有大議, 輒闔戶自啓一篋, 取一書閱之.

及卒, 家人視其篋, 則論語也.

嘗爲上曰：「臣有論語一部, 以半部, 佐太祖定天下, 以半部佐陛下致太平.」

⑶ 수첩에 적인 인물 명단

여몽정은 늦게 나타난 인물로 일찍이 조보와 함께 재상 자리에 있었다. 조보는 힘써 그를 추천하여 주었다. 여몽정은 일찍이 수첩을 마련하여 이를 주머니에 넣고 다니며 사방의 인재들 성명을 기록하여 골라 쓸 때를 대비하였다.

처음 태조가 일찍이 장제현張齊賢으로써 태종을 돕도록 위촉한 적이 있었다. 장제현이 진사 시험에 응시하자 태종은 그를 상급으로 합격시키고자 하였으나 유사有司가 그의 이름을 하급 명단에 올리자 태종은 그 방목榜目 전체를 통판通判으로 특례 임명하였다. 이리하여 마침내 그는 크게 쓰이게 된 것이다.

蒙正晚出, 嘗與普並相. 普甚推之. 蒙正嘗置冊子夾袋中, 疏四方人才姓名, 以待選用. 初太祖嘗以張齊賢屬上, 至齊賢擧進士, 上欲置之上第, 而有司第其名在下, 乃詔一榜特與通判, 卒至大用.

⑷ 큰일에는 흐리멍덩하지 않습니다

여단呂端이 재상이 되자 사람들은 이렇게 말하였다.
"여단 재상은 일을 흐리멍덩하게 처리한다."
태종은 이를 알고 이렇게 말하였다.
"여단은 자질구레한 일에는 흐리멍덩하지만 큰일을 흐리멍덩하지 않다."
태종이 즉위한 이래 소인으로 재상이 된 자는 노다손盧多遜 한 사람뿐이었다.
태자가 섰다. 이가 진종황제眞宗皇帝이다.

呂端爲相, 人謂:「呂相作事糊塗.」
上知之曰:「端小事糊塗, 大事不糊塗.」

自上卽位以來, 以小人爲相者, 盧多遜一人而已.
太子立, 是爲眞宗皇帝.

【太子】 太宗의 셋째아들.

3. 眞宗皇帝

1020 진종황제眞宗皇帝

진종황제眞宗皇帝는 처음 이름이 원간趙元侃이었으며 양왕襄王에 봉해져 있었다.

어떤 과거 응시자 중에 양려楊礪라는 사람이 있었다. 어느 날 꿈에 커다란 궁전에 이르렀더니 궁전에 앉아 있던 자가 자신에게 이렇게 말하는 것이었다.

"나는 너의 임금이 아니다. 내화천존來和天尊이 너의 임금이다."

그리고 손으로 가리키며 뵙도록 하는 것이었다. 양려는 뒤에 진사에 장원으로 급제하여 양왕부襄王府의 서기로 들어가게 되었다. 그가 이윽고 양왕을 뵈었더니 꿈에서 보았던 그와 같은 것이었다.

〈송 진종〉《三才圖會》

태종이 어느 날 관상보는 사람을 양왕에게 보냈는데, 그는 양왕부의 문에까지 갔다가 되돌아와서는 이렇게 말하는 것이었다.

"양왕부의 문 앞에서 궂은 일하는 하인들까지 모두 대장이나 재상이 될 만한 상이었습니다. 양왕은 보지 않아도 알 수 있었습니다."

양왕은 태자가 되었다가 이때에 이르러 즉위하여(998년) 이름을 항趙恒
으로 바꾸었다.

眞宗皇帝:

初名元侃, 封襄王. 有擧人楊礪, 嘗夢至一大殿, 有坐殿上者,
語之曰:「我非汝主, 來和天尊汝主也.」

指示令謁之. 礪後進士第一, 入爲襄王府記室.

旣謁, 如夢中所見. 太宗嘗遣相者詣襄王, 及門而返曰:「王門
厮役皆將相也, 王可知矣.」

立爲太子, 至是卽位, 更名恒.

【厮】땔감을 꺾어대는 등의 낮은 지위.(折薪曰厮. −원주)

1021 거란의 침입

함평咸平 2년(999년), 거란遼, 聖宗이 침입해 왔다. 황제가 친정하여
대명부大名府에 이르러 돌아왔다.

○ 咸平二年, 契丹入寇. 上親征, 至大名府而還.

【大名府】 河東에 속하며 魏州.

1022 왕균王均의 반란

3년(1000년), 익주益州의 병졸 왕균王均이 반란하여 대촉大蜀이라 참칭하자
뇌유종雷有終을 익주지사益州知事로 삼아 이를 토벌하여 사로잡았다.
익주가 평정되었다.

○ 三年, 益州卒王均反, 僭號大蜀, 以雷有終知州, 討擒之,
益州平.

1023 강보예康保裔의 전사

　범정소范廷召가 거란을 치면서 고양관高陽關의 도부서都部署 강보예康保裔에게 구원을 요청하였다. 강보예는 급히 구원에 나섰다. 그런데 그 사이 범정소가 몰래 달아나 버려 강보예는 거란의 군사에게 포위된 채 힘을 다해 싸우다가 전사하였다.

　○ 范廷召擊契丹, 求援於高陽關都部署康保裔, 亟赴之. 廷召潛遁, 保裔爲所圍, 力戰死之.

【高陽】 관문 이름으로 安州에 있음.
【都部署】 兵事의 일을 맡아보는 관서.

1024 서하西夏가 변경을 괴롭히다

　이계천李繼遷, 西夏은 선대(태종)로부터 하사받았던 성명趙保吉을 취소당하자 변경을 끊임없이 괴롭히더니 영주靈州를 공격하여 함락시켰다.
　이때 서량西涼 육합六合의 추장酋長 반라지潘羅支가 송나라 군사와 합하여 이를 치기를 청하였다.
　이계천이 서량부涼州를 공격하여 점령하자 반라지는 이를 맞아 공격하였다. 이계천이 빗나간 화살에 맞아 영주靈州 국경에서 죽자 그 아들 이덕명李德明은 항복을 청하였다. 송나라는 다시 그에게 조趙라는 성을 하사하고 뒤에 서평왕西平王에 봉하였다.

　○ 李繼遷, 先朝奪所賜姓名, 寇邊不已, 攻陷靈州. 西涼六合酋長潘羅支, 乞會王師討之. 繼遷攻陷西涼府, 潘羅支要而擊之. 繼遷中流矢, 死於靈州之境, 其子德明請降. 復賜姓趙, 後封爲西平王.

【賜姓名】李繼遷은 太宗 때에 반란하였다가 항복하여 그에게 趙保吉이라는 이름을 하사하였으나 얼마 후 다시 반란하자 그 때문에 그 하사하였던 이름을 삭탈하였음.(繼遷當太宗朝, 叛而降, 賜姓名趙保吉, 旣而復叛. 故曰奪所賜姓名. ─원주)
【西涼府】甘肅에 속하며 涼州.

1025 양육랑楊六郎

　양사楊嗣와 양연랑楊延朗은 지혜와 용기가 있고 전투에 뛰어나 단련사團練使라는 벼슬을 더하여 주었다. 거란은 그들을 꺼려 양육랑楊六郎이라 불렀다.

○ 楊嗣·楊延朗, 智勇善戰, 加團練使. 虜憚之, 目曰楊六郎.

1026 거란과의 전투

⑴ 가부만 판단하시오

경덕景德 원년(1004년), 거란 군주耶律隆緒, 聖帝가 어머니 소태후蕭太后와 함께 대거 쳐들어오자 송나라 안팎이 크게 놀라 떨었다. 참정 진요수陳堯叟는 촉蜀 사람으로 천자에게 촉으로 피난하기를 청하였고, 왕흠약王欽若은 강남江南사람으로 강남金陵으로 가기를 청하였다.

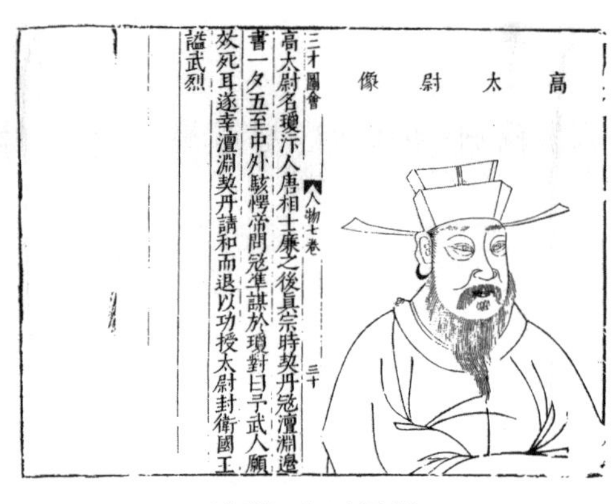

〈高瓊〉《三才圖會》

진종은 재상 구준寇準에게 묻자 구준이 되물었다.

"누가 이런 계책을 내놓았습니까?"

진종이 말하였다.

"경은 그저 그 가부만 판단하시오. 누구인지 묻지는 마십시오."

구준이 말하였다.

"저는 그런 책략을 바친 신하를 찾아 그를 베어 그 피로 진군의 무기에 바르고 그런 다음에 북벌하고자 할 따름입니다."

드디어 진종의 친정을 의논하여 결정하였다. 진종은 잠시 위성韋城에 머물렀다가 얼마 뒤 위남衛南에 이르렀다.

거란은 군대를 이끌고 전주澶州에 이르러 세 겹으로 성을 포위하였다. 송나라 장수 이계륭李繼隆 등이 나가 이를 막아 거란의 장수 달람撻覽이 큰 화살에 맞아 죽자 그들은 크게 좌절하여 퇴각하였고 감히 덤벼들지 못하였다.

구준이 하수를 건너 공격해 나가기를 강력히 권하자 전전수殿前帥 고경高瓊도 역시 이를 극력 찬동하였다. 진종이 머뭇거리는 사이 고경이 휘하의 위사들을 지휘하여 진종의 수레를 몰고 나가게 하면서 이렇게 말하였다.

"폐하께서 하수를 건너지 않으면 그곳河北 백성들이 마치 부모를 잃은 것처럼 실망할 것입니다."

문관文官 양적梁適이 소리쳐 고경을 꾸짖자 고경은 노하여 이렇게 말하였다.

"그대들은 이 위급한 때에도 오히려 남이 실례했느니 어떠니 책망하는데 어찌 시라도 한 수 지어 저 거란을 퇴각시키지는 못하는가?"

드디어 진종을 옹호하여 하수를 건너 이윽고 전주에 이르렀다. 그리고 북성北城으로 올라가 황기黃旗를 늘어 꽂자 여러 군사들이 모두 만세를 불러 그 소리가 수십 리까지 들렸다. 거란은 이에 기가 꺾였다.

○ 景德元年, 契丹主與其母蕭氏, 大擧入寇, 中外震駭. 參政陳堯叟蜀人, 請幸蜀, 王欽若江南人, 請幸江南.

上以問宰相寇準, 準問:「誰畵此策?」

上曰:「卿姑斷其可否, 勿問也.」

準曰:「臣欲得獻策之臣, 斬以釁, 然後北伐耳.」

遂定親征之議, 上駐蹕韋城, 尋至衛南.

契丹擁兵抵澶州, 圍合三面. 李繼隆等出禦之, 契丹撻覽中弩死, 大挫退却, 不敢動. 寇準力勸上渡河, 殿前帥高瓊亦力贊, 猶豫間, 瓊麾衛士進輦曰:「陛下若不過河. 百姓如喪考妣.」

梁適呵之, 瓊怒曰:「君輩, 此時尚責人失禮, 何不賦一詩退虜耶?」

遂擁上以渡, 旣至澶州, 登北城張黃旗幟, 諸軍皆呼萬歲, 聲聞數十里. 契丹氣奪.

【駐蹕】 單駕로 잠시 머무는 것을 駐蹕이라 함.(單駕暫止曰駐蹕. —원주)
【韋城】 縣 이름으로 開州에 속함.
【力贊】 도하의 책략에 대하여 적극 찬성함.(贊成渡河之策. —원주)
【梁適】《宋鑒》에는 ‘馮拯’으로 되어 있음.

⑵ 성하城下의 맹약

이에 앞서 왕계충王繼忠이라는 자가 포로가 되어 거란의 군중에 있었는데, 그는 일찍이 송나라와 화친하는 것이 이롭다고 거란에게 말해 왔었다. 그러므로 거란은 비록 이번에 크게 군사를 일으켜 송나라를 침범하기는 했지만 역시 왕계충의 글을 들려 사자를 송나라에 보내왔다.

진종은 조이용曹利用에게 명하여 회신을 보내도록 명하였다. 이때에 이르러 조이용이 거란의 사신 한기韓杞와 함께 돌아와서, 거란이 세종世宗, 後周 때에 빼앗아갔던 남관南關의 옛 땅을 돌려주기를 청한다는 조건이었다.

진종은 이렇게 말하였다.

“땅은 절대로 줄 수 없다. 차라리 돈과 비단을 주어 화친하는 편이 낫다.”

구준 역시 땅을 주는 데에는 반대하면서 다시 책략을 마련하여 진종에게 올렸다.

“이대로 하시면 백년의 태평을 보장할 수 있거니와 그렇게 하지 않으면 수십 년 뒤에는 융적戎狄이 다시 다른 마음을 가질 것입니다.”

구준은 대체로 이번에 공격하여 그들로 하여금 단 한 대의 수레도 살아 되돌아갈 수 없도록 하자는 것이었다.

그러나 진종은 이렇게 말하였다.

“수십 년 뒤에는 그 때대로 능히 막아낼 사람이 나타나겠지요. 나는 살아 있는 백성들이 거듭 이번 전쟁으로 고통을 당하는 것을 차마 볼 수 없소. 잠시 그들의 화친을 들어줍시다.”

드디어 조이용을 다시 거란으로 보내었다. 그러자 조이용은 해마다 거란에게 얼마의 금백金帛을 줄 수 있는지의 수량을 알려 주기를 청하였다. 진종은 이렇게 말하였다.

"틀림없이 어쩔 수 없다면 비록 백 만 금이라도 가하오."

구준이 조이용을 불러 이렇게 말하였다.

"비록 폐하의 말씀이 있었지만 30만 금을 넘어설 수 없다. 만약 이를 넘어서면 나를 만나러 오지 말라. 내 그 때에는 너를 참수해버릴 것이다."

조이용은 마침내 거란과 교섭한 끝에 비단 20만 필과 은 10만 냥으로 화의를 결정하고, 송을 남조南朝라 하여 형으로 섬기고 거란은 북조北朝라 하여 아우가 된다는 맹약을 서로 교환한 다음, 각기 군대를 풀고 돌아갔다.

구준은 처음 거란을 토벌하기 위해 서울을 떠날 때 조정의 관리들을 각각 지방의 여러 주 장관으로 출임出任시키면서 이들이 모두 궁궐 복도에 모이자 칙령을 받아 이렇게 경계하였었다.

"백성은 누구나 나라의 군사요, 부고府庫의 재물은 어느 것이나 나라의 재물이다. 나는 그대들이 적과의 싸움으로 인해 쓰는 비용에 대해서는 책임을 묻지 않을 것이나, 다만 성 하나라도 적에게 잃는 경우가 생기면 의당 군법에 따라 처리할 것이다."

구준은 왕흠약王欽若이 진종의 친정親征을 저지할까 걱정하여 그가 지혜도 있고 복도 있는 인물이라고 내세워 그를 천웅군天雄軍을 맡도록 멀리 보내버렸다. 그런데 왕흠약은 자신의 성 아래에 거란군이 달려들자 성문을 굳게 닫고는 손이 묶인 듯 계책도 쓸 수 없게 되자, 다만 재계하고 경서만 외우고 있을 뿐이었다.

진종이 전주澶州에서 귀환하여 구준을 지극히 후하게 대우하였다. 왕흠약도 귀환하여 구준을 깊이 원망하였다. 어느 날 구준이 조회를 마치고 물러나자 진종은 목례로 그를 보냈다. 이를 본 왕흠약이 진종에게 나아가 이렇게 말하였다.

"폐하께서 구준을 그토록 공경하시는데 그가 사직의 신하로서 무슨

공이 있습니까? 성하城下의 맹약은 춘추春秋시대 아주 작은 나라라
할지라도 치욕으로 여겼었습니다."
　진종은 슬픈 표정일 뿐이었다. 왕흠약이 말하였다.
　"단연澶淵의 싸움에서는 구준은 폐하를 고주孤注로 삼았습니다."
　이리하여 진종은 차차 구준을 대우함이 엷어지기 시작하였고 얼마
뒤 재상직에서 파직시켰다.

　先是王繼忠者陷虜, 嘗言和好之利, 故雖大擧, 亦遣使以繼
忠書來, 上命曹利用報之, 至是利用, 與契丹使者韓杞偕來, 請
世宗所取關南故地.
　上曰: 「地必不可得, 寧與金帛以和.」
　準意亦不欲與, 且畫策以進曰: 「如此則可保百年無事, 不然
數十歲後, 戎復生心.」
　準蓋欲擊之使隻輪不返.
　上曰: 「數十歲後, 當有能禦之者. 吾不忍生靈重困, 姑聽其和.」
　遂再遣利用往. 利用請歲賂金帛之數.
　上曰: 「必不得已, 雖百萬亦可.」
　準召語之曰: 「雖有勅旨, 不得過三十萬, 如過此數, 勿來見準,
準斬汝矣.」
　利用卒以絹二十萬銀十萬, 定和議, 南朝爲兄, 北朝爲弟, 交
誓約, 各解兵歸.
　準初發京師, 命朝士出知諸州, 皆於殿廊受勅, 戒之曰: 「百姓
皆兵, 府庫皆財, 不責汝浪戰, 但失一城一壁, 當以軍法從事.」
　恐欽若沮親征之議, 以其有智且有福, 出欽若知天雄軍. 契丹
至城下, 若閉門束手無策, 修齋誦經而已.

上還自澶淵, 待準極厚. 欽若歸深恨準.

　嘗退朝, 上目送準, 欽若進曰:「陛下敬準, 爲其有社稷功邪? 城下之盟, 春秋小國所恥也.」

　上愀然. 欽若每曰:「澶淵之役, 準以陛下爲孤注.」

　上待準遂寖薄, 尋罷相.

【故地】 처음 晉(후진)의 石敬瑭이 契丹에게 함께 唐(後唐)을 멸하여 幽州, 蘇州 등 16주를 주기로 하였음. 그러나 뒤에 周(後周) 世宗이 契丹을 쳐서 瓦橋關과 益津關의 남쪽 瀛州, 莫州, 易州의 땅을 취하였음.(初晉主石敬瑭請契丹共滅唐, 割幽蘇十六州與之. 後周世宗伐契丹取瓦橋關, 益津關之南, 瀛莫易州之地. −원주)
【百萬】 비단 백만 필과 은 백만 량.(絹百萬匹, 銀百萬兩. −원주)
【天雄軍】 河北魏博節度를 가리키며 唐 代宗이 그 군대를 총애하여 ‘天雄’이라 불렀음.(河北魏博節度, 唐代宗寵其軍曰天雄. −원주)
【澶淵】 澶州의 옛 지명이 澶淵이었음.
【孤注】 마치 도박에서 단지 한번 던질 돈만 남았을 때 이로써 승부를 결정짓는 일.(如睹博只有一注錢物以決勝負. −원주)

(3) 삼괴당三槐堂

왕단王旦을 동평장사同平章事에 임명하였다.

　왕단은 왕우王祐의 아들이다. 어느 날 태조가 왕우를 보내어 어떤 안건을 처리하게 하면서 그에게 이렇게 일렀다.

　“돌아오면 왕부王溥가 가지고 있는 관직을 그대에게 주겠소.”

　그러나 왕우는 태조의 뜻에 맞을 만큼 잘 처리하지 못하여 마침내 크게 등용되지 못하였다. 왕우는 이렇게 말하였다.

"나는 제대로 해내지 못했지만 내 두 아들은 틀림없이 잘해낼 것이다."

그리고 자신의 뜰에 홰나무 세 그루를 심으며 이렇게 말하였다.

"내 자손 중에 반드시 삼공三公에 오르는 자가 있으리라."

이때에 이르러 과연 아들 왕단이 재상이 되었다. 왕단은 깊고 침착하며 덕망이 있어 나라의 큰 문제를 능히 잘 결단하여 진종은 마음속으로 깊이 그를 신뢰하였다.

조덕명趙德明이 일찍이 자신의 지역 백성이 굶주려 있다고 표를 올려 식량을 보내줄 것을 청하자 여러 신하들이 모두 조덕명의 책임을 묻기를 청하였다. 그러자 왕단이 이렇게 말하였다.

"신의 생각으로는 조덕명에게 조서를 내리시어 '변방 요새에 저장된 군량은 줄 수 없다. 그러나 서울에 이미 저장해둔 백만 석이 있으니 사람을 보내 가져가도 된다'라고 하셨으면 합니다."

조덕명은 두 번 절하고 조서를 받은 다음 이렇게 말하였다.

"조정에는 훌륭한 사람이 있구나."

以王旦同平章事, 旦王祐之子也.

太祖嘗遣祐按事, 謂祐:「還與王溥官職.」

祐不徇太祖意, 竟不大用.

祐曰:「祐不做, 兒子二郎必做.」

植三槐于庭曰:「吾後世必有爲三公者.」

至是旦果爲相. 深沈有德望, 能斷大事, 上心深屬之.

趙德明嘗以民饑, 上表乞粮, 群臣皆請責之, 旦曰:「臣欲詔德明, 云塞上儲粮不可與. 已於京師積百萬, 可自遣衆來取.」

德明再拜受詔曰:「朝廷有人.」

【按事】 당시 魏博節度使 符彦卿이 어떤 유언비어를 황제에게 알리자 이에 王祐를
파견하여 알아보도록 보내었다.(時魏博節度使符彦卿, 有飛語聞於上, 乃遣祐往
問按. —원주)

【不大用】 王祐는 魏博에 이르러 단지 符彦卿의 집 家僮 두 사람에게 挾勢의
죄를 물어보고는 돌아와 다시 부언경을 보호하여 무죄를 극력 주장하면서 게다가
"마땅히 五代 때 無辜한 자를 죽인 예를 경계로 삼으십시오"라고 극언을 하였다.
황제는 노하여 그를 華州로 安置시켜버렸다.(祐至魏博, 但決配彦卿家僮二人挾勢
之罪, 還又力保彦卿無罪, 且極言:「當以五代殺無辜爲戒.」帝怒安置華州. —원주)

【二郞】 王旦의 항렬.(旦行也. —원주)

⑷ 봉선封禪이 무슨 효과가 있겠습니까?

진종은 왕흠약의 말이라면 귀에 들어오는 터라 자주 그에게 이렇게
묻곤 하였다.
"어떻게 하면 전주澶州의 치욕을 씻을 수 있을까?"
왕흠약은 진종이 전쟁을 싫어함을 잘 알고 있었다. 이에 거짓으로
이렇게 말하였다.
"유주幽州와 계주薊州는 가히 시도해볼 만합니다."
진종이 그 다음 차례를 생각해 보도록 하자 이렇게 청하였다.
"봉선封禪을 행하여 사해를 진복鎭服시켜 이적夷狄들에게 우리의 위엄을
과시誇示하시면 됩니다."
그리고 다시 이렇게 말하였다.
"봉선이란 의당 하늘의 상서로운 징조를 얻어야 하는 것으로 전대에는
인력으로 이를 만들어 꾸며서 한 적도 있습니다. 하도낙서河圖洛書라는
것이 과연 있었겠습니까? 성인이 신도神道로써 교를 설한다라는 것일
따름입니다."

이에 대중상부大中祥符 원년元年 이래로 자주 하늘에서 책이 내려왔다
하여 동쪽 태산泰山에 봉선封禪하고 서쪽 분수汾水의 북쪽에서 후토后土
에게 제사를 지냈다. 다시 조씨宋의 조상 구천사명천존九天司命天尊이
강림하였다고 하여 천하에 천경관天慶觀을 지어 성조전聖祖殿을 마련하여
이를 모시면서 성조의 이름 현랑玄朗을 피휘避諱하도록 하였으며, 경사
開封에는 옥청소응궁玉淸昭應宮을 짓기도 하였다. 그러나 재상 왕단王旦은
그러한 일들을 중지시키지 못하였다.

　　上旣入欽若之言, 數問欽若:「何以刷恥?」

　　欽若知上厭用兵, 謬曰:「取幽薊乃可.」

　　上令思其次, 乃請:「封禪以鎭服四海, 誇示夷狄.」

　　又言:「封禪當得天瑞, 前代有以人力爲之, 河圖洛書果有此邪?
聖人以神道設敎耳.」

　　於是自大中祥符以來, 數有天書降, 東封泰山, 西祀后土於汾陰,
又有趙氏祖九天司命天尊降, 天下立天慶觀, 置聖祖殿諱聖
祖名玄朗. 京師作玉淸昭應宮. 旦不能止其事.

【入欽若之言】王欽若이 寇準을 참훼한 말을 곧이듣고 받아들임.(納其譖準之言.
　　─원주)
【洛書】禹가 治水할 때 神龜가 무늬를 짊어지고 나왔는데, 9까지의 숫자가 있었으며
　　낙수에서 나왔다. 禹가 드디어 이 무늬를 변별하여 洪範九疇를 지었다.(禹治水時,
　　神龜負文, 有數至九而出於洛. 禹遂別文, 以爲洪範九疇. ─원주)
【太中祥符】연호 명칭.
【天書降】가짜로 조작하여 하늘에서 내려온 것이라 한 것임.(僞作書云自天降.
　　─원주) 太中祥符 元年(1008년) 正月에 天書가 왼쪽 承天門 남쪽에 내려왔으며,
　　4월에는 궁궐 안으로 내려왔고 6월에는 王欽若이 天書가 泰山에 내려왔다고

주청하였으며, 天禧 3년에는 乾祐山에 내려왔다고 하였음.(案: 太中祥符元年正月,
天書降左承天門南, 四月降大內, 六月王欽若奏天書降泰山, 天禧三年, 降乾祐山.
－원주)

【汾陰】 분수의 남쪽.(水南曰陰. －원주)

【天尊降】《宋鑑》에 "太中祥符 5년(1012년) 聖祖가 강림하여 '우리는 皇中의
아홉 사람 중 하나로 바로 趙(宋)의 始祖가 다시 강림한 것이며 軒轅 黃帝이다.
後唐 때 7월 1일 다시 趙氏族을 태어나게 하였었다'라고 하면서 황제에게 '백성을
잘 撫育하여 전에 알려준 것을 잊지 말라'라 하였다. 이리하여 곧이어 聖祖의
호를 높여 '九天司命保生天尊'이라 하고 聖祖母는 '元天大聖后'라 높여 불렀다"
라 함.(宋鑑: 太中祥符五年, 聖祖降曰:「吾人皇中九人之一. 是趙始祖再降, 乃軒
轅黃帝. 後唐時, 七月一日, 復降生趙氏族.」謂上曰:「善撫育蒼生, 毋忘前志.」
尋尊號聖祖, 曰九天司命保生天尊, 聖祖母曰元天大聖后. －원주)

1027 진종眞宗이 죽다

(1) 《논어論語》의 큰 뜻

진종은 26년 동안 재위하
였다. 즉위 원년 여단呂端이
파직된 뒤로 장제현張齊賢,
이항李沆, 여몽정呂蒙正, 상민
중向敏中, 필사안畢士安, 구준
寇準, 왕단王旦이 잇따라 재상
이 되었다.

오직 왕단만은 11년 동안
이나 그 자리에 있었는데 이항
이 재상으로 있을 때 왕단은

〈이항(太初)〉《三才圖會》

겨우 참정參政이었다. 이항은 《논어論語》를 즐겨 읽었으며 일찍이
이렇게 말하였다.

"재상이 되어서는 《논어》 가운데 있는 '씀씀이를 절약하여 백성을
사랑하고, 백성을 부릴 때는 때에 맞추어야 한다'라는 두 구절도 오히려
실행해내기가 어렵구나. 성인의 말씀은 종신토록 외워도 될 만하다."

이항이 날마다 사방에서 보고해 오는 홍수와 가뭄, 도둑 등에 관한
일을 모아 천자에게 아뢰자 왕단이 이렇게 말하였다.

"자질구레한 일이니 천자께 아뢰어 번거롭게 할 것이 못됩니다."

그러자 이항이 말하였다.

"폐하께서는 젊은 소년이오. 의당 사람들 사이의 질고疾苦를 알고
있도록 하여야 하오. 그렇지 않으면 혈기가 바야흐로 강성할 때는
유의하지 않아 음악이나 여색, 좋은 사냥개, 좋은 말에 빠지게 되면
토목공사나 전쟁, 기도하는 일 등을 마구 벌이게 됩니다. 나는 이미
늙어 그러한 것을 보기 전에 죽을 테지만 이는 참정王旦에게는 반드시

뒷날의 걱정거리가 될 것이오."

대중상부大中祥符의 시대가 되자 과연 임금은 봉선封禪이며 제사며 토목 공사 등을 한꺼번에 벌여 놓았다. 왕단은 그제야 이렇게 한탄하였다.

"문정공文靖公, 이항은 참으로 성인이었구나."

매번 나라에 대례大禮가 있을 때마다 왕단은 곧 대신의 우두머리로서 천서天書를 받들어 의식을 집행하였지만 항상 우울하고 즐거운 빛이 없었다. 스스로 재상의 지위에서 물러나고 싶어도 천자가 자기에게 베풀어주는 두터운 사랑을 저버릴 수 없었다. 이리하여 왕단은 재상의 자리에 있다가 죽었다. 그는 죽으면서 자신의 시신을 삭발하고 검은 옷을 덮어 염을 하도록 유언하였다. 세상 사람은 그를 이렇게 평하였다.

"왕단은 천자의 신임을 얻었지만 능히 자신의 옳음을 다하고 죽은 것은 아니다."

혹자는 그를 풍도馮道에 비유하여 그 절조 없음을 비난하기도 하였다.

○ 上在位二十六年, 自元年呂端罷後, 張齊賢・李沆・呂蒙正・向敏中・畢士安・寇準・王旦, 相繼爲相. 惟旦居位十一年, 當李沆爲相時, 旦甫參政.

沆喜讀論語, 嘗曰:「爲宰相, 如論語中, 『節用而愛人, 使民以時』兩句, 尚不能行, 聖人之言, 終身誦之可也.」

沆日取四方水旱盜賊奏之, 旦謂:「細事, 不足煩上聽.」

沆曰:「人主少年, 當使知人閒疾苦, 不然, 血氣方剛, 不留意, 聲色犬馬, 則土木甲兵禱祠之事作矣. 吾老不及見, 此參政他日之憂也.」

及太中祥符, 封禪祠祀土木竝興, 旦乃歎曰:「李文靖眞聖人也.」

每有大禮, 旦輒以首相, 奉天書以行, 常悒悒不樂. 欲去則上遇之厚.

及薨于位, 遺令削髮披緇以斂, 議者謂:「旦得君, 而不能以正
自終.」
　或比之馮道云.

【文靖】李沆의 시호가 文靖公이었음.
【遺令】머리를 깎고 검은 옷을 입어 마치 승려와 같은 차림을 함.(削髮披緇如
　僧禮. —원주)
【馮道】後唐의 재상으로 어떤 경우에도 가부를 결정짓지 않았음.(後唐相,
　無所可否. —원주)

⑵ 수염이나 털어주는 직책이오?

　장영張詠은 일찍이 이렇게
말하였다.
　"나와 동방同榜 중에 훌륭
한 인물이 가장 많다. 근엄
하고 중후하며 덕망이 있기
로는 이문정李文靖, 李沆만한
이가 없고, 침착하고 재덕이
뛰어나며 천하를 진복시키
기로는 왕단王旦만한 이가
없으며, 천자의 면전이나
조정에서 다투어 잘못을 꺾으며 평소 풍채가 있기로는 구준寇準을
넘어설 자가 없다. 그러나 진鎭의 한 쪽을 방어하는 데에 붙여 놓으면
해낼 자는 바로 내가 감히 이를 사양하지 않을 것이다."

〈장영(復之)〉《三才圖會》

　　왕단이 재상으로 있을 시대에 왕흠약도 이미 재상이 되어 있었는데 왕흠약이 파직되고 나서 구준이 다시 재상이 되었다. 참정參政 정위丁謂는 구준을 섬기며 심히 조심하였다. 일찍이 함께 식사를 하는 자리에서 국물이 구준의 수염에 묻자 정위가 일어나 이를 털어주었다. 그러자 구준은 웃으면서 이렇게 말하였다.

　　"참정은 나라의 대신이오. 장관을 위해 수염이나 털어 주어야 되겠소?"

　　정위는 몹시 송구해하는 동시에 구준을 깊이 원망하였다. 구준이 파직하고 이적李迪과 정위가 재상이 되자 구준은 먼 지방으로 좌천되었다. 그리고 이적이 파직되고 정위 홀로 재상이 되었다.

　　張詠嘗言:「吾榜中得人最多. 謹重有德望, 無如李文靖; 深沈才德, 鎭服天下, 無如王公; 面折廷爭, 素有風采, 無如寇公; 當方面之寄, 則詠不敢辭.」

　　當旦之世, 王欽若已相, 欽若罷, 寇準再入相.

　　參政丁謂, 事準甚謹. 嘗會食, 羹汚準鬚, 謂起拂之, 準笑曰:「參政國大臣, 乃爲官長拂鬚邪?」

　　謂甚傀恨. 準罷, 李迪·丁謂爲相, 準遠貶. 迪罷, 謂獨相.

【王公】王旦.

【寇公】寇準.

【遠貶】처음에 雷州司戶로 폄직되었다가 다시 道州司馬로 옮겼음.(初貶雷州司戶, 移道州司馬. ―원주)

⑶ 눈이 멀어 궁중의 일을 몰라

당시 진종은 이미 병이 들어 눈이 잘 보이지 않았다. 구준이 재상의
자리에서 파직되고 멀리 폄직된 것은 모두가 정위가 중궁(왕후)에 알려
그렇게 한 일이었지만 진종은 이를 알아차리지 못하였다.

얼마 뒤 진종이 죽었다.(1022년) 나이 55세였으며 재위 중에 연호를
다섯 번 바꾸어 함평咸平, 경덕景德, 대중상부大中祥符, 천희天禧, 건흥乾興
이라 하였다. 태자가 섰다. 이가 인종황제仁宗皇帝이다.

時上已有疾昏眩, 如準罷貶, 皆謂白中宮行之, 上不知矣.
尋崩, 年五十五, 在位改元者五, 曰咸平·景德, 曰大中祥符,
曰天禧·乾興. 太子立, 是爲仁宗皇帝.

【中宮】 궁중의 劉后를 가리킴.
【太子】 眞宗의 여섯째아들.

4. 仁宗皇帝

◉ 仁宗. 宋(北宋)의 제4대 황제.
趙禎. 1023년~1063년 재위.

1028 인종황제仁宗皇帝

⑴ 아이의 울음을 그치게 하라

인종황제는 이름이 정趙禎이며 어머니는 이씨李氏, 宮人였으나 장헌명숙류황후章獻明肅劉皇后가 그를 아들로 삼았다.

진종은 이 황자를 늦어서야 얻었는데 정은 나자마자 밤낮 울면서 그치지를 않았다. 어떤 도인이 이렇게 말하였다.

"능히 아이의 울음을 그치게 할 수 있습니다."

그를 불러들였더니 그 도인은 이렇게 달래는 것이었다.

"울지 마라, 울지 마라. 그럴 바에 당초 웃지도 말았어야지?"

〈송 인종〉《三才圖會》

정은 울음을 뚝 그쳤다. 대체로 진종이 일찍이 천제天帝에게 후사를 달라고 기도하였더니 천제는 여러 신선들에게 누가 내려가 진종의 아들이 될까를 물었으나 아무도 응답을 하지 않았는데 오직 적각대선

赤脚大仙만이 한 번 웃으면서 응했다는 것이다. 그리하여 드디어 명을 받고 진종의 아들로 내려왔다는 것이다. 정이 궁중에서 맨발을 좋아한 것이 그 증거라는 것이다.

정은 승왕昇王으로 있다가 황태자가 되어 열셋에 즉위하였으며(1023년) 유태후劉太后가 수렴垂簾하여 함께 정치를 들었다.

仁宗皇帝:

名禎, 母李氏, 章獻明肅劉皇后子之.

眞宗得皇子已晚, 始生晝夜啼不止, 有道人言:「能止兒啼.」

召入, 則曰:「莫叫莫叫, 何似當初莫笑?」

啼卽止. 蓋謂眞宗, 嘗籲上帝祈嗣, 問羣仙誰當往者, 皆不應, 獨赤脚大仙一笑, 遂命降爲眞宗子, 在宮中好赤脚其驗也.

自昇王爲太子, 年十三卽位, 劉太后垂簾同聽政.

(2) 황제의 능을 옮기려

정위丁謂가 재상이 되어 정권을 잡고 구준寇準을 멀리 뇌주雷州의 호적 戶籍 담당으로 쫓아버리자 참정 왕증王曾이 몰래 글을 올려 이렇게 말하였다.

"정위는 모반할 마음을 품고 있습니다. 진종황제의 능을 제멋대로 절지絶地로 옮기려 합니다."

이리하여 드디어 정위를 파면하여 애주崖州의 호적 담당으로 좌천시켜 버렸다.

정위는 처음에 학사末綬에게 명하여 구준의 죄를 다루는 문서의 초안을 짓게 하면서 '춘추무장한법부도春秋無將漢法不道'라는 말을 사용하여 증거를 삼도록 하였다. 그런데 이번에 정위가 좌천을 당하면서 그 학사가 똑같이 그 말을 사용하여 사람들이 통쾌하게 여겼다.

　丁謂用事, 竄寇準爲雷州司戶, 參政王曾密奏:「謂包藏禍心, 眞宗山陵, 擅移皇堂於絶地.」
　遂罷謂, 貶至崖州司戶. 謂初命學士草準責詞, 令用『春秋無將漢法不道』爲證事, 及謂竄, 學士乃用其語, 人快之.

【雷州】海南에 있음.
【山陵】眞宗의 능묘가 있는 자리.

⑶ 눈에 박힌 못

　바야흐로 정위가 구준을 조정에서 몰아낼 때 서울汴京에는 이런 말이 돌았다.
　"천하가 편안하기를 바란다면 눈에 박힌 못丁, 釘을 뽑아라. 천하가 평화롭기를 바란다면 구로寇老를 불러들이느니만 못하다."
　그러나 구준은 끝내 서울로 돌아오지 못하고 뇌주에서 죽었다.
　왕증王曾이 재상이 되고 왕흠약도 다시 재상이 되었다. 왕흠약이 죽고 장지백張知白이 재상이 되었으며 장지백이 죽고 장사손張士遜이 재상이 되었다.
　그리고 장사손이 파직되고 여이간呂夷簡이 재상이 되었다. 오직 왕증만은 천성天聖 초로부터 계속 재상 자리를 유지해 오다가 이때에 이르러 7년 만에 파직된 것이다.

方逐準時, 京師語曰:「欲得天下寧, 當拔眼中丁. 欲得天下好,
莫如召寇老.」

然準竟不及北還而卒.

王曾爲相, 王欽若再相. 欽若卒, 張知白相, 知白卒, 張士遜相,
士遜罷, 呂夷簡相, 惟王曾自天聖初居相位, 至是七年而罷.

(4) 잘 먹고 살려고 과거 본 것이 아니오

왕증은 처음 진사에 천거될 때 고향 청주淸州의 발해發解와 예부禮部
에서의 시험, 그리고 정시廷試 등에 모두 장원을 하였었다.

사람들이 그를 두고 이렇게 말하였다.

"세 번 시험장에서 모두 장원을 하였으니 평생 먹고 살아도 다 먹어내지
못하겠군."

그러자 왕증은 이렇게 말하였다.

"나의 평소 뜻은 따뜻이 입고 배부르게 먹는 데 있지 않다."

진종의 말년에 왕증은 바른 얼굴색으로 조정에 버티어 조정은 그에
의해 중후함을 이어갈 수 있었다. 그가 재상의 자리에 있는 동안에
벼슬의 진퇴에 대하여 그 당사자들은 아무도 이것이 왕증에 의한 것임을
알지 못하고 있었다.

어떤 이가 묻자 왕증은 이렇게 대답하였다.

"은혜는 모두 내 덕이라 귀속시킨다면 원망할 일이 생겼을 때는
누가 이를 담당하겠는가?"

曾初擧進士, 靑州發解, 禮部, 廷試, 皆第一.

人曰：「狀元三場, 喫著不盡.」

曾曰：「曾平生之志, 不在溫飽.」

眞宗末, 正色立朝, 朝廷賴以爲重, 作相日, 所進退士, 莫有知者.

或問其故, 曾曰：「恩欲歸己, 怨使誰當.」

【發解】鄕擧, 향시에 의해 추천됨을 뜻함.

【禮部】會試.

【廷試】殿試.

1029 교지交趾의 내분과 안정

　교지交趾의 여환黎桓이 경덕景德 연간에 죽고 그 아들 용정龍廷이 형 용월龍鉞을 죽이고 자립하여 공물을 바쳐왔다. 그에게 전충全忠이라는 이름을 하사하였다. 대중상부大中祥符 연간에 전충이 죽고 아들이 아직 어려 아우가 자리를 두고 다투었다.

　이에 대교大校 이공온李公蘊이 드디어 이들을 죽이고 자립하였다. 이때에 이르러 이공온이 죽고 아들 덕정德政이 서서 국상을 고하여 오자 그를 교지군왕交趾郡王에 봉하였다.

　○ 交趾黎桓, 景德中卒, 子龍廷, 殺其兄龍鉞而自立, 來貢. 賜名全忠. 太中祥符間, 全忠卒, 子幼, 弟爭立. 大校李公蘊, 遂殺之而自立. 至是公蘊卒, 子德政立, 來告喪, 封交趾郡王.

【景德】眞宗 때의 연호.

1030 거란의 성종聖宗

거란의 군주 융서耶律隆緖가 죽어 시호를 성종聖宗이라 하였다.(1030년)
아들 종진耶律宗眞, 興宗이 섰다.

○ 契丹主隆緖殂, 號聖宗, 子宗眞立.

1031 서하西夏의 조원호趙元昊

서하西夏의 조덕명趙德明이 죽고 아들 원호趙元昊, 景宗가 섰다.(1032년)

○ 西夏趙德明卒, 子元昊立.

1032 재상 여이간呂夷簡

(1) 황제 생모의 장례식

유태후劉太后는 인종을 자기의 아들로 길렀지만 인종의 생모 이씨는 아무 말이 없이 선제의 여관女官들 가운데 섞여 살면서 일찍이 이상한 태도를 보인 적이 없었다. 다른 사람들도 태후의 권세를 두려워하여 감히 입 밖에 내지 않았다. 이씨가 병이 들어 갑자기 급해지자 유태후는 이씨를 신비宸妃의 지위로 올려 주었으며 얼마 뒤 이씨는 죽었다.

재상 여이간呂夷簡이 태후에게 이씨를 의당 그 예에 맞추어 장례를 치러야 한다고 상주하면서 이렇게 말하였다.

"나중에 나 이간이 말을 해 주지 않아 그렇게 하였다고는 말하지 마십시오."

신비가 죽고 1년을 넘겨 태후도 죽었다. 태후의 수렴청정은 11년 동안 계속되어 오다가 인종이 비로소 친히 정치를 하게 되었다.

○ 劉太后以上爲己子, 而上母李氏默默處先朝嬪御中, 未嘗自異. 人亦畏后不敢言. 疾革, 乃進位宸妃, 而薨.

宰相呂夷簡奏太后, 宜備禮以葬, 曰:「他日莫道夷簡不曾說來.」

宸妃卒, 踰一年太后崩. 稱制十一年. 上始親政.

【嬪御】 궁중 여인의 직명. 《周禮》에 九嬪九御의 직함이 있으며 당시 李氏는 眞宗의 嬪御 중에 섞여 드러나지 않았었음.

【備禮】 《宋鑑》에 "李氏가 죽자 태후는 治喪을 억제하여 치르지 않으려 했다. 이에 呂夷簡이 들어가 아뢰었으나 허락을 얻지 못하자 여이간은 '나중에 劉氏 태후의 집안이 온전해지지 않기를 바라십니까?'라 하였다. 이에 드디어 상복을

갖추어 장례를 시작하였다. 장례를 치를 때 조칙을 내려 궁궐의 담을 뚫고
상여를 내보내고자 하자 여이간이 그곳에 있다가 '담을 뚫는 것은 예가 아닙니다.
의당 西華門으로 나가야 합니다'라고 하면서 다시 '宸妃는 임금의 몸을 낳아준
분입니다. 그 喪禮를 예에 맞지 않게 했다가는 뒤에 반드시 그 죄를 얻게 될
것입니다'라 하여 이에 허락을 얻었다"라 함.(宋鑒: 李氏薨, 太后抑未治喪, 夷簡
入奏, 不許, 曰:「佗日不欲全劉氏乎?」遂發哀成服. 葬之時, 詔欲鑿宮城垣以出喪,
夷簡處言:「鑿垣非禮, 宜從西華門出.」且曰:「宸妃誕育聖躬, 而喪不成禮, 後必有
受其罪者.」乃許之. ─원주)

⑵ 사현일불초四賢一不肖

　이에 앞서 여이간과 장사손이 함께 재상이 되어 있었으나 여이간이
파직하고 이적李迪이 재상이 되었으며 장사손은 수석 재상이 되었다.
그러나 장사손은 제대로 잘하는 것이 없어 파직되었고 여이간이 다시
재상이 되었다. 그리고 이적이 파직되고 왕증이 다시 재상이 되었으나
권력은 여이간에게 있었다.
　여이간이 파직되었을 초기에 곽황후郭皇后의 말에 의한 것이었는데
여이간이 다시 재상이 되어 들어올 때는 곽황후가 상미인尚美人과 총애를
다투어 틈이 벌어져 드디어 곽후가 폐위당하고 말았으며, 그 일에
여이간이 힘을 쏟았었다. 대간臺諫 공도보孔道輔와 범중엄范仲淹이 폐위를
반대하여 쟁간하였으나 뜻을 이루지 못하고 그들은 축출당하였다.
범중엄은 조정으로 돌아와 대제待制가 되었다가 개봉부開封府의 장관이
되었다.
　범중엄은 나라 일에 더욱 급격하게 굴면서 자주 당시 정치에 대하여
의견을 내었다. 그러자 여이간은 범중엄이 자신의 직책을 뛰어넘는
짓을 한다고 호소하여 다시 요주饒州 지사로 파직되고 말았다.
　관각館閣의 여정余靖과 윤수尹洙가 이를 다투어 간쟁하였다가 두 사람도

모두 좌천당하였다. 그러자 구양수歐陽脩는 간관 고약눌高若訥에게 간하지 않음을 책하면서 이렇게 글을 써서 보냈다.

"인간 세상에 이렇게 수치를 모르는 일이 있는 줄 몰랐소이다."

고약눌이 그 글을 상주하여 구양수도 역시 좌천당하였다.

그러자 채양蔡襄이 '사현일불초四賢一不肖'라는 시를 지었는데 사현이란 범중엄, 윤수尹洙, 여정, 구양수를 가리키는 것이요, 일불초一不肖란 고약눌을 지칭한 것이다

왕증이 인종의 물음에 여이간이 뇌물을 받아 이를 은혜로 베풀고 있다고 배척하여 대답하여 여이간과 왕증이 함께 파면되었다.

이어 왕수王隨와 진요좌陳堯佐가 대신 재상이 되었으나 일 처리에 분명함을 세운 바가 없다는 이유로 파직되었으며, 장사손張士遜과 장득상章得象이 그 뒤를 이어 재상이 되었다.

先是, 呂夷簡·張士遜並相, 夷簡罷, 李迪相, 而士遜爲首相. 無所發明而罷, 李簡復相. 迪罷, 王曾復相, 而權在夷簡. 夷簡之初罷也, 以郭皇后之言, 及復入, 而后有尚美人爭寵之隙, 遂廢郭后, 夷簡有力焉.

臺諫孔道輔·范仲淹爭, 不得而出. 仲淹還朝爲待制, 知開封府. 言事愈急, 數議時政. 夷簡訴其越職, 罷知饒州. 館閣余靖·尹洙爭之, 皆坐貶.

歐陽脩責諫官高若訥不諫, 謂:「不知人閒有羞恥事.」

若訥奏其書, 亦貶. 蔡襄作四賢一不肖詩, 四賢指仲淹洙靖脩, 不肖指若訥也. 王曾因對斥夷簡納賂示恩, 夷簡曾並罷. 王隨·陳堯佐代之, 以無所建明而罷, 張士遜·章得象代之.

【郭皇后之言】《宋鑒》에 "임금이 呂夷簡과 모책을 짜서 張耆 등이 모두 太后가 신임하는 자이니 모두 파직시키고자 하였다. 왕이 물러나와 곽후에게 고하자 태후는 '여이간만이 유독 태후에 빌붙지 않는다는 것이냐?'라 하여 이로써 여이간까지 모두 파직시키게 되었다"라 함. 이 일은 仁宗 明道 2년에 자세히 실려 있다.(宋鑒: 上與夷簡謀, 以張耆等皆太后所任, 悉罷之. 退告郭后, 后曰: 「夷簡獨不附太后耶?」 由是幷罷夷簡. 詳見仁宗明道二年. ―원주)

【尚美人】尚은 성씨이며 美人은 九嬪 아래의 궁중 여인의 직급.

【出】孔道輔는 秦州지사로, 范仲淹은 睦州지사로 폄직됨.

【知開封府】景祐 원년, 范仲淹을 불러 刑部員外郎과 天章閣待制를 맡기려 하자 당시 집정자들이 두려워 그를 開封府(당시 서울 변경)의 知(지사)로 명함.(景祐 元年, 召仲淹爲刑部員外郎天章閣待制, 執政恐之, 命知封府. ―원주)

【羞恥事】곽후를 폐위한 사건과 같은 예.(如廢郭后之事. ―원주)

【歐陽脩亦貶】구양수를 이릉령으로 폄직시킴.(貶脩夷陵令. ―원주)

1033 서하西夏 경략과 거란의 계속된 침입

(1) 서하의 대하황제大夏皇帝

조원호趙元昊, 西夏가 하주夏州, 은주銀州, 수주綏州, 유주宥州, 영주靈州, 염주鹽州, 회주會州, 승주勝州, 감주甘州, 양주涼州, 과주瓜州, 사주沙州, 숙주肅州 등 여러 주를 점령하고, 흥주興州에 거하면서 하란산賀蘭山의 험한 지세를 요새로 삼아 대하제국大夏帝國을 참칭하여 변방을 침범해 왔다. 그리하여 서쪽 국경이 소란해졌다.

이에 범옹范雍이 서하를 경략하였는데 원호가 장차 연주延州를 공격하려 한다는 것을 듣고 심하게 겁을 먹고 문을 걸어 잠근 채 다른 성을 구원하러 나서지 않았지만 유평劉平은 나서서 싸웠다. 그런데 숭관宦官 황덕화黃德和가 유평이 적에게 항복하였다고 천자에게 무고하였다. 그리하여 그의 집을 포위하고 그 일족을 모두 체포해 잡아들이자는 의논이 일어났다. 그러자 부필富弼이 이렇게 말하였다.

"유평 장군은 환경環慶을 나서 구원하러 갔다가 간신 범옹范雍이 구원하지 않아 그 때문에 패하고 만 것입니다. 그는 잡히고도 적을 꾸짖다가 죽게 된 것입니다. 황덕화는 이를 무고하여 자신이 살겠다고 하는 것입니다."

그리하여 황덕화를 허리를 끊는 형벌에 처하고 범옹은 파면하였다.

○ 趙元昊, 據有夏銀綏宥靈鹽會勝甘涼瓜沙肅州之地, 居興州, 阻賀蘭山爲固, 僭號大夏皇帝, 入寇.

西邊騷然. 范雍經略西夏, 聞元昊將攻延州懼甚, 閉門不救, 劉平戰. 中官黃德和, 誣奏平降賊. 以兵圍其家, 議收其族.

富弼言:「平自環慶來援, 姦臣不救, 故敗, 罵賊而死, 德和誣
人冀免.」
　坐腰斬, 范雍罷.

【延州】陜西에 속하며 延安郡.
【姦臣】范雍을 가리킴.
【冀免】元昊가 延州를 쳐들어왔을 때 黃德和가 병사를 끌고 먼저 달아났다가
　이때에 이르러 劉平을 무고하여 자신이 죄를 면하고 살아나고자 한 것임.(案:
　元昊寇延時, 德和引兵先走, 至是遂誣奏平希以自免. —원주)
【腰斬】마침내 黃德和를 참수하였음.

⑵ 조정이 요양하는 곳입니까?

　당시 이처럼 군에는 일이 많았는데도 재상 장사손은 아무런 보탬이
되지 못하였다. 이에 간관諫官 한기韓琦가 이렇게 상소하였다.
　"정치를 하는 관부가 어찌 병을 요양療養하는 곳이겠습니까?"
　이에 장사손은 벼슬을 그만두게 되었고 여이간呂夷簡이 다시 재상이 되었
다. 여이간은 한기와 범중엄을 변방의 장수로 삼았다. 범중엄은 한 때
연주지사延州知事로 겸하였었다. 서하 사람들은 서로 이렇게 경계하였다.
　"연주에는 뜻도 두지 말라. 소범노자小范老子, 범중엄의 가슴 속에는
수만 명의 정예군이 들어 있다. 속이기 쉬운 대범노자大范老子, 范雍와는
비교도 안 된다."
　반면 변방의 중국 사람들은 이렇게 말하였다.
　"군중軍中에 하나의 한韓이 있자 서쪽 도적들이 듣고 간담이 서늘해
졌고, 군중에 하나의 범范이 있자 서쪽 도적들이 듣고 놀라 쓸개가
다 깨어졌다."

조원호가 크게 드러나지 못한 것은, 대체로 한기와 범중엄이 펼친 힘이 컸기 때문이었음을 말한 것이다.

時軍興多事, 張士遜無所補.

諫官韓琦上疏曰:「政事府豈養病坊邪?」

於是士遜致仕, 呂夷簡復相. 用韓琦·范仲淹爲邊師.

仲淹嘗兼知延州, 夏人相戒曰:「毋以延州爲意, 小范老子, 胸中自有數萬甲兵. 不比大淹老子可欺也.」

邊人爲之語曰:「軍中有一韓, 西賊聞之心膽寒; 軍中有一范, 西賊聞之驚破膽.」

昊之不得大逞, 蓋籍琦仲淹之宣力居多.

【無所補】조정에 전혀 보탬이 되지 않음.(無所補益朝廷. −원주)
【小范老子】范仲淹을 가리키며 戎人들은 知州를 '老子'라 불렀음.(戎人謂知州曰老子. −원주)
【大范老子】范雍을 가리킴.

⑶ 거란에 조공하기로 하다

거란興宗, 耶律眞宗은 송나라 조정이 서하에게 흔들리고 있는 틈을 타서 범사泛使, 蕭特末를 보내어 석경당石敬瑭의 진後晉 때에 할양해 주었던 땅을 주後周 세종世宗이 빼앗았으니 그 관瓦橋關의 남쪽 땅을 되돌려 달라고 요구하였다. 이에 지제고知制誥 부필이 이 사신을 응접하게 되었다.

그 당시 여이간呂夷簡이 정사를 맡고 있어 아무도 감히 항의하는
사람이 없었으나 부필만은 이를 따지면서 덤벼들었다. 여이간은 그
일을 구실로 잡아 부필을 거란에의 보사報使로 보내었다.

부필이 거란에 이르자 서로 논란이 오간 끝에 땅을 떼어주기를 극력
거부하였다. 사신의 임무를 마치고 돌아왔다가 다시 파견되면서 보았
더니 국서가 지난번과 다른 것이었다. 여이간이 부필을 함정에 빠뜨리려
한 것이었다. 부필은 의심을 품고 국서를 열어 보고는 이에 다시 되돌아와
인종仁宗에게 상주하여 여이간을 면전에서 책하고 국서를 고쳐 쓴 다음
거란으로 갔다. 그리하여 거란에게 앞으로 해마다 은 10만 냥과 비단
10만 필을 더 주기로 하고, 화의를 결정하고 귀환하였다.

契丹乘朝廷有西夏之撓, 遣泛使求石晉所割, 周世宗所取關
南地. 知制誥富弼接伴. 時夷簡任事, 人莫敢抗, 弼數侵之. 夷簡
欲因事罪弼, 以弼報使. 弼至, 往返論難, 力拒其割地. 使還,
再遣, 而國書故爲異同.

夷簡欲以陷弼, 弼疑而啓觀, 乃復回奏, 面責夷簡, 易書而往.
增歲賂銀絹各十萬, 定和議而還.

【泛使】바다를 건너가는 사신.(泛海之使. ─원주)
【接伴】범사를 모시고 가는 일.(陪奉泛使. ─원주)
【報使】문서를 가지고 거란에 가는 사신.(報書奉使契丹. ─원주)
【易書】富弼이 契丹에 사신으로 갔다가 이미 돌아와 보고하고는 다시 가게
　　되면서 草詔와 誓書에 부필은 세 가지를 더하여 청할 것이며 塘池를 확대하여
　　열어주는 일을 거부하고 屯兵의 기마 중에 반란했던 자를 수용하지 말 것을
　　청하였다. 이윽고 출발하여 도중에 가지고 온 誓書를 武疆에서 전해주도록
　　하였다. 그러나 부필은 사사로이 세 가지 일은 전에 거란과 약속한 것으로

만일 글 내용이 말과 다를 경우 일이 실패할 것이라 여겨 이를 뜯어보았다.
과연 내용이 달라 곧바로 달려와 그 글을 바꾸어 떠난 것이다.(案: 弼使契丹,
旣歸復命, 再往聘, 草詔及誓書, 弼請增三事, 毋廣開塘池, 增屯兵騎容受叛. 曁行,
中使持誓書, 至武疆授之. 弼私念, 三事前與虜約, 萬一書詞與口異, 則事敗矣.
發視之, 果不同, 馳還易書行. ―원주)

✳ 富弼의 通好之使로서의 임무 수행에 대하여 다음과 같이 평하고 있다.
論曰:「通兩國之情, 結無窮之好者, 莫重奉使之職. 古者兵交, 則有往來覘敵
之使, 事已則有玉帛結好之使, 非有儀秦之辯, 賁育之勇, 良平之智, 則不遣也.
方契丹擁兵壓境, 使者悖慢上命報聘, 無敢行者. 獨富公毅然而往, 入虜庭詰
其君臣, 往返辯論. 不啻數十百語, 至令契丹君臣, 曉然知通好用兵利害之所在,
皆公之力也.」

1034 비판의 글들

(1) 석개石介의 시

여이간이 사임하기를 청하자 인종은 드디어 천하의 폐단을 개혁하고자 간관諫官을 증원하여 왕소王素, 구양수歐陽修, 여정余靖, 채양蔡襄 등에게 간원諫院의 직책을 주고, 한기韓琦와 범중엄范仲淹을 추밀부사樞密副使로 하고 하송夏竦을 불러 추밀

〈歐陽脩(永叔)〉《三才圖會》

사에 임명했다. 그런데 간관들이 하송을 파직하기로 논의하자 두연杜衍을 대신 임명하였다. 그러자 국자직강國子直講 석개石介가 이를 기뻐하여 말하였다.

"이는 훌륭한 덕의 사건이다."

그리고 '경력성덕慶曆聖德'의 시詩를 지어 이렇게 읊었다.

"중현衆賢이 나아감이
　　띠가 뽑힘 같고,
　　대간大奸이 물러감이
　　발톱을 빼 버림 같다."

여기서 대간은 하송을
가리키는 것이다.

〈范仲淹(希文)〉《三才圖會》

○ 呂夷簡求罷, 上遂欲更天下弊事, 增諫官員, 命王素·歐陽修·余靖·蔡襄, 供諫院職, 以韓琦·范仲淹爲樞密副使, 召夏竦爲樞密使. 諫官論罷竦, 以杜衍代之.

國子直講石介喜曰:「此盛德事也.」

乃作慶曆聖德詩, 有曰:『衆賢之進, 如茆斯拔. 大姦之去, 如距斯脫.』

大姦指竦也.

【茆拔】 서로 같은 사람을 잘 이끌어 줌을 뜻함. 잔디의 뿌리를 뽑으면 그 줄기를 따라 계속 서로 이끌려 나옴을 뜻함.《易》에 "拔茆連茹"라 하였음.
【距脫】 싸움닭에게 용맹를 과시할 수 있는 것은 발톱이며 이를 제거하면 다른 닭에게 아무런 해를 주지 못함을 뜻함.(鷄之勇也以距, 距脫則不能爲他鷄之害也. -원주)

(2) 구양수歐陽脩의 〈붕당론朋黨論〉

범중엄과 한기는 마침 섬서陝西에서 돌아오던 중이었는데 도중에서 이 시詩를 보고 범중엄이 무릎을 치며 한기에게 이렇게 말하였다.

"이렇게 괴이한 귀신 무리들이 일을 그르치는구나."

과연 하송은 이를 근거로 자신의 무리를 모아 〈당인론黨人論〉으로써 두연 등 상대 당을 지목하였다. 이에 대해 구양수는 〈붕당론朋黨論〉을 지어 임금에게 바쳤다. 대략 다음과 같다.

"소인에게는 벗이란 없다. 오직 군자에게만 진정한 벗이 있을 뿐이다. 소인이라도 이익을 같이 할 때는 잠시 친구가 되는 듯하지만 이는 위선일 뿐이다. 그 이익이 보이면 서로 먼저 차지하려 다투고, 혹 이익이 다하면 우정은 소원해져 도리어 서로 적해한다. 군자는 자신을 수양하니 즉 같은 길을 가면서 서로 도움을 주어 나라를 섬김에는 같은 마음으로 함께 건너면서 처음과 끝이 변함없이 같다. 이것이 군자의 벗이다. 따라서 임금된 자라면 단지 소인들의 거짓 붕당은 물리치고 군자의 진정한 붕당을 진급시켜야 한다. 그렇게 하면 천하가 다스려질 것이다."

仲淹·琦適自陝西來, 道中得詩, 仲淹拊股謂琦曰:「爲此怪鬼輩壞事.」

竦因與其黨造論, 目衍等爲黨人, 歐陽脩乃作朋黨論上之, 略曰:「小人無朋, 惟君子有之. 小人同利之時, 暫爲朋者僞也. 及其見利而爭先, 或利盡而情疎, 反相賊害, 君子修身, 則同道而相益, 事國則同心而共濟, 終始如一, 此君子之朋也. 爲君者, 但當退小人之僞朋, 進君子之眞朋, 則天下治矣.」

【目】 지목하여 칭함.(稱也. ―원주)

1035 범중엄 范仲淹

⑴ 열 가지 대책

범중엄은 추밀부사에서 참정으로 옮기고, 부필이 추밀부사가 되었다. 인종이 이미 범중엄 등을 발탁해 쓰고 나서 매번 만나볼 때마다 반드시 천하를 태평케 할 책임을 맡겼다. 그리고 천장각天章閣을 열어 불러 대책對策을 짓게 하면서 자리를 잡아 붓과 종이를 하사하였다. 범중엄 등은 황송하여 물러나 열 가지 사항을 지어 올렸다.

〈범중엄〉

첫째, 관리의 임명과 면직을 공명하게 할 것.

둘째, 요행으로 출세하는 것을 막을 것.

셋째, 인물을 뽑아 쓰는 제도를 정밀하게 할 것.

넷째, 관의 우두머리를 선발해 쓸 것.

다섯째, 공전公田을 균등하게 처리할 것.

여섯째, 농업과 잠업을 보호할 것.

일곱째, 무비武備를 닦을 것.

여덟째, 요역을 감면할 것.

아홉째, 황실의 은혜와 믿음을 널리 펼 것.

열 번째, 명령에 신중을 기할 것.

인종이 바야흐로 이를 믿고 방향을 정하려 하던 참이었으므로 그들의 의견을 모두 채용하였다. 다만 무비를 위하여 부병府兵을 부활하자는 한 가지는 재상이 불가하다고 여겼다.

당시 장득상章得象과 안수晏殊가 함께 동평장사였는데 얼마 지나지
않아 범중엄은 섬서하동陝西河東 안무사安撫使로 가고, 부필은 하북河北
안무사로 가게 되었다. 하송夏竦 등이 비방을 날조하여 범중엄 등은
조정에 편안히 머물러 있을 수 없었기 때문이었다.
구양수歐陽修 역시 하북北方都轉運使으로 가게 되었으며 안수는 파직되고
두연이 동평장사가 되었다.

○ 仲淹遷參政, 富弼爲樞副. 上旣擢仲淹等, 每進見, 必以太平
責之. 開天章閣召對, 賜坐給筆札, 仲淹等皆惶恐, 退列奏十事:
一曰明黜陟, 二曰抑僥倖, 三曰精貢擧, 四曰擇官長, 五曰均公田,
六曰厚農桑, 七曰脩武備, 八曰減徭役, 九曰覃恩信, 十曰重命令.
上方信向, 悉用其說, 惟武備欲復府兵一說, 宰相以爲不可,
時章得象晏殊, 並同平章事, 未幾, 仲淹宣撫陝西河東, 富弼宣
撫河北. 竦等造謗, 故仲淹等不安於朝. 歐陽脩亦出使河北, 晏
殊罷, 杜衍同平章事.

(2) 일망타진一網打盡

두연은 요행으로 출세하는 자를 제재하는 데 힘을 쏟았다. 그리하여
매번 인종으로부터 내명內命이 내려올 때마다 대범하게 이를 묵혀 두고
실행하지 아니하다가 그 조서가 십여 장이 모이면 문득 이를 인종
앞에 반납하여 버렸다.
인종이 어느 날 간관(구양수)에게 이렇게 말하였다.

"바깥 사람들은 두연이 내 내명內命을 봉하여 듣지 않고 있음을 알고 있소? 짐은 궁중에 있어 매번 두연이 나에게 알려주지도 않을 것이라 여겨 내가 알아서 폐지하는 것이 그가 나에게 되돌려 주는 것보다 더 많다오."

마침 두연의 사위 소순흠蘇舜欽이 진주원進奏院의 감독이었는데 어느 날 묵은 종이를 팔아 그 돈으로 신에게 제사를 지내고 손님을 모아 접대한 일이 벌어졌다. 그러자 어사중승御史中丞 왕공진王拱辰이 평소 두연이 하는 일을 불편하게 여기고 있던 터라 이 일을 근거로 그들을 공격하였다. 그리하여 소송에 걸려 죄를 판결받은 자가 수십 명이 되었다. 왕공진은 즐거워하며 이렇게 말하였다.

"내 일망타진一網打盡하였도다."

이리하여 두연은 재상이 된 지 70여 일 만에 파직되었고 이어 가창조賈昌朝가 평장사 겸 추밀사가 되었다. 한기韓琦는 추밀부사에서 파직되고 양주지사楊州知事가 되었다. 재상 장득상章得象도 파면되고 진집중陳執中이 평장사가 되었으며 가창조가 파면되고 하송이 다시 추밀사樞密使가 되었다.

衍務裁僥倖. 每內降, 率寢格不行, 積詔旨十數, 輒納上前.

上嘗語諫官曰:「外人知衍封還內降邪? 朕在宮中, 每以不可 告而止者, 多於所封還也.」

會衍壻蘇舜欽, 監進奏院, 用鬻故紙公錢祀神會客, 御史中 丞王拱辰, 素不便衍等所爲, 因攻其事. 置獄得罪者數人. 拱辰 喜曰:「吾一網打去盡矣.」

衍相七十日而罷, 賈昌朝平章事兼樞密使. 韓琦罷樞副知揚 州事. 章得象罷, 陳執中平章事, 昌朝罷, 夏竦代爲樞密使.

【會客】마침 進奏院의 祠神의 일을 맡았던 蘇舜欽이 묵은 종이를 판 公錢으로
기녀를 부르고 손님을 초대하였다. 이에 王洙, 呂溱, 王益柔 등이 참여하였다.(會進
奏院祠神舜欽用鬻故紙公錢, 召妓會客. 王洙, 呂溱, 王益柔等與焉. －원주)

패주貝州의 병졸 왕칙王則이 반란하자 문언박文彦博이 하북선무사河北宣撫使가 되어 이를 토벌 평정하였다. 이어 문언박은 들어와 평장사平章事가 되었다.

○ 貝州卒王則反, 文彦博宣撫河北, 討平之. 彦博入爲平章事.

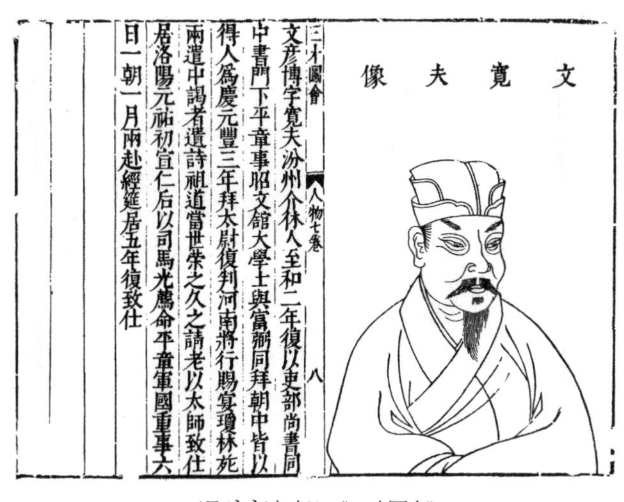

〈문언박(寬夫)〉《三才圖會》

1037 하국왕夏國王 조원호趙元昊

조원호趙元昊, 西夏 景宗는 경력慶曆 초에 일찍이 범중엄을 통해 화의를 청해놓고는 여러 해 동안을 두고 배반과 항복을 되풀이해 오다가 마침내 송나라 보살핌을 받아들여 신하를 칭하였다. 인종은 책策을 내려 하국왕 夏國王으로 삼아주고 낭소囊霄라 이름을 내려주었다. 그리고 해마다 은, 비단, 차, 채綵 등 합해서 25만 5천 냥 어치를 하사하여 원호는 드디어 다시는 국경을 침범하지 않게 되었다. 그가 죽고 아들 양조趙諒祚, 毅宗가 섰다.(1049년)

○ 趙元昊, 慶曆初, 嘗因范仲淹請和, 反覆數歲, 竟納款復稱臣. 策命爲夏國王, 名曩霄. 歲賜銀絹茶綵二十五萬五千, 遂不復 寇邊. 卒, 子諒祚立.

1038 진집중陳執中

진집중陳執中이 제대로 정치를 수행하지 못하여 파면하였다.

○ 陳執中, 以無所建明罷.

1039 하송夏竦을 파면하다

하송夏竦이 파면되고 송상宋庠이 뒤를 이었다가 얼마 후 동평장사가 되었으나 얼마 지나지 않아 파면되었다.

○ 夏竦罷, 宋庠代之, 尋同平章事, 未幾罷.

1040 등롱금燈籠錦을 바쳐 재상이 되었습니다

　장귀비張貴妃의 오빠 요좌堯佐가 하루 동안에 네 가지 벼슬에 임명되자 감찰어사이행監察御史裏行 당개唐介가 이를 논박하였으나 인종은 듣지 않았다. 이에 당개는 드디어 이렇게 문언박을 탄핵하였다.

　"문언박은 전에 촉蜀의 지사로 있을 때 등롱금燈籠錦을 장귀비에게 바쳐 재상이 되었습니다. 그래서 요좌와 한 무리가 되어 있는 것입니다."

　왕은 노하여 당개를 멀리 쫓아버렸다. 문언박 역시 파직을 청하여 방적龐籍은 평장사平章事가 되었다.

　○ 張貴妃兄堯佐一日除四使, 監察御使裏行唐介論之, 不聽. 遂劾奏:「文彥博向守蜀, 以燈籠錦獻貴妃得執政, 故黨堯佐.」 上怒遠貶介, 彥博亦求罷, 龐籍平章事.

【兄】 마땅히 '諸父'여야 한다.《宋鑑》에 의하면 貴妃는 堯佐의 조카였다.(當作諸父. 案宋鑑: 貴妃乃堯佐姪也. −원주)

【四使】 宣徽, 節度, 景靈, 羣牧의 벼슬이라 함.

【裏行】 벼슬 이름. 당나라 때 御史裏行이란 직책이 있었는데 景祐 때에 처음 두었으며 御史가 부리던 낮은 자이다.(唐朝有御史裏行. 至景祐中, 始置. 以處御史之官卑者. −원주)

【燈籠錦】 촉에서 나던 유명한 비단.

【遠貶】 唐介를 春州別駕로 삼았다가 王擧正이 구제하여 英州로 옮겨주었다.(貶唐介爲春州別駕. 王擧正救之. 改英州. −원주)

1041 농지고儂智高를 토벌하다

　광주廣州, 원주源州의 농지고儂智高가 광주廣州에 침입하고 해마다 강남의 여러 주를 함락하여, 옹邕으로부터 광서廣西에 이르는 지역이 모두 그 해를 입었다. 추밀부사樞密副使 적청狄靑에게 명하여 이를 토벌토록 하여 평정하였다. 적청은 돌아와 추밀사가 되었다.

　○ 廣源州儂智高寇廣州, 連歲陷諸州, 自邕至廣西, 皆被其害. 命樞副狄靑, 討平之, 還爲樞密使.

【源州】邕州.

1042 방적龐籍

방적龐籍이 파면되었다.

○ 龐籍罷.

1043 부필富弼 밖에 없겠군

진집중陳執中과 양적梁適이
평장사가 되었으나 양적이
파직되고 유광劉洸, 沆이 대를
이었으며 진집중이 파직되
문언박과 부필이 함께 동평
장사가 되었다. 사대부들이
서로 맞는 사람을 얻었다고
축하하자 임금은 이렇게 말
하였다.

〈富弼(彥國)〉《三才圖會》

"인정이 이와 같구나. 어찌 꿈이나 점을 쳐서 얻은 것보다 훌륭하다
하지 않으리오!"

인종은 일찍이 왕소王素에게 이렇게 물었던 적이 있었다.

"누구를 재상으로 삼는 것이 좋겠소?"

왕소는 이렇게 말하였다.

"오직 환관이나 궁녀들이 그 성명조차 모르는 사람이라면 가히 그
선발에 이름을 충당시켜도 될 것입니다."

왕은 탄식하며 이렇게 말하였다.

"그렇다면 부필富弼 밖에 없겠군."

○ 陳執中·梁適平章事, 適罷, 劉洸(沆)代之, 執中罷, 文彥
博富弼並同平章事.

士大夫相慶得人, 上曰:「人情如此, 豈不賢於夢卜哉!」

上嘗問王素:「孰可爲相?」

素曰:「惟宦官宮妾, 不知姓名者, 可充其選.」

上慨然曰:「如此則富弼耳.」

【夢卜】상(은)나라 高宗이 꿈에 부열(傅說)을 얻은 예와 西伯(昌, 文王)이 점을
쳐서 姜太公을 얻은 예를 빗댄 것임.(商高宗夢得傅說, 西伯卜得太公. ―원주)

1044 거란의 흥종興宗

거란의 군주 종진耶律宗眞이 죽어(1054년) 호를 흥종興宗이라 하였다. 아들 홍기耶律洪基가 섰다.(1055년)

○ 契丹主宗眞殂, 號興宗, 子洪基立.

1045 교지의 이덕정李德政

교지의 이덕정李德政이 죽고 아들 일준李日遵이 섰다.

○ 交趾李德政卒, 子日遵立.

1046 한기韓琦

유항劉沆이 파직되고 문언박文彦博도 파직되었다. 한기韓琦가 평장사가
되고 부필은 파직되었다.

○ 劉沆罷, 文彦博罷. 韓琦平章事, 富弼罷.

1047 〈변간론辨姦論〉

    왕안석이 지제고知制誥가 되었다. 왕안석은 매번 벼슬이 바뀔 때마다 겸손히 이를 끝없이 사양하였으나 이때에 지제고가 됨에는 관직을 사양하지 않는 것이었다.

    안석이 어느 날 인종을 모시고 꽃구경과 낚시의 잔치를 열었는데, 그만 잘못하여 낚싯밥을 먹고 말았다. 이윽고 알아차렸으나 이미 먹고 난 다음이었다. 인종은 그것이 인정에 어긋난 일임에도 그 그릇된 것을 끝까지 한다고 여겨 그를 미워하였다. 왕안석은 이름이 알려져 선비들이 다투어 그에게 모여들었지만 오직 소순蘇洵만은 그를 만나지 않으면서 〈변간론辨姦論〉을 지어 왕안석은 역시 인정에 거리가 멀어 틀림없이 크게 간특한 일을 꾸밀 것이라 여겼다.

    ○ 王安石知制誥. 安石每遷官, 遜避不已, 至知制誥, 則不復辭官矣. 安石嘗侍賞花釣魚宴, 誤食鉤餌. 已悟而食之旣. 上以其不情而遂非, 惡之. 安石有重名, 士爭向之, 惟蘇洵不見, 著〈辨姦論〉, 亦以爲不近人情, 必大姦慝.

【旣】이미 낚싯밥을 잘못 먹은 것을 깨달았으나 그래도 이를 모두 먹어버린 것임.(已覺誤食鉤餌, 而盡食之. ―원주)
【遂非】인지상정에 가깝지 않으며 과실을 고치지 않음.(不近人情, 而不改過. ―원주)

1048 사마광司馬光의 삼차三箚

사마광司馬光이 간원諫院의 지사가 되어 삼차三箚를 올렸다.

첫째는, 군덕君德을 논하되 세 가지가 있으니 어짊仁, 밝음明, 무용武이라는 것이었다.

둘째는, 신하를 제어하는 방법을 논하되 신하를 관직에 임명할 때 주의할 일, 공로 있는 사람은 반드시 상주고 죄 있는 사람은 반드시 벌주어야 한다는 것이었다.

셋째는, 군사를 선발하는 문제를 논한 것이었다.

사마광은 다시 오규五規를 바쳤다.

천자의 제업을 보존하는 문제, 시간을 아껴야 함, 원대한 모책을 세워야 함, 작은 일일수록 조심해야 함, 실질에 힘쓸 것 등이었다.

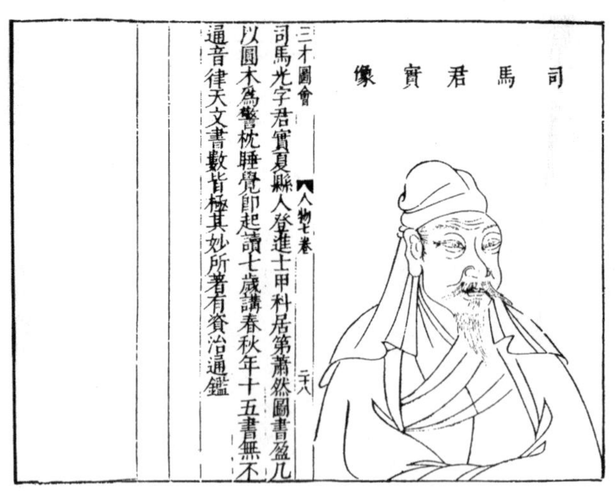

〈司馬光(君實)〉《三才圖會》

○ 司馬光知諫院, 進三劄: 一論君德, 有三, 曰仁, 曰明, 曰武; 二論御臣, 曰任官, 曰信賞, 曰必罪; 三論揀軍. 又進五規: 曰保業, 曰惜時, 曰遠謀, 曰謹微, 曰務實.

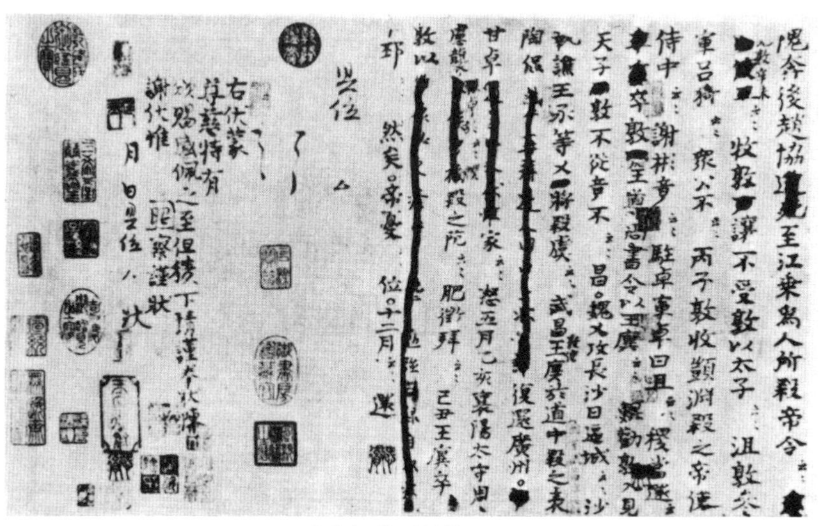

〈사마광 《資治通鑑》 초고〉

1049 소식蘇軾과 소철蘇轍

책을 내려 과거로 사람을 뽑기를 제정하여 소식蘇軾과 소철蘇轍을
얻었다.

○ 策制科人, 得蘇軾·蘇轍.

〈蘇軾(子瞻, 東坡)〉《三才圖會》

1050 증공량曾公亮

증공량曾公亮이 평장사가 되었다.

○ 曾公亮平章事.

1051 인종仁宗이 죽다

　　인종은 재위 23년으로 죽었다.(1063년) 연호를 아홉 번 바꾸었는데, 천성天聖, 명도明道는 유태후劉太后가 수렴垂簾한 정치기간이었고, 경우景祐 이래는 인종 자신이 정치를 하였다.

　　보원寶元, 강정康定 연간에는 서쪽 국경에 병란이 많았으나 경력慶曆에는 다시 교화의 시기가 되어 군자君子가 조정에 가득하였다. 황우皇祐, 지화至和, 가우嘉祐 연간에는 천하가 태평 무사하였다.

　　인종은 공검한 덕과 사람을 사랑하고 사물을 구휼하는 마음을 가지고 있었다. 그리하여 즉위하여 죽을 때가지 처음부터 끝까지 한 날 같았다. 그의 죽음이 천하에 발표되자 비록 심산궁곡일지라도 관청에 달려와 슬피 울지 않는 자가 없었으며 능히 울음을 그치지 못하였다. 54세의 수를 누렸다. 황태자가 섰다.(1064년) 이가 영종황제英宗皇帝이다.

　　○ 上在位四十二年. 改元者九, 天聖·明道, 則垂簾之政也. 景祐以來, 政由己出. 寶元·康定間, 西鄙多事, 慶曆更化, 君子滿朝, 至皇祐·至和·嘉祐, 天下承平無事. 恭儉之德, 愛人恤物之心, 自卽位至升遐, 終始如一日. 遺制下, 雖深山窮谷, 莫不奔走悲號, 而不能止. 壽五十四, 皇子立, 是爲英宗皇帝.

【垂簾】 劉太后가 垂簾聽政하였음을 뜻함.
【遺制】 황제가 죽으면서 남긴 조칙.(升遐詔制. ―원주)

5. 英宗皇帝

1052 영종황제英宗皇帝

⑴ 세 번 사양한 끝에 제위에 오르다

영종황제英宗皇帝는 처음 이름이 종실宗實이었으며 복濮의 안의왕安懿王 윤양允讓의 아들이요 태종太宗의 증손이다. 인종은 아들이 없어 그를 태자로 삼아서 이름을 서趙曙로 내려주었다. 인종이 죽은 뒤에 종실은 즉위할 것을 세 번 네 번 사양한 다음에야 겨우 즉위하였다.(1064년)

영종은 그 뒤에도 황제가 된 것을 고민하고 의혹을 품어 마침내 병까지 들고 말아 자성광헌조태후慈聖光獻曹太后가 같은 권위로 정치를 꾸려나갔다. 영종은 혹 상식에 어긋난 행동을 하였으며 환관을 대우함은 더욱 매정하게 하였다. 좌우 측근조차 싫어하여 환관들이 함께 참소와 이간질을 하여 그만 양궁兩宮, 태후와 영종이 드디어 틈이 벌어지고 말았다. 그러나 재상 한기韓琦와 참정 구양수 등이 조정하고 보호함에 힘입어 별일 없이 되었다.

英宗皇帝:

初名宗實, 濮安懿王允讓之子, 太宗之曾孫也. 仁宗立爲皇子, 賜名曙. 仁宗崩, 固避數四, 而後卽位. 以憂疑致疾, 慈聖光獻曹太后, 權同聽政. 上擧措或改常度, 遇宦官尤少恩. 左右多不悅, 乃共爲讒間, 兩宮遂成隙, 賴宰相韓琦, 參政歐陽脩等調護.

【曹太后】 仁宗의 皇后.
【兩宮】 太后와 英宗 사이에 틈이 생김.

⑵ 너의 죄는 사형에 해당한다

영종은 건강이 회복되자 친히 정치를 하고 태후는 발을 거두게 되었다.

어느 날 한기가 서명이 되어 있지 않은 칙명의 문서를 가지고 나오자 구양수는 이미 서명을 하였으나 조개趙槩는 아직 서명하지 않고 있었다. 이에 구양수는 이렇게 말하였다.

"차례대로 서명하시오. 한재상으로부터 틀림없이 무슨 설명이 있겠지요."

한기는 문서에 서명이 다 되자 집무실에 앉아 내시 임수충任守忠을 불러 뜰에 세워 놓고 이렇게 말하였다.

"너의 죄는 사형에 해당한다."

그리고 기주蘄州로 귀양보낼 것이라 꾸짖었다. 대체로 임수충은 태후와 영종의 사이를 싸움 붙인 사람이었기 때문이었다.

上旣康復親政, 太后撤簾. 琦一日出空頭勑脩已僉.
趙槩未僉, 脩曰:「第書之. 韓公必有說.」
琦坐政事堂, 召乃侍任守忠, 立庭下曰:「汝罪當死.」
責蘄州安置, 蓋交鬪兩宮之人也.

【撤簾】태후가 정권을 황제에게 돌려줌을 뜻함.(后還政. —원주)
【第書之】歐陽脩가 趙槩에게 차례대로 서명을 할 것을 권한 것이다.(脩勸槩次第
　僉署. —원주)

1053 생부를 어떻게 모실 것인가?

영종이 생부 복왕濮王을 어떠한 전례로 모실 것인가를 논의하였다. 집정은 황고皇考로 칭하고자 하였고 또 태후의 조서에 따라 친親이라 부르자고 하였다. 그러나 사마광司馬光, 범진范鎭, 여회呂誨, 범순인范純仁, 여대방呂大防, 여공서呂公著 등은 의견을 교환하여 그것이 불가하다고 여겼다.

이리하여 범진은 한림학사에서 파직되고 여회, 범순인, 여대방은 간언의 직을 해임당하고, 여공저는 시강侍講을 파면당하여 그 논쟁은 끝내 결정을 보지 못하였다.

○ 議崇奉濮王典禮. 執政欲稱皇考, 又以太后詔, 令上稱親. 司馬光·范鎭·呂誨·范純仁·呂大防·呂公著, 交論以爲不可. 鎭罷翰林, 誨·純仁·大防解言職, 公著罷侍講. 議竟不決.

✹ 본 장의 논란에 대하여 《儀禮》 喪服記를 들어 원주에는 다음과 같이 말하였다.

按:「儀禮喪服記:『爲人後者爲其父母服齊衰期, 謂之降服.』以明服可降, 父母之名不可改也. 夫爲人後者, 旣以所後爲父矣. 聖人又存其所生父母者, 非曲爲之意也. 蓋自有天地以來, 未有無父而生之子也. 旣有父而生, 則不可廢其所生矣. 司馬等之論, 其未當於理也明矣.」

1054 거란이 국호를 대료大遼로 고치다

거란이 나라 이름을 대료大遼로 고쳤다.

○ 契丹改號大遼.

1055 영종英宗이 죽다

영종이 죽었다.(1067년) 재위 4년, 연호를 치평治平으로 고쳤다. 향년 38세였다. 황태자가 섰다.(1068년) 이가 신종황제神宗皇帝이다.

○ 上崩. 在位四年, 改元者一: 曰治平. 年三十八, 皇太子立, 是爲神宗皇帝.

6. 神宗皇帝

> ⦿ 神宗. 宋(北宋)의 제6대 황제.
> 趙頊. 1068년~1085년 재위.

1056 신종황제 神宗皇帝

신종황제는 이름이 욱趙頊이며 어머니는 선인성렬황후宣仁聖烈皇后 고씨高氏라 하였는데 조태후曹太后의 조카이다. 고씨는 어릴 때부터 숙모 조태후 아래에서 영종과 함께 길러져 뒤에 영종의 배필이 되어 욱을 낳았다. 욱은 영왕潁王이 되었다가 태자가 되어 얼마 후 즉위한 것이다.

神宗皇帝:

名頊, 母曰宣仁聖烈皇后高氏, 曹太后之甥也. 幼與英宗同 鞠后所, 爲英宗配生頊, 自潁王爲太子, 尋卽位.

【后所】曹太后가 거하던 곳.

1057 생부 복왕濮王에 대한 논의 이래로

복왕濮王에 대한 논의가 있은 이래 말하는 자들이 구양수를 공격하기를 그치지 않아 마침내 구양수는 파면되었고 한기 역시 파면되었다.

○ 自有濮議以來, 言者攻歐陽脩不已, 遂罷, 韓琦亦罷.

1058 왕안석王安石이 요순堯舜을 들먹이다

왕안석王安石이 한림학사가 되어 신종의 자문에 들어가 응하게 되었다.
"먼저 술術을 택하여 말을 해야 합니다. 반드시 요순堯舜을 내세워야
합니다."

○ 王安石爲翰林學士入對:「首以擇術爲言, 言必稱堯舜.」

〈왕안석〉

1059 왕안석王安石과 신법新法

(1) 태간사충太姦似忠

부필이 동평장사가 되고 왕안석이 참정이 되었다. 왕안석이 이미 집정대신이 되자 사대부들은 평소 그의 이름을 중히 여기던 터라 태평시대를 가히 이룰 수 있으리라 여겼다.

여회呂誨가 당시 어사중승御史中丞이었는데 장차 황제의 자문에 응하기 위해 입궁하고 있었다. 그러나 학사시독學士侍讀 사마광司馬光도 역시 경연經筵에 가려고 나서다가 서로 만나 같이 가게 되었다. 사마광이 은밀히 여회에게 물었다.

"오늘 어떤 일을 말씀드리려 하오?"

여회가 말하였다.

"내 품속에 탄핵문彈劾文이 들어 있는데 바로 새로 된 참정에 관한 것이오."

사마광이 깜짝 놀라 말하였다.

"모두가 맞는 사람을 뽑았다고 즐거워하고 있는데 무슨 논할 거리가 있다는 거요?"

여회가 말하였다.

"그대君實까지도 이런 말을 하오? 왕안석은 고집이 세고 치우친 견해를 가지고 있으며 자신에게 아첨하는 자를 좋아하지요. 천하가 틀림없이 그의 폐해를 입고 말 것이오."

사마광은 물러나서도 이를 생각해 보았지만 그 말을 이해할 수가 없었다. 고관들 사이에 그 상소문의 사건이 전해지자 거의가 너무 지나친 처사라고 의심하였다. 여회의 상소문 내용은 이러하였다.

"지나치게 간사한 것은 충성처럼 보이고, 지나친 속임수는 미더워 보입니다. 왕안석은 겉으로는 질박하고 촌스러워 보이지만 안으로는 교묘한 속임을 감추고 있습니다. 교만하고 절뚝거리며 임금에게 거만하게 굴며 음험하게 사물을 적해하고 있습니다."

이렇게 열 조목에 이르는 것이었다. 신종은 두 번이나 손수 조서를 써서 여회에게 내려주며 반성하도록 하였지만 여회는 논쟁을 그치지 않았다. 드디어 여회를 파직시키고 말았다.

○ 富弼同平章事, 王安石參政. 安石旣執政, 士大夫素重其名, 以爲太平可立致. 呂誨時爲御使中丞, 將對, 學士侍讀司馬光, 亦將詣經筵, 相遇並行.

光密問: 「今日所言何事?」

誨曰: 「袖中彈文, 乃新參也.」

光愕然曰: 「衆喜得人, 奈何論之?」

誨曰: 「君實亦爲此言邪? 安石執偏見, 喜人佞己, 天下必受其弊.」

光退而思之, 不得其說. 搢紳聞, 有傳其疏者, 往往疑其太過.

誨言: 「大姦似忠, 大詐似信, 安石外示朴野, 中藏巧詐, 驕蹇慢上, 陰賊害物.」

疏其十事, 上兩降手詔喩誨, 誨論之不已, 遂罷誨.

【司馬光】당시 사마광은 學士로서 經筵侍讀을 겸하고 있었다.(時爲學士, 而兼經
　筵侍讀. -원주)

【乃新云云】새로 참정이 된 왕안석을 탄핵함.(彈新參政王安石. -원주)

【君實】司馬光의 字.

【十事】열 가지 조목은 대체로 다음과 같다.(원주)

「大略言: 在仁宗朝, 擧駁不當而不肯謝恩丁優服滿, 而累詔不起. 終英宗之世而
　不臣, 在神宗之初, 而託疾及除知江寧府乃從命, 一也; 除小官則遜避, 承重任則

不辭, 二也. 侍講侍讀, 本爲進說, 乃請坐自尊, 三也; 居政府多乞御批, 以沮異議, 四也; 自糾察司擧駁, 與法官爭論, 每挾情壞法, 拘私報怨, 五也; 入翰林則惟欲其弟實顯, 在政府則無非賣弄威權, 六也; 貶黜異己, 專威害政, 七也; 當黼座奏對, 不知畏敬與唐介爭論, 遂致喧嘩, 八也; 上方親睦九族, 乃黨張辟光, 離閒岐王之罪, 九也; 邦國經費, 在於三司, 乃欲額外增員, 十也.」

(2) 신법 발의

　왕안석은 삼사조례사三司條例司라는 관청을 처음으로 설치하기를 건의하고 신법新法을 시행할 것을 논의하면서 이렇게 말하였다.
　"주周나라 때는 천부泉府라는 관청을 두어 천하의 상품을 변통시켰습니다. 후세에 오직 상홍양桑弘羊과 유안劉晏 두 사람만이 어설프게나마 이러한 생각을 합당하다 여겼을 뿐입니다. 지금은 의당 천부의 법을 닦아 이익과 권리를 국가가 거두어들여야 합니다."
　왕안석은 주로 여혜경呂惠卿과 의논하여 사람들이 왕안석을 공자孔子에 비유하고 여혜경을 안회顏回에 비유하였다.

　安石建議, 創制治三司條例司, 議行新法, 言:「周置泉府之官, 變通天下之財, 後世惟桑弘羊劉晏, 粗合此意. 今當修泉府之法, 以收利權.」
　安石多與呂惠卿謀, 人號安石爲孔子, 惠卿爲顏子.

【泉府之官】《周禮》 地官(下)에 「掌以市之征市, 斂市之不售貨之濟於民用者, 以其價賣之.」라 함.

【桑弘羊】漢 武帝 때의 재상.
【劉晏】唐 德宗 때의 인물.

(3) 두견새 울음소리

이에 앞서 치평治平(1064~1067) 연간에 소옹邵雍이 객과 함께 낙양洛陽의 천진교天津橋를 걷고 있었다. 그런데 두견새 우는 소리가 들려오자 그는 갑자기 슬픔이 들며 기쁨이 사라지고 마는 것이었다. 객이 그 까닭을 묻자 소옹은 이렇게 말하였다.

"낙양에는 예로부터 두견새가 없었소. 지금 처음 이 새가 이곳에 온 것을 보면 천하가 장차 잘 다스려지고자 하면 지기地氣가 북쪽에서 남쪽으로 움직여 가고 장차 천하가 어지러워지려 함에는 지기가 남쪽에서 북쪽으로 움직여 간다고 하였소. 그러므로 지금 남방의 지기가 이곳에 이른 것이요. 짐승이나 새 등 날아다니는 무리는 그 기보다 먼저 찾아오는 것들이라오. 앞으로 2년이 되기 전에 천자는 남쪽 사람을 재상으로 삼아 많은 남쪽 사람을 끌어들이게 될 것이며, 오로지 세상을 고치고 변혁하는 일에만 힘을 쏟을 것이오. 천하는 이로부터 많은 사건이 터질 것이오."

이때에 이르러 소옹의 말은 과연 맞아떨어졌다고들 하였다.

先是治平中, 邵雍與客散步天津橋上, 聞杜鵑聲, 愀然不樂.
客問其故, 雍曰:「洛陽舊無杜鵑, 今始至, 天下將治, 地氣自北而南, 將亂, 自南而北, 今南方地氣至矣. 禽鳥飛類, 得氣之先者也. 不二年, 上用南士作相, 多引南人, 專務更變, 天下自此多事矣.」
至是雍言果驗云.

【治平】英宗의 年號.

【天津僑】洛陽에 있음.

【杜鵑】《成都記》에 "杜宇는 杜王이라고도 부르며 하늘에서 내려왔다. 望帝
라고도 칭하며 농사일을 좋아하였다. 당시 荊人 鼈令이 죽어 그 시신이 강물을
따라 올라와 汶山 아래에 이르러 다시 살아나 望帝를 만나게 되었다. 望帝는
그를 재상으로 삼고 開明이라 불렀다. 그 때 마침 巫山의 강물이 막혀 사람들은
홍수에 고통을 당하였다. 이에 開明이 물을 소통시켜 큰 공적을 이루었다.
망제는 이로써 그에게 제위를 선양하였다. 그리고 망제는 죽어 그 혼이 새가
되었는데 이를 杜鵑, 또는 子規라 부른다"라 하였다.(成都記:「杜宇亦曰杜王,
自天而降, 稱望帝, 好稼穡. 時荊人鼈令死, 其尸泝江而上, 至汶山下復生見望帝,
望帝因以爲相, 號開明. 會巫山江壅, 人遭洪水, 開明爲鑿通流, 有大功. 望帝因以
其位禪之. 望帝死, 其魂化爲鳥, 名曰杜鵑, 亦曰子規.」 -원주)

(4) 옛 성현들에게는 읽을 책이 없었다

왕안석은 청묘법青苗法을 실시하고자 하였다. 이는 주周나라 제도의
나라가 백성에게 돈을 빌려 주고 곡식으로 갚게 하는 이식법利息法이라
하였다.

소철蘇轍이 이에 대하여 이렇게 말하였다.

"백성에게 돈을 빌려 주면서 그 일을 맡은 관리가 간악한 짓을 할
것이요, 돈이 백성의 손에 들어가면 비록 어진 백성일지라도 마구
사용하는 경우에서 벗어날 수 없을 것이며, 그 돈을 갚을 때에는 비록
부유한 백성이라 해도 기한을 넘기는 경우가 허다할 것이니 채찍과
태질을 쓰지 않을 수 없게 됩니다. 그렇게 되면 주현州縣에서는 그
번잡함을 감당해 낼 수 없게 되고 맙니다."

참정參政 당개唐介도 신법에 대하여 쟁론을 폈으나 왕안석을 이겨내지
못하자 당개는 등에 종기가 나 죽고 말았다.

당시 사람들은 생生·노老·병病·사死·고苦의 다섯 글자로 비유하여
이렇게 말하였다.

"왕안석王安石은 살고자 하고生, 증공량曾公亮은 늙었다고 핑계대며老,
당개唐介는 죽었고死, 부필富弼은 의론이 합의되지 않자 병病을 칭하였으며,
참정 조변趙抃은 왕안석을 어떻게 할 수 없어 오직 고고苦苦라 하고
있을 뿐이로다."

이에 왕안석이 조변을 꺾고자 이렇게 말하였다.

"그대들은 앉아 책을 읽지 않았기 때문에 아무 것도 모르는 것이오."

그러자 조변이 이렇게 말하였다.

"고요皐陶, 기夔, 후직后稷, 설偰이 무슨 책을 읽었다던가요?"

왕안석도 역시 대답을 하지 못하였다.

安石欲行靑苗法, 以爲周官國服爲息法也.

蘇轍曰:「以錢貸民, 吏緣爲姦. 錢入民手, 雖良民不免妄用;
及其納錢, 雖富民不免違限, 鞭箠必用. 州縣不勝煩矣.」

參政唐介爭論新法, 不勝, 疽發背卒.

時人有生老病死苦之喩, 謂:「安石爲生, 曾公亮爲老, 介死,
富弼議論不合, 稱病, 參政趙抃, 無如安石何, 惟稱苦苦而已.」

安石折抃曰:「君輩坐不讀書耳.」

抃曰:「皐夔稷契, 何書可讀?」

安石亦不能對.

【靑苗法】常平糴을 기본으로 靑苗法을 만들었는데 그 곡식을 사람 가호대로
나누어주어 이자는 2푼으로 하였다. 봄에 나누어주었다가 가을에 거둔다.(以常
平糴本, 作靑苗法, 散與人戶, 令出息二分, 春散秋歛. -원주)

【國服云云】 有司가 백성에게 대여한 물건에 대하여 그 값을 정하여 대여해주되 각기 국가에 복무할 일이나 공물에 따라 이식을 정한다. 이를테면 농사일의 경우 곡식으로 갚고 공인의 경우 그 기물로 하여 자신들의 소유에 따르는 것이다. (有司貸民之物, 定其賈以與之, 各以其所服國事貢物爲息, 若農, 以粟米, 工以器械, 以其所有也. ―원주)

【何書】 삼대(夏, 殷, 周) 이전에는 文籍이 제대로 갖추어지지 않아 읽을거리가 없었음을 말함.(三代以前文籍不備. ―원주)

1060 농전수리農田水利

사람을 보내어 농토와 수리水利를 살피게 하였다.

○ 遣使察農田水利.

1061 의창義倉을 폐지하다

의창義倉을 폐지하였다.

○ 罷義倉.

【義倉】옛 제도로 鄕社에 이를 설치하여 흉년에 진휼하도록 한 것이었으나 이때에 이를 폐지하였음.(舊制, 置於鄕社, 以賑凶荒, 至是罷之. —원주)

1062 균수법均輸法

균수법均輸法을 시행하였다.

○ 行均輸法.

【均輸法】發運使에게 명하여 관리토록 하였다. 공물은 모두 비싼 것은 싼 곳으로, 가까운 곳의 물건은 먼 곳으로 옮기되 미리 서울의 창고를 담당하는 자가 이를 예측하여 편의대로 이러한 물건을 사들여 비축하여 대비하도록 하였다.(命發運使領之, 凡上供之物, 皆得徙貴就賤, 用近易遠, 預知在京倉庫所當辨者, 便宜蓄買以待之. −원주)

1063 신법을 비판하다

대간臺諫 유기劉琦와 전의錢顗가 신법을 비판하였다가 폄직되었다.

○ 臺諫劉琦·錢顗, 以議新法貶.

【劉琦】劉琦는 處州에서 鹽酒稅를 감독하는 일을, 錢顗는 衢州에서 鹽稅를 감독
하는 일을 맡겼다.(琦監處州鹽酒稅, 顗監衢州鹽稅. −원주)

1064 신법 비판이 거세지다

간원諫院의 범순인范純仁, 검상문자檢詳文字 소철蘇轍이 신법을 비판하였다가 파면되었다.

○ 諫院范純仁, 檢詳文字蘇轍, 以議新法罷.

【罷】范純仁은 知河中府로, 蘇轍은 河南府의 推官으로 보내었다.(純仁出知河中府, 轍河南府推官. —원주)

1065 청묘법靑苗法

청묘법靑苗法을 실시하고 상평관常平官을 두었다.

○ 行靑苗法, 置常平官.

【常平】 상품(화물) 값의 저앙(저렴함과 앙등)을 제어하여 언제나 안정되도록
하는 것이다.(制貨物低昂使常得其平. —원주)

1066 부필富弼과 왕안석

부필富弼이 파면되고 진승지陳升之가 동평장사가 되었다. 그는 처음에
왕안석에게 빌붙었으나 재상이 되고 나서는 자못 의견을 달리 하였다.

○ 富弼罷, 陳升之同平章事. 升之初附安石, 旣相頗爲異同.

1067 예매법預買法

예매법預買法을 실시하여 각 지방 관청에 명하여 미리 돈을 나누어주고 나서, 명주와 비단의 매입을 협정하도록 하였다.

○ 行預買法, 令諸路預給錢, 和買紬絹.

【預買法】 均輸法과 같다. 미리 상품을 사 두어 값의 변화에 대비하는 법.
【紬絹】 비단 중에 굵은 실로 짠 것을 '紬'라 하고, 가는 실로 짠 것을 '絹'이라
  함.(繒大絲曰紬, 小絲曰絹. ―원주)

1068 조변趙抃

조변趙抃이 파면되었다. 조변은 그 날 행한 일을 밤이 되면 반드시 향을 피우고 하늘에 고하였다.

○ 趙抃罷. 抃日所爲事, 夜必焚香告於天.

1069 신종神宗이 친히 과거 시험을 관장하다

신종神宗이 친히 과거 시험을 관장하여 이때부터 책策을 시험과목에 넣었다. 이 시험에서 섭조흡葉祖洽이 신법에 대해 부회附會하여 장원으로 뽑혔다.

○ 親試擧人, 初用策. 葉祖洽以附會新法, 擢爲第一.

【用策】廷試의 策을 보인 것은 이때부터 비롯됨(廷試之策自此始. —원주)

1070 손각孫覺과 정호程顥가 신법을 비판하다

우정언右正言 손각孫覺과 어사리행御史裏行 정호程顥가 신법을 비판하여 파면되었다.

○ 右正言孫覺, 御史裏行程顥, 以議新法罷.

1071 여공저呂公著와 장전張戩이 신법을 비판하다

중승御史中丞 여공저呂公著와 이행裏行 장전張戩이 신법을 비판하여 파면
되었다.

○ 中丞呂公著, 裏行張戩, 以議新法罷.

1072 사두詞頭를 격정繳定하다

이정李定이 이행裏行이 되자 지제고知制誥 송민구宋敏求, 소송蘇頌, 이대림李大臨이 이정을 임명하는 사두詞頭를 격정繳定했다 하여 파면되었다.

○ 李定爲裏行, 知制誥宋敏求·蘇頌·李大臨, 以繳定詞頭罷.

【繳定詞頭】 詞頭는 誥命(임명장의 일종)을 뜻하며 繳定이란 그 결정한 바를 거부하여 되돌려 반환하는 것이다. 격은 원래 긴 실에 먹이를 달아 새를 잡는 방법으로 결국 되돌아오게 됨을 뜻한다. 李定이 秀州判官이 되어 王安石에게 아부하자 드디어 그 이정을 監察御史裏行으로 삼았다. 그러자 宋敏求가 그의 명령을 되돌려주면서 이정이 막부의 빈객에서 執法의 지위로 승진하는 것은 고사로 보아 그릇되었다고 여겼으며, 다시 그 부하 蘇頌과 李大臨도 모두 그 임명장을 되돌려 반환하였다.(詞頭, 誥命也. 李定爲秀州判官, 阿附安石, 遂以定爲監察御史裏行, 宋敏求繳還詞頭, 以定驟自幕賓而升位執法非故事, 復下蘇頌李大臨皆繳還. -원주)

1073 사경온謝景溫

사경온謝景溫이 어사지잡御史知雜이 되었다.

○ 謝景溫爲御史知雜.

1074 소식蘇軾의 만언서萬言書

직사관直史館 소식蘇軾은 일찍이
만언서萬言書와 모의 대정시책對廷
試策을 올려 신법을 비판하여 왕안석
에게 거슬리는 일을 한 적이 있어
사경온謝景溫에게 탄핵을 받아 쫓겨
났다.

〈소동파(소식)〉

○ 直史館蘇軾, 以嘗上萬
言書, 及擬對廷試策, 議新法
忤安石. 爲景溫所劾去.

1075 아첨해서라도 좋은 관직을 얻겠다

등관鄧綰이 글을 올려 이렇게 말하였다.

"폐하께서는 이윤伊尹이나 여상呂尙과 같은 훌륭한 보좌를 얻어 백성이 청묘법과 모역법募役法 등 새 법을 두고 노래 부르며 춤을 추고 있습니다."

그리고 다시 왕안석에게도 칭송하는 편지와 글을 보내오자 왕안석은 중서검정中書檢正이라는 직책을 만들어 등관을 그 자리에 임명하였다.

고향 사람들이 모두 비웃고 꾸짖자 등관은 이렇게 말하였다.

"비웃고 욕하는 것은 남들이 마음대로 웃고 욕하는 것일 뿐, 좋은 관직은 나는 반드시 해야겠다."

○ 鄧綰上書言:「陛下得伊呂之佐, 百姓歌舞靑苗免役等法.」

又與安石書及頌, 置中書檢正, 以綰爲之.

鄕人皆笑罵, 綰曰:「笑罵從佗笑罵, 好官我須爲之.」

【伊呂】 伊尹과 呂望(강태공).

【免役】 집안의 재산 정도에 따라 각기 돈을 내어 사람을 사서 요역을 대신하도록 충당하는 것을 '助書檢正司役錢'이라 한다.(據家貲高下, 各令出錢雇人充役, 謂之 助書檢正司役錢. ―원주)

【檢正】 熙寧 3년(1070년)에 설치하였으며 중서성의 서무를 관장하였다.(熙寧三 年置, 官掌中書庶務. ―원주)

1076 증공량曾公亮이 파면되다

증공량曾公亮이 파면되었다.

○ 曾公亮罷.

1077 신법 비난으로 보복을 당하다

책策으로 과거를 보는 자리에서 여도呂陶, 장회張繪, 공문중孔文仲이 극력 신법을 비난하여 모두가 파면으로 보복당하였다.

○ 策制科人, 呂陶·張繪·孔文仲, 力詆新法, 皆報罷.

1078 범진范鎭이 신법을 반대했다가 파면되다

범진范鎭이 자주 신법을 비판하고 또 일찍이 소식蘇軾, 공문중孔文仲을
추천한 일로 파면되자 사직을 청하였다. 진승지陳升之도 파면되었다.

○ 范鎭以數議新法, 及嘗薦蘇軾·孔文仲罷, 乞致仕. 陳升之罷.

1079 한강韓絳과 왕안석

한강韓絳과 왕안석이 동평장사가 되었다.

○ 韓絳·王安石, 同平章事.

❋ 왕안석이 국정을 잡자 자신에게 빌붙지 않는 자와 한때라도 신법을 배척한 여러 사람을 외임으로 보내지 않으면 바닷가로 멀리 폄직시켰다. 한강과 함께 등용되어 재상이 되었으니 같은 악을 저지르며 서로 구제하게 된 것이다.(安石當國斥其不附己者, 一時排斥新法諸賢, 不使之外任, 則貶之海隅, 而用韓絳並相, 則同惡相濟矣. −원주)

1080 보갑법保甲法

보갑법保甲法이 만들어졌다.

○ 立保甲法.

【保甲法】 민병제와 같은 것임. 10 가구를 保로 하고, 50 가구를 大保로 하며 10개의 大保를 都保로 하였으며, 그 무리 중에 복무할 자 두 사람을 뽑아 都保正과 都保副로 삼았다. 保丁은 그들의 지시에 따라 스스로 弓箭을 비치하며 武藝를 익힌다.(十家爲保, 五十家爲大保, 十大保爲都保. 選衆所服者二人, 爲都保正副. 凡保丁聽自置弓箭習武藝. ―원주)

1081 증포曾布

증포曾布가 중서검정中書檢正이 되었다.

○ 曾布爲中書檢正.

1082 과거법科擧法을 고치다

과거법科擧法을 고쳐 시부詩賦, 명경明經 등의 여러 과목을 폐지하고, 경의經義, 논책論策 등의 과목으로 진사시험을 보았다.

○ 更科擧法, 罷詩賦·明經諸科, 以經義·論策試進士.

1083 사마광司馬光

(1) 삼부족三不足

사마광司馬光이   학사學士에서 대뜸 추밀부사樞密副使라는 높은 벼슬에 임명되자 그는 굳이 사양하고 받지 않았다. 그리고 자주 신법의 폐단을 거론하자 신종이 왕안석을 달랬다.

"삼부족三不足에 대하여 들어본 적이 있소?"

왕안석이 말하였다.

"듣지 못하였습니다."

신종은 이렇게 말하였다.

"바깥 사람들이 이렇게 말합디다.

〈사마광〉

'조정에서는 하늘의 변고도 족히 두려워할 필요가 없고不足, 남의 비난도 족히 걱정할 필요가 없으며不足, 조종祖宗의 법이라 해도 족히 지켜낼 수가 없다不足'라 합디다. 어제 학사원學士院에서 관직의 책문策問 시험을 바쳐왔는데 오로지 이 세 가지 일을 지적한 것이었소."

그 책문은 사마광이 지은 것이었다.

○ 司馬光, 先自學士除樞副, 力辭不拜. 數言新法之害.

上喩安石曰:「聞三不足之說否?」

曰:「不聞.」

上曰:「外人云:『朝廷以爲天變不足畏, 人言不足恤, 祖宗法不足守.』昨學士院進館職策問, 專指此三事.」

策問光所爲也.

(2) 저의 재능이 가장 낮습니다

사마광은 누차 지방 관리로 가겠다고 청하여 영흥永興으로 갔다가 허주許州로 옮기게 되었다. 그러나 이렇게 글을 올렸다.

"저의 이 못난 재능은 여러 신하들 중에 가장 낮습니다. 앞날을 예견하는 능력은 여회呂誨만 못하고, 공평 정직함에는 범순인范純仁, 정호程顥에 미치지 못하며, 직언에는 소식蘇軾이나 공문중孔文仲에 미치지 못하고, 용맹함과 결단력에는 범진范鎭에 미치지 못합니다."

사마광은 이제껏 여러 차례 서경西京, 낙양 유사어사대留司御史臺의 판관判官이 되기를 청하였으며 이때에 이르러 허락을 얻어낸 것이다. 뒤에 그는 네 번이나 숭산崇山 숭복궁崇福宮의 제거提擧를 역임하였다.

光屢請外, 得永興, 移許州, 上言:「臣之不才, 最出羣臣之下. 先見不如呂誨, 公直不如范純仁·程顥, 敢言不如蘇軾·孔文仲, 勇決不如范鎭.」

屢請判西京留司御史臺, 至是得請, 後四任提擧崇山崇福宮.

【請外】司馬光은 王安石과 불화를 일으켜 여러 차례 외직으로 나가겠다고 청하였음. (光與安石不合, 故屢請出補外官. ─원주)

1084 구양수歐陽脩가 사직을 청하다

  구양수歐陽脩는 앞서 청주靑州지사였을 때 청묘법靑苗法에 의한 대출금 분배를 마음대로 금지하였다가 채주蔡州로 옮겨가야 했다. 이에 이르러 그는 사직을 청하였다.

○ 歐陽脩先知靑州, 以擅止給散靑苗錢, 徙知蔡州, 至是乞致仕.

1085 부필富弼이 좌천되다

부필富弼은 앞서 박주毫州지사였을 때 청묘법을 거부한 죄에 걸려 여주汝州에 좌천되었다.

○ 富弼先知毫州, 坐格青苗法, 徙知汝州.

1086 양회楊繪와 유지劉摯의 신법을 비난

중승中丞 양회楊繪와 이행裏行 유지劉摯가 신법을 비난하여 파면되었다.

○ 中丞楊繪, 裏行劉摯, 以議新法罷.

1087 차역법差役法과 모역법募役法

차역법差役法을 폐지하고 모역법募役法을 실시하였다.

○ 罷差役, 行募役法.

【差役】 백성을 여러 기준에 의해 등급을 나누고 부역에 차이를 두었던 법.
【募役法】 호구마다 차례를 정하여 윤번제로 免役錢을 내어 그 돈으로 부역에
종사할 자를 모집하여 대신 품삯을 주어 가난한 자의 구제와 국가 수입의 증대를
동시에 해결하고자 한 부역법.

1088 태학삼사법 大學三舍法

태학삼사법大學三舍法을 만들었다.

○ 立大學三舍法.

【三舍法】 처음 태학에 입학하면 外舍에 거하게 하되 인원의 제한을 두지 않으며
외사에서 內舍로 승급할 때는 2백 명, 내사에서 다시 上舍로 승급할 때는 1백
명으로 제한하는 제도.(初入學, 爲外舍不限員, 外舍升內舍, 二百員, 內舍升上舍,
一百員. -원주)

1089 시역법市易法

시역법市易法을 실시하였다.

○ 行市易法.

【市易法】 시장의 물건을 사들이거나 교환하여 수요공급을 조절하며 생산자에게
자금을 대여하여 주어 생산과 물가안정을 꾀한 제도. 京師에 市易務를 두어
먼저 官錢을 지출하여 상품을 수매하되 그 사이 客商의 상품이 있어 이를 팔고자
하나 팔리지 않아 정부에게 팔기를 원하면 이를 허가하며, 만약 싼값으로 정부의
다른 물건과 바꾸고자 하면 이를 바꾸어 주었다.(於京師置市易務, 先支官錢收貨,
在閒遇有客商物貨, 出賣不行願賣入官, 許至務投賣, 如願折換官物者, 亦聽之.
－원주)

1090 보마법保馬法

보마법保馬法을 실시하였다.

○ 行保馬法.

【保馬法】《宋史》에 "五路의 義保(보는 10가구)에 말을 기르겠다고 하는 자가 있으면 말 한 필을 관에서 공급하거나 그 돈을 준다. 그리고 해마다 그 말을 肥瘠을 검열하여 말을 병들어 죽게 한 자는 보상하여야 한다"라 하였고,《宋鑑》에는 "熙寧 5년에 조칙을 내려 開封府 지역 근처 諸縣의 保甲에 말을 기르기를 원하는 자가 있으면 이를 허락하였다"라 하였다.(宋史: 凡五路義保願養馬者, 凡一匹,官給馬或與直, 歲閱肥瘠, 死病者補償. 宋鑑, 熙寧五年, 詔開封府界, 諸縣保甲, 願養馬者聽. −원주)

1091 방전균세법方田均稅法

방전균세법方田均稅法을 반포하였다.

○ 頒方田均稅法.

【方田均稅法】 동서남북 각 1천 보씩은 41경 67무가 되는데 그 중 160보를 하나의 방전으로 하여 매년 9월 땅을 측량하고 살펴 그 기름진 정도에 따라 5등급으로 나누어 고르게 세금을 계산하여 부과한다.(東西南北各千步當四十一頃六十七畝, 一百六十步爲一方,歲以九月令使分地計量驗地, 肥瘠分爲五等, 均足稅數. ㅡ원주)

1092 변방의 경계 표지

희하로熙河路를 설치하여 왕소王韶를 경략안무사經略安撫使 등으로 삼았다. 이에 앞서 왕소는 융戎을 평정할 계책을 올려 이렇게 말하였다. "서하西夏를 평정하려면, 마땅히 하수河湟 지역을 수복하여야 합니다. 지금의 옛 위수渭水의 서쪽 희주熙州, 하주河州, 난주蘭州, 선주鄯州는 모두가 한漢나라 때의 농서군隴西郡 등이었는데 지금 토번吐蕃의 각시라唃厮囉 일족이 그 지역에 나라를 세우고 있습니다. 의당 이를 겸병하여 서하의 오른팔을 끊어야 합니다."

왕안석은 기묘한 계책이라 여겨 비로소 희하熙河의 전역戰役을 개시하였다. 왕소는 하주河州, 조주洮州, 민주岷州, 첩주疊州, 탕주宕州 등의 주를 점령하고 그 목구멍에 해당하는 청당靑唐을 점거하여 변방의 경계 표지를 더욱 넓혀 나갔다. 그러나 이 전역으로 사망자가 심히 많았다.

○ 置熙河路, 以王韶爲經略安撫等使. 先是韶上平戎策, 謂:「欲平西夏, 當復河湟. 今古渭之西, 熙·河·蘭·鄯, 皆漢隴西等郡, 吐蕃唃厮囉一族, 國其間. 宜倂有之, 以絶夏人右臂.」

安石以爲奇謀, 始開熙河之役. 韶克河洮岷疊宕等州, 又據靑唐咽喉之地, 邊堠益斥. 役兵之死亡甚多.

【熙河路】鞏昌에 속하며 臨洮府이다.
【河湟】물 이름. 蘭州의 大小楡谷에서 발원하여 동쪽으로 흘러 황하에 들어간다.
【古渭】隴西郡.
【蘭】州 이름으로 鞏昌에 속하며 金城郡.
【鄯】善州이며 鞏昌에 속한다.
【唃厮囉】唃은 음이 '각'이다.(唃音恪.) 색라번족의 수령 이름이다.(色囉蕃族首領名. ―원주)

【靑唐】鄯州를 달리 靑唐이라고 부른다.

【咽喉之地】목구멍에 해당할 정도로 중요한 지역.(要害之地, 如咽喉. −원주)

【堠】음은 '후'이며 봉토의 경계 표시를 뜻한다. 10리마다 置를 설치하며 5리마다 堠를 설치한다.(音后. 封土表界曰堠. 十里一置, 五里一堠. −원주)

1093 시신이 떠올라 강물을 덮다

중서검정中書檢正 장돈章惇이 호북湖北을 순찰하여 비로소 남강南江과 북강北江의 만족蠻族지역인 진주辰州를 제압할 계책이 논의되었다. 남강 북강은 옛날 금주錦州 땅으로, 시주施州, 검주黔州, 장가牂柯 등에 인접하여 있다. 이에 장돈에게 조치를 취하도록 명하였다. 장돈은 이렇게 말하였다.

"매산梅山의 만족을 불러 타일러 호구戶口를 줄여 세금을 가볍게 하도록 하였더니 모두가 환영하였습니다."

그러나 사실은 그들을 살육하여 시신이 떠올라 강물을 덮었던 것이다.

○ 中書檢正章惇, 察訪湖北, 始議經制南北江蠻辰州. 南北江乃古錦州之地, 接施·黔·牂柯. 命章惇措置.

惇言:「招諭梅山蠻徭, 令作省戶, 皆歡迎.」

其實殺戮浮屍蔽江.

【辰】 州 이름으로 湖廣에 속함.
【施】 州屬川南.
【牂柯】 郡 이름으로 川南에 속하며 지금의 珍州.
【徭】 南夷의 別種 이름. 徭族.

1094 경의국經義局

시詩, 서書, 주례周禮 삼경의 경의국經義局을 두어 왕안석이 제거提擧가 되고 여혜경呂惠卿과 왕안석의 아들 방雱 등이 검토檢討가 되었다.

○ 置詩書周禮三經義局, 安石提擧, 呂惠卿及安石子雱等爲檢討.

1095 신법으로 인한 혼란과 고통

(1) 굶어죽는 백성들을 그림으로 그려 바치다

희령熙寧 7년(1074년), 오랫동안 비가 오지 않아 하동河東, 하북河北, 섬서陝西의 유민들이 모두 서울開封로 흘러들었으며 성 밖에는 굶주린 백성들이 더욱 많았다. 그때 서울의 안상문安上門을 지키고 있던 정협鄭俠이라는 사람이 이를 그림으로 그려 글을 올렸다.

"폐하의 남정북벌南征北伐에서 모두 승리의 기세를 그려 바칠 뿐, 누구 하나 천하의 근심과 처자가 서로 보호해 주지 못하여 사방으로 옮겨다니며 고통 속에 빠져 황황遑遑히 어떤 공급도 받지 못하는 참상을 그림으로 그려 바치는 자는 없을 것입니다. 안상문에서 날마다 볼 수 있는 일은 그 중 백에 하나에도 미치지 못하는 그림으로 역시 눈물밖에 없지만 하물며 천리 밖의 상황이야 어떠하겠습니까?"

○ 熙寧七年, 天久不雨, 河東北陝西流民, 皆流入京城, 而京城外饑民尤多.

監安上門鄭俠畫爲圖, 上書曰:「陛下南征北伐, 皆以勝捷之勢, 作圖來上, 無一人以天下憂苦, 妻子不相保, 遷移困頓, 遑遑不給之狀爲圖而獻者, 安上門逐日所見, 百不及一, 亦可流涕, 况千萬里外哉!」

【監安上門】汴州의 城門.

⑵ 신법 때문입니다

당시 가뭄의 원인에 대하여 직언을 하겠다고 나서는 사람이 있었는데 그런 직언을 하는 사람들은 모두가 왕안석의 신법 때문이라는 것이었다. 신종이 이 신법을 폐지할까 의혹을 가지자 왕안석은 불쾌히 여겨 사직하겠다고 요구하였다. 이리하여 왕안석은 강녕부江寧府의 지사에 전임되면서 왕안석은 한강韓絳을 자신을 이어 재상으로 삼고 여혜경呂惠卿을 참정參政을 삼을 것을 추천하였다. 그리하여 당시 한강을 전법사문傳法沙門이라 하고 여혜경을 호법선신護法善神이라 불렀다.

여혜경은 모역법募役法을 면제받기 위해 바치는 돈이 공평하지 못한 것은 장부가 완전하지 못한 때문이니 수실법手實法을 시행할 것을 건의하였다.

時以旱故求直言, 言者皆咎新法. 上疑欲罷之, 安石不悅求去, 除知江寧府. 安石薦韓絳, 代己爲相, 呂惠卿爲參政, 時號絳爲傳法沙門, 惠卿爲護法善神. 惠卿建議, 免役出錢不均, 出於簿書之不善, 行手實法.

【江寧府】江東에 속하며 金陵.
【手實法】남들로 하여금 각 집안의 장정 식구수와 전택을 실제로 살펴 만약 숨기거나 누락한 것이 있으면 그 지급 금액을 3분의 1로 하며 알려 준 자에게는 그만큼 상으로 주는 제도.(令人戶具丁口田宅之實, 如有隱落, 許以其三之一, 付告獲者充賞. −원주)

⑶ 천자가 알지 못하도록 하라

여혜경은 이미 득세하자 왕안석이 다시 복귀할까 걱정이었다. 이리
하여 드디어 그 길을 끊으려고 왕안석이 자신에게 보낸 사사로운 편지를
꺼내어 신종에게 보였는데, 그 글에 '천자께는 알지 못하도록 할 것'이라는
말이 들어 있었다.

그밖에 왕안석을 해칠 수 있는 것이라면 그 꾀를 쓰지 않는 곳이
없을 정도였으며, 또 여혜경은 한강과도 자주 어그러졌다.

한강이 틈을 보아 신종에게 왕안석을 다시 재상으로 복직시키기를
아뢰었다. 이리하여 왕안석은 파직된 지 1년이 채 안되어 다시 조정에
들어오게 되었다. 왕안석은 임명을 받자 사양하지 아니하고 금릉金陵에서
이레 만에 개봉開封의 대궐에 이르렀다.

몇 달 뒤에 한강과 여혜경이 잇따라 재상직에서 파면되었다.

惠卿既得勢, 恐安石復入, 遂逆閉其途, 出安石私書, 有『勿令
上知』之語. 凡可以害安石者, 無所不用其智, 又數與絳忤. 絳乘
閒白上, 復相安石. 安石罷不一年再入. 聞命不辭, 自金陵七日
至闕下. 後數月, 絳與惠卿相繼罷.

1096 호마법戶馬法

호마법戶馬法을 실시하였다.

○ 行戶馬法.

1097 판관判官 한기韓琦

　상주相州의 판관判官 한기韓琦가 죽었다. 한기는 충직하고 자품이 충후하였으며 대사를 능히 결단하여 영종英宗의 치평治平 연간에 재상의 우두머리였다. 정사는 집현集賢學士 증공량曾公亮과 논의하고 전고典故는 동청東廳, 趙槩에게 묻고, 문학에 관해서는 서청西廳, 歐陽修에게 물어서 처리하였으며, 중대한 사건만은 자신이 직접 결정하였었다.

　그는 상주相州의 판관이 되었을 때 처음으로 청묘법靑苗法의 불편함을 거론하였으나 조정에서 들어주지 않자 곧바로 청묘전靑苗錢을 농민들에게 흩어버리면서 이렇게 말하였다.

　"지방을 다스리는 신하의 행동은 당연히 이와 같아야 한다."

　한기는 그 고을에서 8년을 있다가 죽었다. 신종은 그의 비를 제작하여 이렇게 썼다.

　"양조고명정책원훈지비兩朝顧命定策元勳之碑"

　○ 判相州韓琦薨. 琦天資忠厚, 能斷大事, 治平閒爲首相. 政事問集賢, 典故問東廳, 文學問西廳, 大事則自決之矣. 出判相州, 初言靑苗不便, 朝廷不從, 卽命散給曰:「藩臣之體當如是.」

　在鄕郡八年而終.

　御製碑曰:『兩朝顧命定策元勛之碑.』

【集賢】당시 次相이 曾公亮이었다.
【東廳】參政 趙槩이었다.
【西廳】參政 歐陽脩였다.
【鄕郡】韓琦는 본래 相州人이었다.
【兩朝云云】인종과 영종의 유명을 받아 천자를 책립한 元勛이 있었다.(承仁宗英宗遺命, 而有策立天子之元勛. ―원주)

1098 하동河東 땅 7백 리를 요遼에게 주다

한진韓縝에게 하동河東으로 가서 요遼나라에게 땅을 떼어줄 것을 명하였다. 이에 앞서 요나라 사신이 여러 차례 와서 이렇게 말하였다.

"하동의 국경을 따라 안에 보루를 쌓고 집을 지어 우리의 울주蔚州, 응주應州, 삭주朔州의 경계를 침입해 들어오고 있소. 이를 부수어 철거하여 따로 경계를 세울 것을 청합니다."

대체로 요나라로서는 송나라가 고려高麗를 초청하여 조공을 바치게 하고, 희하로熙河路를 새로 열고 서산西山에 느릅나무와 버드나무를 심으며, 보갑법保甲法을 만들어 군비를 증강하며 하북河北의 성지城池를 수축하며 도작원都作院을 두어 궁도弓刀의 새로운 양식을 내려보내어 만들도록 하고, 북쪽 국경에 군사 37 장군을 배치하는 등 송나라가 연燕 땅을 회복하고자 하는 뜻이 있는 것이 아닌가 의심을 하고 있었음이다.

그 때문에 땅의 경계를 다툰다는 명분으로 송나라 조정의 반응을 살피고자 하였던 것이다. 이에 왕안석이 결단을 내려 이렇게 말하였다.

"장차 빼앗고자 한다면 우선 먼저 주어라."

이에 하동河東 서쪽 7백 리의 땅을 요나라에 주기로 하였던 것이다.

○ 命韓縝如河東割地, 先是, 遼使屢至言:「河東沿邊增修戍壘, 起鋪舍侵入彼國蔚應朔州界, 乞行毀撤別立界至.」

蓋遼人見朝廷招高麗, 建熙河, 西山植榆柳, 創保甲, 築河北城池, 創都作院, 降弓刀新樣, 置界北三十七將, 疑有復燕之意. 故以爭地界爲名, 觀朝廷所以應, 安石斷之曰:「將欲取之, 必姑與之.」

東西失地七百里.

【割地】 땅을 요나라에게 할양함.(割地與遼. ―원주)

【西山】 鞏昌의 襄武縣에 있음.

【都作院】 병기를 수리하는 곳.(修兵器所. ―원주)

1099 신법의 폐해

⑴ 그릇된 신법

왕안석이 다시 조정에 들어가 2년이 되었을 때 자주 병을 일컫고 사직하기를 청하였다. 더구나 아들 방雱이 죽자 떠나기를 요구함이 더욱 강해졌다. 임금도 그가 하는 일이 더욱 싫어져 그를 강녕부江寧府의 통판으로 보내고는 드디어 더 이상 그를 등용하지 않았다.

왕안석은 정권을 맡고 나서부터 입에는 선왕을 달고 다니며 오로지 관중管仲이나 상앙商鞅의 정책만을 실행하였다. 신종이 부국강병의 뜻을 가지고 있음을 알고 생각하는 바는 모두가 그의 욕구를 이루어주기 위한 것이있다. 그는 신법을 만드는 것은 소인을 쓰기 위한 것으로 나중에 군자가 이를 지켜나가면 된다고 말하였으나 그것이 바른 이치가 아님을 깨닫지 못하였던 것이다.

이리하여 천하는 소란해지기만 하고 나라는 부유해지지 않았을 뿐 아니라 변방에는 사건만 터져 국가는 일찍이 한 번도 강해지지 못하였다. 서쪽 변방은 치평治平 말에 충악种諤이 서하의 수주綏州를 취하고 나서 부터는 서하는 즉시 군사를 일으켜 보복을 벼르고 있었다.

○ 安石再相二年, 屢謝病. 子雱死, 求去尤力, 上益厭其所爲, 出判江寧府, 遂不復用. 自安石用事, 口談先王, 而專行管商之政. 知上有富强之志, 思所以濟其欲, 謂立法, 當用小人, 而後以君子守之, 不悟其無是理也.

天下騷然, 而國未嘗富, 邊鄙生事, 徒多喪敗, 而國未嘗强. 西鄙自治平末种諤取綏州, 夏人卽欲興兵報復.

【管商】管仲과 商鞅. 법가 사상가들로 인의보다는 부국강병을 우선으로 하여
 가혹한 법집행을 하였음을 말함.

⑵ 중국을 구제하러 왔노라

　마침 서하 임금 양조趙諒祚가 죽고 아들 병상趙秉常이 즉위하자(1067년)
대거 침입하여 왔다. 왕안석이 비록 왕소王韶의 희하熙河를 취하자는
책략을 들었으나 도리어 한갓 서쪽 번방에게 원한만 사서, 그곳 추장
귀장鬼章 등의 잦은 공격으로 인한 근심만 초래하여 처음에는 이로써
능히 서하를 제압할 수 없었다.
　그가 등용한 심기沈起·유이劉彛는 다시 남방에서 분란을 일으켰다.
당시 교지의 이백준李白遵이 죽고 그 아들 건덕乾德이 뒤를 이어 다스리고
있었다. 심기와 유이는 잇따라 계주桂州의 지사가 되어 현지의 장정들을
모아 보갑법保甲法을 써서 바닷가에서는 해군을 모아 편성하여 해전을
가르치며, 그 관내의 주와 현에서는 교지와의 무역하는 것을 금하였다.
이에 교지가 대거 침입하여 옹주邕州를 포위하고 흠주欽州, 염주廉州를
함락시키고 이렇게 큰소리를 쳤다.
　"중국이 청묘법靑苗法과 모역법募役法을 써서 백성을 괴롭힌다기에
출병하여 이들을 구원하려 한다."

　夏主諒祚卒, 子秉常立, 大入寇. 安石雖用王韶取熙河之策,
徒構怨西蕃, 致鬼章等屢爲寇患, 初不能以此制西夏. 所用沈起·
劉彛, 又生釁南方. 交趾李日遵卒, 子乾德立. 起彛相繼知桂州,
集土丁爲保甲, 於海濱集舟師, 敎水戰, 禁止州縣與交人貿易.

交人大擧入寇, 圍邕州陷欽廉, 聲言:「中國作青苗・助役法
以困民, 出兵相救.」

【鬼章】西蕃의 추장.

⑶ 죽은 자가 열에 여섯

　왕안석은 노하여 조설趙卨을 파견하여 이를 토벌하게 하였다. 그러나
관군은 죽은 자가 열에 여섯이나 되었으며 이 전쟁은 왕안석이 물러날
때까지도 끝나지 않았다.
　오충吳充과 왕계王珪가 왕안석에 이어 재상이 되었는데, 오충은 전에
조정에 있을 때 자주 신법의 불편함을 거론한 적이 있었던 터라, 이번에
안석을 대신하여 재상이 되자 채확蔡確과 등윤보鄧潤甫 등이 함께 나서서
요충을 공격하였지만 능히 그만둘 수도 없었다.

安石怒, 遣趙卨等討之. 官軍死者十六, 兵禍訖安石之去而
未已. 吳充・王珪繼安石爲相, 充先在政府, 數言政事非便, 旣代
安石, 蔡確・鄧潤甫等共攻之, 不能去.

1100 소식蘇軾의 시화詩禍

원풍元豊 원년(1078년), 호주湖州지사 소식蘇軾이 황주黃州로 안치되었다. 이에 앞서 어사중승 이정李定이 글을 올렸다.

"소식은 희녕熙寧(송 神宗의 연호. 1068~1077) 이래로 폐하를 원망하며 비방하고 있습니다."

서단舒亶 역시 이렇게 말하였다.

"소식은 시사를 비난합니다. 폐하께서 청묘법을 시행하면서 돈을 풀어 빈민들의 생업의 기초를 마련하였을 때 그는 '아이들이 하는 말 듣자 하니 신이 났구나. 일 년의 반은 성 안에서 살아도 되네'라고 시를 지어 비방하였고, 법을 분명히 하기 위하여 여러 관리들에게 과시課試를 보이도록 하자, '책을 만 권이나 읽으며 법률은 읽어보지 않아 임금을 요순堯舜으로 만들고자 해도 끝내 방법이 없구나'라 하였으며, 수리水利을 일으키자, '동해가 만약 맹주盟主의 뜻을 안다면 척로斥鹵를 응당 상전桑田으로 변하게 해 줄 텐데'라 하였습니다. 그런가 하면 소금 매매를 금지시키자, '어찌 소韶를 듣고 음식 맛을 잊으리오? 단속하는 법이 나오고 석 달 동안 소금이 없었기 때문이지'라 하였습니다. 그밖에도 일이 있을 때마다 즉시 그 일을 빗대어 임금을 기롱하거나 비방하지 않음이 없습니다."

이리하여 소식을 추적하여 묶어 어사대御史臺의 감옥에 가두고 조서를 내려 이정李定과 장조張璪에게 소식을 추문하여 다스리게 하였다. 그러자 왕규王珪가 이렇게 덧붙였다.

"소식은 신하가 될 뜻이 없습니다. 소식의 '회시檜詩'를 들어보겠습니다. '나무 뿌리는 구천九泉까지 이르되 굽은 데가 없는데, 세간에서는 오로지 칩거하고 있는 용만이 이를 알 테지'라 하였습니다. 폐하는 하늘을 날아 천하를 다스림飛龍在天을 뜻하는데 소식의 저 '지하의 칩거한 용'이란 말은 신하가 되지 않겠다는 것이 아니고 무엇이겠습니까?"

신종이 말하였다.

“그는 스스로 회나무를 두고 읊어본 것이겠지. 어찌 짐을 간여하여 한 것이겠는가?”

신종은 이처럼 본래 소식에게 죄를 줄 의도가 없었다. 그러자 오충吳充과 왕안례王安禮도 신종에게 그를 용서해 줄 것을 청하여 판결이 결정날 때 이러한 명령이 있어 이번에 황주黃州에 귀양가게 되었던 것이다.

그 아우 소철蘇轍도 형을 구하려고 나선 것이 연좌되어 폄직을 당하였고, 소식의 시 안건으로 연좌되어 출척을 당하거나 처벌을 받은 사람으로 장방평張方平·사마광司馬光 이하 22명에 이르렀다.

신종은 사실 소식을 불쌍히 여겨 얼마 후 그를 여주汝州로 옮겨주었다가 다시 불러 복위시켰다. 그러자 채확蔡確과 장조張璪 등의 저지를 받았다.

○ 元豐元年知湖州蘇軾, 安置黃州.

先是中丞李定言:「軾自熙寧以來, 怨謗君父.」

舒亶亦言:「軾議時事, 陛下發錢, 本以業貧民, 則曰:『贏得兒童語音好, 一年强半在城中』, 明法以課試羣吏, 則曰:『讀書萬卷不讀律, 致君堯舜終無術』, 興水利, 則曰:『東海若知明主意, 應敎斥鹵變桑田』, 謹鹽禁, 則曰:『豈是聞韶解忘味? 邇來三月食無鹽』. 其他觸物卽事, 無不以譏謗爲主.」

乃追軾繫御史獄, 詔定與張璪推治, 王珪言:「軾有不臣意. 擧軾檜詩:『根到九泉無曲處, 世閒惟有蟄龍知』, 陛下飛龍御天, 而軾彼求之地下之蟄龍, 非不臣而何?」上曰:「彼自詠檜, 何預朕事?」

上本無意罪軾, 吳充·王安禮皆勸上容之, 獄成而有是命. 弟轍亦坐救軾而貶, 坐軾詩案黜罰者, 張方平·司馬光以下二十二人.

上實憐軾, 尋移汝州且復用矣, 爲蔡確·張璪等所沮.

【湖州】 江浙에 속하며 吳興.

【黃州】 淮西에 속함.

【二十二人】 張方平, 司馬光, 李淸臣, 范鎭, 錢藻, 陳襄, 劉攽, 李常, 孫覺, 王安禮,
杜子方, 顔復 등이었으며 이들을 당시 식당(軾黨)이라 불렀음.

송대 磁州窯 〈白地黑花孩兒垂釣紋枕〉

1101 오충吳充

오충吳充이 파직된 지 한 달을 넘기고 죽었다.

○ 吳充罷, 踰月而卒.

1102 제도 개선

(1) 제도 개선과 새로운 임명

원풍元豐 원년(1078년)에는 벼슬의 이름을 크게 바로잡았으며 원풍 5년(1082년)에는 관제를 제정하여 동평장사同平章事를 좌우복야左右僕射로 고쳐 왕규王珪와 채확蔡確을 임명하였으며 참지정사參知政事를 문하중서시랑門下中書侍郎으로 하여 장돈張惇과 장조張璪를 이에 임명하였다. 상서성尙書省에는 좌우승左右丞를 두어 포종맹蒲宗孟과 왕안례王安禮를 이에 임명하였다. 그리고 삼성中書省, 門下省, 尙書省에서 백관을 통솔하게 하였으며 중서성은 천자의 뜻을 취하여 처리하고 문하성은 이에 대하여 세부 안을 점검하여 천자에게 올리며, 상서성은 이를 시행하는 것이었다.

○ 元豐元年, 大正官名, 元豐五年, 官制成, 改平章事爲左右僕射, 以王珪·蔡確爲之, 參知政事爲門下中書侍郎, 章惇·張璪爲之. 置尙書左右丞, 蒲宗孟·王安禮爲之. 以三省統領百職, 中書取旨, 門下覆奏, 尙書施行.

【門下中書侍郎】門下省의 參政을 門下侍郎이라 하고 中書省의 參政을 中書侍郎이라 하였음.
【三省】中書, 門下, 尙書.

⑵ 삼지재상三旨宰相

　왕규는 재상이었지만 사람들은 그를 '삼지재상三旨宰相'이라 하였는데
이는 범사에 오직 "황제의 뜻聖旨이라 말하고, 성지에 결재를 얻으면
성지聖旨로 다스린다 하고, 물러나와 이를 기록하면서는 성지聖旨를
올립니다"라고 할 뿐이었기 때문이었다. 신종이 이에 염증을 내자
채확이 왕규에게 말하였다.

　"폐하께서 서하西夏의 영주靈州와 무주武州를 취하고자 하오. 공께서
능히 이 임무를 책임진다면 재상의 지위는 보장받게 되는 것이오."

　왕규는 신이 나서 그의 말대로 하고자 내시 이헌李憲 등에게 명하여
두 길로 나누어 서하를 벌하여 영주靈州를 공격하도록 하였으나 이기지
못하고 사졸들만 얼어죽고 주려 죽은 자가 열에 대여섯이나 되고 말았다.

　그런데도 이헌은 신종에게 재차 공격하기를 논하였고 서희徐喜도
영락永樂에 새로 성을 쌓기를 논하였다. 그러자 서하가 대거 성을 공격하
여 성은 함락되고 말았다. 이에 서희 등 번방의 중국인 관리와 여러
군사의 전사자가 1만 3천 명이나 되었다. 신종은 이 보고를 듣고 통곡
하였다.

　珪爲相, 人謂之三旨宰相, 凡事惟: 「曰取聖旨, 得聖旨則曰領
聖旨, 退書之則曰奏聖旨」而已.

　上厭之, 確謂珪曰: 「上久欲取靈武, 公能任責, 則相位可保也.」

　珪喜如其言, 命內侍李憲等, 分道伐夏國, 攻靈州, 不克, 士卒死,
及凍餒者十五六. 憲上再擧之議. 徐禧又議築永樂新城, 夏人
大擧攻城, 城陷. 禧等蕃漢官, 及諸軍死者萬三千. 聞奏慟哭.

【新城】銀州 동남쪽 25리에 있는 성으로 당시 새로 축조함.

1103 부필富弼의 유언

부필이 유언으로 표表를 올려 이렇게 말하였다.

"충간하는 길이 막혀 끊어지고 아첨하는 자들이 날로 다가옵니다. 이익을 도모해야 할 신하들은 나라를 위한다면서 백성의 원한만 모으고 있습니다."

그리고 또 이렇게 말하였다.

"서하와의 일은 크게 우려됩니다. 폐하께서 유념하시기를 바랍니다."

부필은 일찍부터 천자를 잘 보필하는 사람이라고 기대를 모았었다. 그의 이름은 이적夷狄들에게까지도 알려져 요遼나라 사신은 매번 올 때마다 반드시 그의 출처와 안부를 묻곤 하였다. 그의 충의의 성품은 늙어서 더욱 독실하였다. 벼슬에서 물러나 집에 한 기紀를 들어앉아 있는 동안에도 잠시도 조정을 잊지 않다가 이때에 이르러 죽은 것이다.

○ 富弼上遺表, 言:「忠諫杜絶, 諂諛日進. 興利之臣, 爲國斂怨.」

又言:「西事大可憂, 望留聖念.」

弼早有公輔之望, 名聞夷狄, 遼使每至, 必問其出處安否. 忠義之性, 老而彌篤. 家居一紀, 斯須不忘朝廷, 至是薨.

【一紀】 12년을 紀라 함.(十二年日紀. —원주)

1104 사마광과 《자치통감資治通鑑》

(1) 《자치통감資治通鑑》이 완성되다

재상들이 신종에게 함께 대책을 올릴 일이 있었는데 신종이 훌륭한 사람이 없음을 한탄하자 포종맹蒲宗孟이 이렇게 말하였다.

"인재의 반은 사마광司馬光의 사설邪說에 의해 붕괴되었습니다."

신종은 말을 하지 않고 있다가 포종맹을 한참 보고 있더니 이렇게 말하였다.

"포맹종, 그대가 사마광을 취한 것이 아니오?"

포종맹은 얼마 후 파직되었다.

사마광의 《자치통감資治通鑑》이 완성되었다.

신종의 즉위 초에 이미 일찍이 책의 편찬을 어명하고 서문序文까지 지어주었는데 원풍 7년(1084년)에 비로소 완성하여 바친 것이다.

초기에 관제官制를 시행하고자 할 때 신종은 신구新舊 두 파를 모두 채용하고자 하여 이렇게 말하였었다.

"어사대부에는 사마광이 아니면 불가하다."

그러자 채확蔡確이 말하였다.

"국시國是가 금방 정해졌으니 조금만 늦추어주시기를 원합니다."

그런데 얼마 후 신종은 병이 나자 다시 이렇게 말하였다.

"내년 봄이 와 황태자가 즉위하거든 마땅히 사마광과 여공저呂公著를 스승으로 하여 보호를 받도록 하라."

여공저는 여이간呂夷簡의 아들이다.

○ 宰相同對, 上有無人才之歎, 蒲宗孟曰:「人才半, 爲乃司馬光邪說所壞.」

上不語, 視孟宗久之曰:「蒲孟宗, 乃不取司馬光邪?」

宗孟尋罷. 司馬光資治通鑑成, 上卽位之初, 已嘗御製序, 至元豐七年書始上.

初官制將行, 上欲取新舊人兩用之, 曰:「御史大夫非司馬光不可.」

蔡確曰:「國是方定, 願少遲之.」

旣而上有疾, 又曰:「來春建儲, 當以司馬光・呂公著爲師保.」

公著夷簡子也.

【乃不】乃는 '너', '그대'(汝)의 뜻.
【國是】國家의 公論.

(2) 신종神宗이 죽다

신종은 재위 18년에 연호를 두 번 고쳐 희녕熙寧, 원풍元豐이라 하였다. 그는 정밀하게 힘씀으로 다스림을 삼았는데, 해가 기울어도 식사할 틈조차 없었으며, 평소 사냥이나 놀이를 나서는 일도 없었다. 궁실을 새로 짓거나 수리하는 일도 없었고 오직 근검할 뿐이었으며 장차 큰일을 하리라 여겼다.

그러나 어찌 희녕熙寧 이래로 왕안석의 신법에 의해 오류가 생기고, 원풍元豐 이후에는 조정을 다스리는 자가 시종 모두가 왕안석의 사당이 되어 마침내 천하의 근심거리가 되고 말았는가?

신종은 북적遼이 굴강倔强함에 분개를 느껴 개연히 유주, 연주를 회복할 뜻을 가져 먼저 영주와 하주를 취하여 서강西羌을 멸하고자

북벌을 시도하였던 일과 안남에서 저지른 실법失律에 위연히 어린 백성이
아무런 죄가 없이 죽었음을 탄식하였다. 그리고 영락永樂의 패전으로
인해 전쟁의 어려움을 더욱 깊이 알게 되어 비로소 정벌의 뜻을 쉬게
되었다. 이처럼 신종은 마침내 한 가지 일도 뜻대로 해본 것이 없이
죽고 말았다. 1085년, 나이 서른여덟이었다. 황태자가 섰다.(1086년)
이가 철종황제哲宗皇帝이다.

上在位十八年, 改元者二, 曰熙寧·元豊. 厲精求治, 日昃不
暇食, 平生不御畋游, 不治宮室, 惟勤惟儉, 將以大有爲也. 奈何
熙寧以來誤於安石, 元豊以後用事者, 終始皆安石之黨, 竟爲
天下患? 憤北狄倔强, 慨然有恢復幽燕之志, 欲先取靈夏滅西羌,
乃圖北伐, 及安南失律, 喟然歎赤子無罪而死. 永樂之敗, 益知
用兵之難, 始息念征伐. 卒無一事如意, 崩, 年三十八, 皇太子立,
是爲哲宗皇帝.

【失律】 沈起와 劉彛 등을 급히 교체하여 실수를 저질렀던 일.
【皇太子】 神宗의 여섯째아들. 趙煦.

鎏金銅鋪首

陶女舞俑

高髻拱手陶女俑

彩繪文官陶俑

都省銅坊銅鏡

임동석(茁浦 林東錫)

慶北 榮州 上茁에서 출생. 忠北 丹陽 德尙골에서 성장. 丹陽初中 졸업. 京東高 서울
敎大 國際大 建國大 대학원 졸업. 雨田 辛鎬烈 선생에게 漢學 배움. 臺灣 國立臺灣師
範大學 國文硏究所(大學院) 博士班 졸업. 中華民國 國家文學博士(1983). 建國大學校
敎授. 文科大學長 역임. 成均館大 延世大 高麗大 外國語大 서울대 등 大學院 강의.
韓國中國言語學會 中國語文學硏究會 韓國中語中文學會 會長 역임. 저서에《朝鮮譯
學考》(中文)《中國學術槪論》《中韓對比語文論》. 편역서에《수레를 밀기 위해 내린
사람들》《栗谷先生詩文選》. 역서에《漢語音韻學講義》《廣開土王碑硏究》《東北民族
源流》《龍鳳文化源流》《論語心得》〈漢語雙聲疊韻硏究〉 등 학술 논문 50여 편.

임동석중국사상100

십팔사략十八史略

曾先之 編 / 林東錫 譯註
1판 1쇄 발행/2009년 12월 12일
3쇄 발행/2018년 9월 1일
발행인 고정일
발행처 동서문화사
창업 1956. 12. 12. 등록 16-3799
서울중구다산로12길6(신당동,4층) ☎546-0331~6 (FAX)545-0331
www.dongsuhbook.com
잘못 만들어진 책은 바꾸어 드립니다.

*

*

사업자등록번호 211-87-75330
ISBN 978-89-497-0570-5   04080
ISBN 978-89-497-0542-2   (세트)